古代歷史文化研究輯刊

十 編

王明蓀 主編

第4冊

西周樂懸制度的音樂考古學研究（修訂版）

王清雷 著

國家圖書館出版品預行編目資料

西周樂懸制度的音樂考古學研究（修訂版）／王清雷 著 — 初
版 — 新北市：花木蘭文化出版社，2013〔民 102〕
序 6+ 目 6+234 面；19×26 公分
（古代歷史文化研究輯刊 十編；第 4 冊）
ISBN：978-986-322-332-0（精裝）
1. 音樂　2. 考古學　3. 西周
618　　　　　　　　　　　　　　　　　102014358

ISBN-978-986-322-332-0

9 789863 223320

古代歷史文化研究輯刊
十 編 第 四 冊　　　　　　　　ISBN：978-986-322-332-0

西周樂懸制度的音樂考古學研究（修訂版）

作　　者　王清雷
主　　編　王明蓀
總 編 輯　杜潔祥
出　　版　花木蘭文化出版社
發 行 所　花木蘭文化出版社
發 行 人　高小娟
聯絡地址　235 新北市中和區中安街七二號十三樓
　　　　　電話：02-2923-1455／傳真：02-2923-1452
網　　址　http://www.huamulan.tw 信箱 sut81518@gmail.com
印　　刷　普羅文化出版廣告事業
初　　版　2013 年 9 月
定　　價　十編 35 冊（精裝）新台幣 62,000 元

西周樂懸制度的音樂考古學研究（修訂版）

王清雷　著

作者簡介

王清雷（1975 年 10 月～），男，博士，副研究員，碩士研究生導師。現在中國藝術研究院音樂研究所工作，任中國藝術研究院《中國音樂文物大系》總編輯部主任、副總主編，中國音樂史學會副會長，東亞音樂考古學會副會長。主要致力於中國音樂史、音樂考古學的研究，目前發表學術論文 70 餘篇、著作 8 部，約 200 餘萬字。

提　　要

　　在中國文化史上，周代文化佔有著極其重要而特殊的地位。特別是西周初期開始建立的禮樂制度，對其後近 3000 年的中國社會及文化產生了非常深遠的影響。其中，樂懸制度是西周禮樂制度的核心內容之一。樂懸「其本意是指必須懸掛起來才能進行演奏的鐘磬類大型編懸樂器。」周代統治者賦予鐘磬類大型編懸樂器以深刻的政治內涵，形成了以鐘磬為代表、嚴格等級化的樂懸制度。關於其形成過程，從它的萌芽孕育到略成雛形，從初步形成到發展、成熟，經歷了一個漫長的發展過程。

　　西周樂懸制度的形成有著深刻的社會基礎，其源頭可以追溯到史前時期。龍山文化的陶寺銅鈴和石磬，昭示了千年以後，以鐘磬樂懸為代表的「金石之樂」時代的到來，西周的樂懸制度自此開始孕育萌芽。到商代末期，以可懸之鐘與可懸之磬為特徵的樂懸制度，已成雛形。西周早期，以鐘磬為代表、嚴格等級化的樂懸制度初步確立，並在西周中期得到進一步的發展，至西周晚期臻於成熟。

　　本書以目前中國音樂考古所見的出土實物為基礎，主要運用音樂考古學的理論和方法，結合文獻學、樂律學、音樂聲學、文物學等諸多學科，對西周樂懸制度作較為全面、系統的考察與研究，頗多創見，在很大的程度上充實和彌補了文獻記載的局限。

序

　　8 年前，一位清貧的農家子弟，因交通事故躺在病床上苦學了一年外語之後，以優異的成績考上了中國藝術科學最高學府——中國藝術研究院研究生院，成爲我的第一位音樂考古學專業碩士研究生；幾年後又作爲我的博士研究生，出色地完成了「西周樂懸制度的音樂考古學研究」課題；他就是本書的作者王清雷。本書，即他的博士學位論文。

　　清雷的《西周樂懸制度的音樂考古學研究》，無疑是學術領域中的一個新課題。

　　所以是新，不在於其研究對象「西周的樂懸制度」；也不在於一般考古學的研究方法；而在於運用音樂學的方法，對「西周的樂懸制度」這樣一個古老的課題作一次考古學的全面審視。於是我們在清雷的著作中所看到的，已全然不是在以往論著中常見的、似曾相識的詞語和論點；而是有關西周樂懸制度的一種新的認識和形象，是從音樂考古學角度對這一課題進行的系統、全面的開創性研究。

　　西周樂懸制度的形成，的確並非如先秦典籍中所記載的：某一日，周公製禮作樂，於是一切都如《周禮》中記述的那樣井然有序了。關於其形成過程，從它的萌芽孕育到略成雛形，從初步形成到發展、成熟，經歷了一個漫長的發展過程。考古發掘出土的樂器，始終在頑強地發出這樣的信息。西周樂懸制度的形成有著深刻的社會基礎，其源頭可以追溯到史前時期。龍山文化時代的陶寺銅鈴和石磬，昭示了千年以後，以鍾磬樂懸爲代表的「金石之樂」時代的產生。商代末期，以編鐃與編磬爲主體的組合，已成樂懸制度的雛形。西周早期，以鍾磬爲代表、嚴格等級化的樂懸制度初步確立，並在西周中期得到進一步的發展，至西周晚期臻於成熟。本書著重從音樂考古學的

角度出發，運用音樂學的理論與方法，對西周樂懸制度作較爲系統的考察與研究，藉以探索西周樂懸制度的眞實歷史面貌，頗多創見，在很大程度上充實和彌補了文獻的失載。

傳統的歷史學研究，其史料基礎主要是文獻。引經據典、孤證不立，是其最常用和依賴的方法。既是「引經據典」，那麼對認識還沒有產生「經典」的時代的歷史，就幾乎無能爲力。中國近代考古學產生以後，從地下發掘出來的大量考古學資料讓人耳目一新。人們在驚愕之餘，深感考古學對傳統歷史學的強大衝擊力，人們從古書經籍的大量遠古神話傳說的夢境中，一步一步地走向歷史的眞實。不過，中國考古學在受到學術界的重視而獲得長足發展、也在其爲中國的歷史科學不斷作出重大貢獻的同時，逐漸顯露出今日中國考古學學科發展方面的一些不足來。

美國的路易士・賓福德（Lewis Binford）是新考古學派的代表人物。1962年，他發表了題爲《作爲人類學的考古學》一文，開門見山地指出「說明和闡釋整個時空內的人類生存之物質及文化上的異同」是人類學的目的（譯文見《當代國外考古學理論與方法》第 43～55 頁，三秦出版社，1991 年），而美國的考古學就是人類學。在中國，雖然考古學從誕生之日起就與歷史科學難分難解，因而成爲歷史科學的重要組成部分；但其所面對的研究對象與美國考古學並無二致，即同樣是「古代人類社會生活中遺留下來的物質遺存」，亦即所謂的「考古遺存」。賓福德將「考古遺存」分成技術經濟、社會技術和意識形態三類。即把整個文化系統分解爲物質、社會和精神生活三個子系統。賓福德認爲人工製品必須被當作整個文化系統的產品來考察。每一件人工製品不僅提供了關於經濟的資料，也提供了關於社會組織和意識形態（審美意識和宗教信仰等）方面的資料。這是超越於前人的卓識。

在中國文化史上，周代文化佔有著極其重要而特殊的地位。特別是西周初期開始建立的禮樂制度，對其後近 3000 年的中國社會及文化產生了深遠的影響。今日考古發掘所獲得的鍾磬文物已是數以千計，有關的研究論著也已不在少數。但是，有關這些考古遺存的研究，有多少已經超越於時代判斷和形制辨析的初級階段，進而更深入地去探討其背後所隱含的社會組織和意識形態方面的信息和學術意蘊呢？諸如清雷在這裏所做的，將大量的鍾磬禮樂實器，以音樂學的技術手段，用作爲西周樂懸制度、乃至西周禮樂制度本身的實證呢？西周禮樂制度的核心內容之一是「樂」，「樂懸制度」即是這種制

度的重要組成部分。樂懸，其本意是指必須懸掛起來才能進行演奏的鍾磬類大型編懸樂器。周代統治者賦予鍾磬類大型編懸樂器以深刻的政治內涵，形成了以鍾磬爲代表、嚴格等級化的樂懸制度。而今天的研究，大多還是停留在考古層位學和器物類型學所揭示的時代、形制、質地等表層內涵之上；而關於賓福德所說的社會組織和意識形態方面的探索，顯然是沒有獲得應有的關注。

即便說編鍾的斷代問題，傳統的做法是根據年代較爲可靠的出土標本的形製紋飾，或紀年銘文資料作爲斷代的尺規。自上世紀初以來，如羅振玉、容庚、王國維、商承祚、于省吾、郭沫若、陳夢家等人，在商周青銅樂鍾的研究上，都用此類方法取得了顯著的成就。有關的研究還可以上溯到北宋以來眾多的金石學家，如趙明誠、呂大臨、薛尚功、王厚之等人。只是，今天看來他們的研究存在著一個重大的疏漏：研究的是「樂器」，卻把樂器的主體內涵「音樂」丟掉了！所謂「樂器」，一般是指人們在音樂活動中創制和使用的發聲器械。作爲樂器的編鍾，必然有著與其演奏方式相關的造型和結構設計；有著與其音樂性能相關的內部結構特徵（如音梁）；有其在長期鑄造實踐中形成的樂鍾獨特的調音磨礪手法；更有著其與禮樂制度（當時的社會制度）和音樂藝術（意識形態）息息相關的音列音階結構（如只用宮、角、徵、羽四聲音列）不可分割的關係。

作爲人類社會上層建築、意識形態範疇的音樂藝術，人們在千萬年來的藝術實踐中抽象出如律制、音階、旋律等深層內涵，無一不體現在這些塵封斑駁的考古遺存上；千百年來人們製作鍾磬樂懸的實踐，總結出青銅冶鑄、合金配比、銼磨調音、腔體比例等令今人匪夷所思的精湛技藝，也無一不從這些鍾磬古物上源源不斷地透射出來。只是，在以往太多時候，我們的考古學卻視而不見，更毋庸進一步探索其背後的社會組織和意識形態的深層蘊涵。嚴格說來，不是我們的考古學視而不見，而是今天的考古學研究工作者隊伍中，缺少音樂家——音樂考古學家，缺少懂得運用音樂學的理論和方法進行考古學研究的專家。

音樂能「考古」嗎？音樂考古學作爲考古學的一個專門分支學科能成立嗎？研究古代音樂的學問都屬「音樂考古學」嗎？這種種疑惑，不乏於文史界和考古界，也不乏於音樂理論界。中國音樂考古學與有著近 80 年發展歷史的中國考古學相比，無論在一定品質和數量的專家隊伍、基礎理論的建設、

系列成果的積纍和較爲系統的研究方法等方面，顯露出其一定程度的年幼和不成熟。有些研究古譜學、樂律學史，甚至是研究音樂通史的學者，認爲自己的工作，是考究中國古代的音樂狀況，探討其發展的規律，是否也應該歸入「音樂考古」學？這是他們對於作爲現代學科意義上的「考古學」認識不清所致。著名音樂學家黃翔鵬曾把《中國音樂文物大系》，評價爲「是當前中國音樂考古學學科建設中最爲宏大的工程」，並指出音樂考古學「在人類文化史研究中，有其顯而易見的不可替代的學術意義。」不難看出，他對音樂考古學學科的存在是確定不疑的。不過，他在論述到音樂考古學的研究對象的特殊性這一問題時，也心存疑慮：「古代的陶瓷、絲綢織物、繪畫和雕塑作品等，本身就是考古研究的對象。陶瓷考古、絲綢考古、美術考古的文物依據直接就是有關器物或藝術品本身，其考古學的描述和具象物體本相一致。但絕不可能『取出』任何一件『音樂作品』，對它直接進行考古學的研究。從考古學現有嚴格定義說來，『音樂考古』一詞，似乎難予認證，充其量只可說是「樂器考古」或「音樂文物遺存的考古」而已。」（《中國音樂文物大系・前言》，大象出版社，1996 年）

　　確定音樂考古學的完整定義應該並不困難。《中國大百科全書・考古卷》是：「考古學是根據古代人類通過各種活動遺留下來的實物以研究人類古代社會歷史的一門科學」（夏鼐、王仲殊）。《辭海》的定義爲：「根據古代人類活動遺留下來的實物史料研究人類古代情況的一門科學。歷史科學的一個部門。」音樂考古學應該是：根據古代人類通過各種音樂活動遺留下來的實物以研究人類古代社會音樂歷史的一門科學。

　　音樂考古學比起一般考古學來，有其鮮明的特殊性。這一特殊性主要體現在其研究對象上。以美術考古爲例，美術考古研究的對象，常常就是人類所創造的美術作品本身，如繪畫、雕塑作品等。而音樂考古的對象卻不可能是音樂作品本身。理由很清楚：其一，音樂藝術是音響的藝術，其以聲波爲傳播媒介；表演停止，聲波即刻平息，音樂也不復存在。其二，音樂又是時間的藝術，眞正的音樂只能存在於表演的刹那間，古代的音樂作品只能存在於表演當時的瞬間。作爲音樂考古學家永遠無法以看不見、摸不著的某種特定的聲波爲研究對象，也無法將早已逝去的歷史上的音響爲其直接研究對象。

　　由於音樂考古學無法以音樂作品爲其研究的直接對象，故黃翔鵬認爲音樂考古學充其量只能稱其爲「樂器考古」，或「音樂文物的遺存考古」的觀點，

主要是出於對考古學這一概念理解上的偏頗。既然考古學「是根據古代人類活動遺留下來的實物史料研究人類古代情況的一門科學」。音樂考古學作爲以古人音樂活動的遺物和遺跡爲研究對象、並以此爲據瞭解古人的音樂生活、從而闡明人類音樂藝術發展的歷史和規律這樣一門科學，是完全可以堂堂正正地納入專業考古學學科行列的。藝術考古未必一定要以本門藝術的作品爲其研究對象。

　　一門學科，或說一個學術部門，不外乎是主要借助一些特定的方法，通過對某些研究對象的研究，以達到一定的學術目的。音樂考古學除了主要借助音樂學的方法之外，需要強調的是，其研究對象，是「古代人類音樂活動遺留下來的實物史料」；其研究目的是「人類古代音樂情況」，或「人類古代社會音樂歷史」。這是音樂考古學定義的兩大要素，也是爲這門學科的概念解惑的兩把鑰匙。

　　事實上，中國音樂考古學從 1930 年劉半農主持對北京清宮和天壇所藏編鍾和編磬等古樂器的測音研究算起，也已經歷了近 78 個年頭。只是它真正的嶄露頭角，是在 1978 年曾侯乙墓的發現和發掘以後。其後如以黃翔鵬爲代表的大量曾侯乙墓音樂考古學論文的發表、中國藝術研究院和武漢音樂學院相繼設立音樂考古學專業、規模宏大的音樂考古學基礎工程《中國音樂文物大系》的陸續出版、《文物》等國內重要文物考古理論雜誌上有關音樂考古論文的陸續登載，以及國家文物局組織的一些大型考古學叢書中均設置了音樂考古學的專項等；這一方面說明了，中國數代音樂考古學家不懈努力所創造的成果，正逐步在中國學術領域中產生越來越大的影響；另一方面，作爲獨立於中國學術之林的專門學科中國音樂考古學，也正在獲得社會的接納和重視。

　　清雷的《西周樂懸制度的音樂考古學研究》，是中國音樂考古學學科建設歷程中又一項可喜的新成就。中國考古學發展到今天，迫切需要清雷這樣的新一代中國音樂考古學家！

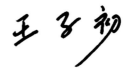

2007 年 3 月 15 日　　北京・天通西苑

（王子初研究員，中國藝術研究院音樂研究所博士生導師、中國音樂史學會會長）

目
次

圖片目錄

表格目錄

附表目錄

緒　論

　　在中國文化史上，周代文化佔有著極其重要而特殊的地位，特別是西周初期開始建立的禮樂制度，對其後近 3000 年的中國社會及文化產生了非常深遠的影響。西周的禮樂制度是一套十分嚴密的封諸侯、建國家的等級制度。根據這套制度，西周的各級貴族在使用的配享、列鼎、樂懸、樂曲、舞隊規格、用樂場合等方面，皆有嚴格的規定。樂懸制度，是西周禮樂制度的重要組成部分，也是西周禮樂制度的具體體現。樂懸，「是指必須懸掛起來才能進行演奏的鍾磬類大型編懸樂器。」〔註1〕西周統治者賦予鍾磬類大型編懸樂器以深刻的政治內涵，形成了以鍾磬爲代表、嚴格等級化的樂懸制度，就像當時的列鼎制度一樣不可僭越。「正樂懸之位，王宮懸，諸侯軒懸，卿、大夫判懸，士特懸。」〔註2〕說的正是這方面的具體規定。本書試圖以目前中國音樂考古所見的出土實物爲基礎，主要運用音樂考古學的理論與方法，結合文獻學、樂律學、音樂聲學、文物學、文字學等諸多學科，對樂懸一詞的定位、西周樂懸制度的濫觴、形成、發展以及成熟過程，作較爲系統的考察與研究。

一、樂懸釐定

　　「樂懸」一詞，最早出現於《周禮·春官·小胥》，即「正樂懸之位，王宮懸，諸侯軒懸，卿、大夫判懸，士特懸，辨其聲。」〔註3〕對於「樂懸」一

〔註1〕　王子初：《中國音樂考古學》，第 143 頁，福建教育出版社，2003 年。
〔註2〕　《周禮·春官·小胥》，《周禮注疏》卷二十三，《十三經注疏》（上），第 795頁，中華書局，1980 年。
〔註3〕　《周禮注疏》卷二十三，《十三經注疏》（上），第 795 頁，中華書局，1980 年。

詞的理解，古今學者聚訟不已，莫衷一是，代表性的觀點主要有以下四種：

第一、鍾、磬類樂器說

《周禮·春官·小胥》鄭玄注：「樂懸，謂鍾磬之屬懸於簨簴者……鍾磬者，編懸之，二八十六枚而在一簴謂之堵。鍾一堵，磬一堵，謂之肆。半之者，謂諸侯之卿、大夫、士也。諸侯之卿、大夫，半天子之卿、大夫，西懸鍾，東懸磬；士亦半天子之士，懸磬而已。」〔註4〕那麼，鄭玄所言的「鍾」是否包括鎛呢？首先，從「諸侯之卿、大夫，半天子之卿、大夫，西懸鍾，東懸磬」來看，鄭玄所言的「鍾」並不包括鎛。因爲周代諸侯之卿、大夫是無權享用鎛的，漢代諸侯之卿、大夫也是如此。例如西漢的山東章丘洛莊漢墓，墓主爲曾做過呂國國王的劉邦之妻侄呂臺〔註5〕，該墓只出土 19 件編鍾和 107 件編磬，無鎛〔註6〕；又如西漢的廣東南越王墓〔註7〕，也僅出土有 19 件編鍾等樂器，無鎛。這兩位墓主均爲地位顯赫的諸侯王，他們都無權享用鎛，漢代諸侯之卿、大夫就更沒有這個資格了。其次，從《後漢書·禮儀志·大喪》所載「鍾十六，無虡；鎛四，無虡；磬十六，無虡」〔註8〕來看，鍾與鎛是不同的兩種樂器，鍾不包括鎛。因此，鄭玄所謂的「樂懸」僅指編鍾、編磬，沒有鎛。

第二、鍾、磬、鎛類樂器說

1·《儀禮·燕禮》唐·賈公彥疏云：「天子宮懸，諸侯軒懸，面皆鍾、磬、鎛各一虡；大夫判懸，士特懸，不得有鎛。」〔註9〕由此可見，賈公彥認爲《周禮》所載「樂懸」應指鍾、磬、鎛類樂器。

2·王子初從音樂考古學角度考證，認爲《周禮》所載之「樂懸」，「是指必須懸掛起來才能進行演奏的鍾磬類大型編懸樂器。」〔註10〕其中的鍾包括

〔註4〕 《周禮注疏》卷二十三，《十三經注疏》（上），第 795 頁，中華書局，1980 年。

〔註5〕 濟南市考古研究所等：《山東章丘市洛莊漢墓陪葬坑的清理》，《考古》2004 年第 8 期。

〔註6〕 王清雷：《章丘洛莊編鍾芻議》，《文物》2005 年第 1 期。

〔註7〕 蕭亢達：《南越王墓出土的樂器》，第 37 頁，《西漢南越王墓文物特展圖錄》，（臺灣）國立歷史博物館，1998 年。

〔註8〕 〔南朝宋〕范曄：《後漢書·禮儀下·大喪》（志第六），第 3146 頁，中華書局，1965 年。

〔註9〕 《儀禮注疏》卷十四，《十三經注疏》（上），第 1014 頁，中華書局，1980 年。

〔註10〕 王子初：《中國音樂考古學》，第 143 頁，福建教育出版社，2003 年。

甬鍾、紐鍾、鎛，〔註11〕磬包括編磬和特磬〔註12〕。

第三、鍾、磬、鎛、鼓類樂器說

1・《周禮・春官・小胥》賈公彥疏：「樂懸，謂鍾磬之屬懸於簨簴者。凡懸者，通有鼓、鎛，亦懸之。」認爲鄭玄「直言鍾、磬，不言鼓、鎛者，周人懸鼓與鎛之大鍾，惟懸一而已，不編懸，故不言之。」〔註13〕由此可知，賈公彥認爲《周禮》所載「樂懸」不僅包括可以編懸的編鍾、編磬，也包括「懸於簨簴」，「惟懸一而已」的鼓、鎛。

2・清・江藩〔註14〕和臺灣的曾永義〔註15〕二位學者與賈公彥的觀點一脈相承，同時又把特磬加入其中。二位學者又據《儀禮・大射》的記載繪製了大射樂懸圖示。《儀禮・大射》載：「樂人宿懸於阼階東。笙磬西面，其南笙鍾，其南鎛。皆南陳。建鼓在阼階西，南鼓。應鼙在其東，南鼓。西階之西。頌磬東面，其南鍾，其南鎛。皆南陳。一建鼓在其南，東鼓。朔鼙在其北。一建鼓在西階之東，南面。鼗在建鼓之間，鞉倚於頌磬西紘。」〔註16〕江藩、曾永義二位學者認爲《周禮》所載「樂懸」不僅包括可以編懸的編鍾、編磬，也包括「懸於簨簴」，「惟懸一而已」的鼓、鎛和特磬。其中大射樂懸的鼓包括：鼙、鼗、建鼓。

第四、樂隊說

王光祈指出：「吾國古代所謂『樂懸』，殆與近代所謂『樂隊』之意義相似。」〔註17〕蕭友梅〔註18〕、楊蔭瀏〔註19〕、劉再生〔註20〕、金文達〔註21〕

〔註11〕　王子初：《中國音樂考古學》，第 144 頁，福建教育出版社，2003 年。
〔註12〕　王子初：《中國音樂考古學》，第 164 頁，福建教育出版社，2003 年。
〔註13〕　《周禮注疏》卷二十三，《十三經注疏》（上），第 795 頁，中華書局，1980 年。
〔註14〕　江藩：《樂縣考》（卷下），《粵雅堂叢書》，咸豐甲寅（1854）刻本。
〔註15〕　曾永義：《儀禮樂器考》，第 116～117 頁，中國東亞學術研究計劃委員會年報第六期抽印本（臺北），1967 年。
〔註16〕　《儀禮注疏》卷十六，《十三經注疏》（上），第 1028～1029 頁，中華書局，1980 年。
〔註17〕　王光祈（馮文慈、俞玉滋選注）：《王光祈音樂論著選集》（中冊），第 183 頁，人民音樂出版社，1993 年。
〔註18〕　蕭友梅：《17 世紀以前中國管絃樂隊的歷史的研究》，《音樂藝術》1989 年第 2～4 期。
〔註19〕　楊蔭瀏：《中國古代音樂史稿》（上），第 33 頁，人民音樂出版社，1981 年。
〔註20〕　劉再生：《中國古代音樂史簡述》，第 55 頁，人民音樂出版社，1995 年。
〔註21〕　金文達：《中國古代音樂史》，第 53 頁，人民音樂出版社，1994 年。

　　諸位學者的看法與王光祈大致相同：「樂懸」近似或等同於「樂隊」。

　　那麼以上四種觀點哪種比較合理呢？先看第三種觀點：鍾、磬、鎛、鼓類樂器說。

　　首先，賈公彥自己對這個概念的認識就有些矛盾。因為在第二種觀點中，他認為《周禮》所載「樂懸」應指鍾、磬、鎛類樂器。而在這裏，他把鼓又加入其中。筆者認為，這種觀點有其合理一面，如鍾、磬類樂器屬於樂懸應該沒有問題，把鎛納入樂懸的範疇也是有道理的。但有些方面仍需商榷。第一、周代的鎛可以單件使用。但從音樂考古發現來看，更多鎛則是成編使用的編鎛，如眉縣楊家村編鎛（西周中期，3件）〔註22〕、秦公鎛（春秋前期，3件）〔註23〕、鄱子成周編鎛（春秋晚期，8件）〔註24〕、太原趙卿墓編鎛（春秋晚期，19件）〔註25〕等等，而非賈公彥所言「惟懸一而已，不編懸」；第二、特磬是古代一種色彩性打擊樂器，單件使用，產生於新石器時代晚期。從音樂考古發現來看，特磬在商代特別盛行，入周以後少見，逐漸為編磬所取代，東周時期已經難覓其蹤。因此，筆者認為曾永義把特磬作為鄉飲、鄉射、燕禮等場合中「樂懸」的必備成員，〔註26〕似乎有些絕對化；第三、把鼓作為「樂懸」之一，似乎不妥。鄭玄注：「樂懸，謂鍾磬之屬，懸於簨簴者」。有些鼓雖然是「懸於簨簴」，但並非「鍾磬之屬」。所以，這些鼓並非樂懸。江藩、曾永義二位學者認為《儀禮・大射》中涉及的鼓類樂器如鼙、鼗、建鼓也屬於樂懸。那麼我們就來看看這三種樂器。「鼙，小鼓也」；〔註27〕「鼗，如鼓而小，持其柄搖之，旁耳還自擊」；〔註28〕建鼓，又稱「楹鼓」，「楹，謂之柱貫中，上出也。」〔註29〕可見，這三種鼓均非「懸於簨簴」。既然如此，

〔註22〕劉懷君：《眉縣出土一批西周窖藏青銅樂器》，《文博》1987年第2期。

〔註23〕盧連成、楊滿倉：《陝西寶雞縣太公廟村發現秦公鍾、秦公鎛》，《文物》1978年第11期。

〔註24〕固始侯古堆一號墓發掘組：《河南固始侯古堆一號墓發掘簡報》，《文物》1981年第1期。

〔註25〕山西省考古研究所、太原市文物管理委員會：《太原金勝村251號春秋大墓及車馬坑發掘簡報》，《文物》1989年第9期。

〔註26〕曾永義：《儀禮樂器考》，第123～130頁，中國東亞學術研究計劃委員會年報第六期抽印本（臺灣臺北），1967年。

〔註27〕《儀禮・大射》（鄭玄注），《儀禮注疏》卷十六，《十三經注疏》（上），第1029頁，中華書局，1980年。

〔註28〕《周禮・春官・小師》（鄭玄注），《周禮注疏》卷二十三，《十三經注疏》（上），第797頁，中華書局，1980年。

〔註29〕《禮記・明堂位》（鄭玄注），《禮記正義》卷三十一，《十三經注疏》（下），

又何來之「樂懸」？顯然，鼖、鼛、建鼓等並非「懸於簨簴」的鼓類樂器和一些可以「懸於簨簴」的鼓類樂器，應該是在周代的各種禮儀場合中，與「鍾磬之屬」的「樂懸」配合使用的一般樂器而已，並不包含在「樂懸」之內。

　　綜上所述，從目前的音樂考古發現並結合音樂文獻來看，對於周代樂懸的涵義，第二種觀點，即鍾、磬、鎛類樂器說更為合理，其中王子初的論述更為全面。周代樂懸應該包括甬鍾、紐鍾、鎛、磬。周代統治者賦予鍾、磬類大型編懸樂器以深刻的政治內涵，形成了以鍾、磬為代表、嚴格等級化的樂懸制度，就像當時的列鼎制度一樣不可僭越。而樂隊說則屬於周代之後「樂懸」一詞涵義的流變問題，本文暫不探討。

二、以往研究成果述略

　　孔子云：「『禮云禮云』，玉帛云乎哉？『樂云樂云』，鐘鼓云乎哉？」〔註30〕的確，西周的樂懸制度並非僅僅是鍾磬類禮樂器本身。它作為一種社會等級制度的重要載體，有著極其繁瑣和豐富的政治內容。有關這一點，古今學者多有著述。所論涉及到樂懸的用器制度、擺列制度和音列制度等幾個重要方面。

第一、樂懸的用器制度

　　在西周樂懸制度中，不同等級的貴族在鍾磬樂懸種類的配置方面享有不同的待遇。先看天子和諸侯之卿、大夫的樂懸配置。《周禮・春官・小胥》鄭玄注：「鍾磬者，編懸之，二八十六枚而在一簴謂之堵。鍾一堵，磬一堵，謂之肆。半之者，謂諸侯之卿、大夫、士也。諸侯之卿、大夫，半天子之卿、大夫，西懸鍾，東懸磬。」〔註31〕《儀禮・燕禮》賈公彥疏云：「天子宮懸，諸侯軒懸，面皆鍾、磬、鎛各一虡；大夫判懸，士特懸，不得有鎛。」〔註32〕可見，鄭玄、賈公彥均認為天子之卿、大夫的樂懸有鍾有磬，諸侯之卿、大夫亦有鍾有磬。近代王國維的意見則與其向左。其《釋樂次》認為，只有天子、諸侯可以享用編鍾，大夫有鼓無鍾。根據是《儀禮・鄉射禮》鄭玄注「陔夏者，天子諸侯以鐘鼓，大夫士鼓而已。」以及《儀禮・鄉飲酒禮》鄭玄注：

第 1491 頁，中華書局，1980 年。
〔註30〕《論語・陽貨》，《論語注疏》卷十七，《十三經注疏》（下），第 2525 頁，中華書局，1980 年。
〔註31〕《周禮注疏》卷二十三，《十三經注疏》（上），第 795 頁，中華書局，1980 年。
〔註32〕《儀禮注疏》卷十四，《十三經注疏》（上），第 1014 頁，中華書局，1980 年。

「鐘鼓者，天子、諸侯備用之，大夫士鼓而已。」〔註33〕今人楊華也認爲：「『金石之樂』是一種高規格等級標誌，大夫以下一般不配享有。」他的根據也是「《鄉射禮》和《鄉飲酒禮》注『鐘鼓者，天子、諸侯備用之，大夫士鼓而已。』」〔註34〕今人曾永義的觀點與以上諸家之說均有不同。他根據《儀禮・大射》的記載，認爲天子和諸侯之卿、大夫的樂懸配置均爲鍾、磬、鎛俱全，他們之間的等級區別只在於規模大小而已。〔註35〕

有關士的樂懸配置，《周禮・春官・小胥》鄭玄注：「士亦半天子之士，懸磬而已。」賈公彥疏解釋說：「天子之士只有東方一肆二堵，諸侯之士半之謂取一堵或於階間或於東方也。」〔註36〕按此說，天子之士的樂懸配置有鍾有磬，而諸侯之士則只有磬一堵。歷代學者多從鄭、賈之說。近代王國維〔註37〕、今人楊華〔註38〕則有不同看法。他們認爲天子和諸侯之士均不能享用編鍾，根據均爲《儀禮・鄉射禮》和《儀禮・鄉飲酒禮》鄭玄注。今人曾永義根據《儀禮・大射》的記載，認爲天子和諸侯之士的樂懸配置爲鍾、磬、鎛俱全，他們之間的等級區別僅是規模的不同。〔註39〕

天子和諸侯的樂懸配置如何呢？《周禮・春官・小胥》賈公彥疏：「天子、諸侯懸皆有鎛。今以諸侯之卿、大夫、士，半天子之卿、大夫、士言之，則卿、大夫直有鍾、磬，無鎛也；若有鎛，不得半之耳。」〔註40〕《儀禮・燕禮》賈公彥疏：「天子宮懸，諸侯軒懸，面皆鍾、磬、鎛各一虡；大夫判懸，士特懸，不得有鎛。」〔註41〕可見，賈氏認爲天子、諸侯的樂懸配置爲編鍾、編磬、鎛俱全。歷代學者，均從其說。除此之外，周天子所用之磬也非一般石料製成。《禮記・郊特牲》載：「諸侯之宮懸而祭以白牡，擊玉磬，

〔註33〕王國維：《釋樂次》，《觀堂集林》（卷二），第 101 頁，中華書局，1959 年。
〔註34〕楊華：《先秦禮樂文化》，第 113 頁，湖北教育出版社，1997 年。
〔註35〕曾永義：《儀禮樂器考》，第 128～129 頁，中國東亞學術研究計劃委員會年報第六期抽印本（臺灣臺北），1967 年。
〔註36〕《周禮注疏》卷二十三，《十三經注疏》（上），第 795 頁，中華書局，1980 年。
〔註37〕王國維：《釋樂次》，《觀堂集林》（卷二），第 101 頁，中華書局，1959 年。
〔註38〕楊華：《先秦禮樂文化》，第 113 頁，湖北教育出版社，1997 年。
〔註39〕曾永義：《儀禮樂器考》，第 128～129 頁，中國東亞學術研究計劃委員會年報第六期抽印本（臺灣臺北），1967 年。
〔註40〕《周禮注疏》卷二十三，《十三經注疏》（上），第 795 頁，中華書局，1980 年。
〔註41〕《儀禮・燕禮》，《儀禮注疏》卷十四，《十三經注疏》（上），第 1014 頁，中華書局，1980 年。

朱干設錫，冕而舞大武，乘大路，諸侯之僭禮也。」〔註42〕鄭玄注：「玉磬，天子樂器。」以此觀之，周天子所用的乃爲玉磬，而非一般的石磬。

關於鍾磬樂懸的使用場合，主要見於各種祭祀儀式中。「國之大事，在祀與戎。」〔註43〕《周禮・春官・大司樂》載：「凡樂事，大祭祀，宿懸，遂以聲展之。」賈公彥疏：「直言大祭祀者，舉大祭祀而言，其實中祭祀亦宿懸也，但大祭祀中有天神、地祇、人、鬼。中、小祭祀亦宿懸，至於饗食燕賓客有樂事，亦兼之矣。言宿懸者，皆於前宿豫懸之。」〔註44〕可見，鍾磬樂懸除了用於大、小祭祀活動，「饗食燕賓客有樂事亦兼之」。在這些儀式中，鍾磬樂懸均屬於常懸之樂。正如《禮記・曲禮下》所載：「君無故玉不去身，大夫無故不撤懸，士無故不撤琴瑟。」〔註45〕在周代樂懸制度中，對於鍾磬樂懸的使用還有一些禁忌。在一些特殊情況下，鍾磬只是懸而不擊，如「凡日、月食，四鎮五嶽崩，大傀異災，諸侯薨，令去樂。」〔註46〕《禮記・曲禮下》也載：「歲凶……祭事不懸。」孔穎達疏：「樂有懸鍾、磬，因曰懸也。凶年雖祭，而不作樂也。」〔註47〕《禮記・檀弓上》又載：「孟獻子禫，懸而不樂，比御而不入」〔註48〕等。還有一些情況下，不僅不能演奏鍾磬樂懸，而且還要撤掉。如「大劄、大凶、大烖、大臣死，凡國之大憂，令弛懸。」〔註49〕「疾病，外、內皆掃。君、大夫撤懸，士去琴瑟」〔註50〕等。

第二、樂懸的擺列制度

《周禮・春官・小胥》載：「正樂懸之位，王宮懸，諸侯軒懸，卿、大夫判懸，士特懸，辨其聲。」〔註51〕這是先秦典籍中關於周代樂懸擺列制度唯

〔註42〕《禮記正義》卷二十五，《十三經注疏》（下），第1448頁，中華書局，1980年。
〔註43〕《左傳・成公十三年》：《春秋左傳正義》，《十三經注疏》（下），第1911頁，中華書局，1980年。
〔註44〕《周禮注疏》卷二十二，《十三經注疏》（上），第790～791頁，中華書局，1980年。
〔註45〕《禮記正義》卷四，《十三經注疏》（上），第1259頁，中華書局，1980年。
〔註46〕《周禮・春官・大司樂》：《周禮注疏》卷二十二，《十三經注疏》（上），第791頁，中華書局，1980年。
〔註47〕《禮記正義》卷四，《十三經注疏》（上），第1259頁，中華書局，1980年。
〔註48〕《禮記正義》卷六，《十三經注疏》（上），第1278頁，中華書局，1980年。
〔註49〕《周禮・春官・大司樂》：《周禮注疏》卷二十二，《十三經注疏》（上），第791頁，中華書局，1980年。
〔註50〕《禮記・喪大記》：《禮記正義》卷四十四，《十三經注疏》（下），第1571頁，中華書局，1980年。
〔註51〕《周禮注疏》卷二十三，《十三經注疏》（上），第795頁，中華書局，1980年。

一較爲系統的記載。鄭玄注：「鄭司農云：『宮懸四面懸，軒懸去其一面，判懸又去其一面，特懸又去其一面。四面象宮室四面有牆，故謂之宮懸；軒懸三面其形曲，故《春秋傳》曰：『請曲懸，繁纓以朝，』諸侯禮也。……玄謂軒懸，去南面辟王也；判懸左右之合，又空北面；特懸懸於東方或於階間而已。」〔註 52〕由此，人們對周代樂懸的擺列方式比較清楚了。根據等級的不同，周代樂懸的擺列方式分爲四種：周天子爲宮懸，擺列於四面；諸侯爲軒懸，擺列於東、西、北三面，空南面；卿、大夫判懸，擺列於東、西兩面，空南、北兩面；士特懸，擺列於東面或階間。至於每一面的規格，《周禮‧春官‧小胥》鄭玄注：「鍾磬者，編懸之，二八十六枚而在一簨謂之堵。鍾一堵，磬一堵，謂之肆。半之者，謂諸侯之卿、大夫、士也。諸侯之卿、大夫，半天子之卿、大夫，西懸鍾，東懸磬。士亦半天子之士，懸磬而已。」〔註 53〕按此說，能確定的只有諸侯之卿、大夫的樂懸爲西面一架編鍾、東面一架編磬，諸侯之士只有一架編磬；而天子、諸侯以及天子之卿、大夫、士的樂懸，其每面的規格則不甚明瞭。對此，賈公彥在《儀禮‧燕禮》中解釋的比較明白：「天子宮懸，諸侯軒懸，面皆鍾、磬、鎛各一虡；大夫判懸，士特懸，不得有鎛。」〔註 54〕賈公彥此處所言的「大夫」、「士」應爲天子之大夫、士。按照賈氏所言，天子、諸侯之樂懸每面都由編鍾、編磬、編鎛各一架組成，天子之大夫和士的樂懸沒有鎛，每面由編鍾、編磬各一架組成。按照賈說：諸侯之卿、大夫半天子之卿、大夫，士半天子之士，則諸侯之卿、大夫、士樂懸的規格與鄭說吻合，即諸侯之卿、大夫的樂懸爲西面一架編鍾，東面一架編磬；諸侯之士只有一架編磬。對於以上觀點，曾永義根據《儀禮‧鄉飲酒禮》中的記載不認同鄭玄、賈公彥所謂的諸侯之士爲特懸，有磬無鍾之說，而認爲是鍾磬俱全的判懸之制。〔註 55〕

　　堵與肆也是樂懸擺列制度中的重要內容。《周禮‧春官‧小胥》載：「凡懸鍾磬，半爲堵，全爲肆。」〔註 56〕但是到底何謂「堵」，何謂「肆」，語爲不詳，歷代學者見解不一。《周禮‧春官‧小胥》鄭玄注：「鍾磬者，編懸之，

〔註 52〕《周禮注疏》卷二十三，《十三經注疏》（上），第 795 頁，中華書局，1980 年。
〔註 53〕《周禮注疏》卷二十三，《十三經注疏》（上），第 795 頁，中華書局，1980 年。
〔註 54〕《儀禮注疏》卷十四，《十三經注疏》（上），第 1014 頁，中華書局，1980 年。
〔註 55〕曾永義：《儀禮樂器考》第 126～127 頁，中國東亞學術研究計劃委員會年報第六期抽印本（臺灣臺北），1967 年。
〔註 56〕《周禮注疏》卷二十三，《十三經注疏》（上），第 795 頁，中華書局，1980 年。

二八十六枚而在一簴謂之堵。鍾一堵，磬一堵，謂之肆。」〔註57〕鄭氏認爲
16 件編鍾或者編磬懸掛於一簴爲一堵，一簴編鍾和一簴編磬合稱一肆。唐·
孔穎達比較認同鄭氏之說，不同之處在於他把鄭玄的堵鍾、堵磬合懸於一簴，
這樣的一簴即爲一肆，單有編鍾或者編磬均爲半。〔註58〕杜預則與鄭、孔之
說有別。《左傳·襄公十一年》載：「鄭人賂晉侯以師悝、師觸、師蠲……歌
鍾二肆，及其鎛磬，女樂二八。」杜預注：「肆，列也。懸鍾十六爲一肆，二
肆三十二枚。」〔註59〕杜預認爲，肆爲列，每肆 16 件，不包括編磬。也就是
說，編鍾可以單獨稱肆，與磬無涉。其後陳暘〔註60〕、孫詒讓〔註61〕、徐元
誥〔註62〕、楊伯峻〔註63〕、陳雙新〔註64〕均支持杜預的觀點。所謂「堵」，《周
禮·春官·小胥》賈公彥疏：「云堵者，若牆之一堵」，〔註65〕王國維與賈氏
觀點接近，「案堵之名出於垣牆，牆制高廣各一丈謂之堵，鍾磬簴之高，以擊
者爲度，高廣亦不能逾丈。」〔註66〕今人黃錫全、于柄文則云：「所謂『鍾一
肆』，可能是指大小相次的編鍾一組，多少不等。……所謂『堵』，可能就是
一簴（一排，似一堵牆），由上下三層或兩層，邵鍾『大鍾八肆，其竃四堵』，
可能就是八組大鍾，分四簴（排）懸掛，每簴二層。鄭玄所謂『二八在一簴
爲一堵』，可能是指一簴兩層，一層 8 件。」〔註67〕李純一的觀點與以上諸家
均不相同，「其實先秦時期的堵肆並無嚴格區別，一套大小相次的編鍾既可稱

〔註57〕《周禮注疏》卷二十三，《十三經注疏》（上），第 795 頁，中華書局，1980
　　　　年。

〔註58〕《春秋左傳正義》卷三十一，《十三經注疏》（下），第 1951 頁，中華書局，
　　　　1980 年。

〔註59〕《春秋左傳正義》卷三十一，《十三經注疏》（下），第 1951 頁，中華書局，
　　　　1980 年。

〔註60〕陳暘：《周禮·小胥》訓義，《樂書》卷四十五，光緒丙子（1876）刊本。

〔註61〕孫詒讓：《周禮正義》，第 1831 頁，中華書局，1987 年。

〔註62〕徐元誥撰，王樹民、沈長雲點校：《國語集解》，第 413～414 頁，中華書局，
　　　　2002 年。

〔註63〕楊伯峻：《春秋左傳注》，第 991～992 頁，中華書局，1990 年。

〔註64〕陳雙新：《兩周青銅樂器銘辭研究》，第 24 頁，河北大學出版社，2002 年。

〔註65〕《周禮注疏》卷二十三，《十三經注疏》（上），第 795 頁，中華書局，1980
　　　　年。

〔註66〕王國維：《漢南呂編磬跋》，《觀堂集林》（別集卷二），第 1217 頁，中華書局，
　　　　1959 年。

〔註67〕黃錫全、于柄文：《山西晉侯墓地所出楚公逆鍾銘文初釋》，第 175 頁，《考古》
　　　　1995 年第 2 期。

之爲堵，又可稱之爲肆。」〔註68〕

　　古今諸家對堵、肆分組標準以及組成件數，也是聚訟不清。對於堵、肆的分組，考古界原來多以銘文作爲分組的標準。容庚曾指出：「克鍾、邢人鍾都合兩鍾而成全文，則合兩鍾爲一肆。虢叔編鍾、者沪編鍾合四鍾而成全文，則四鍾爲一肆；沪編鍾第一組合七鍾而成全文，則七鍾爲一肆。」〔註69〕楊伯峻對此有不同看法，他認爲：「容庚……以銘文之長短爲肆，亦似可商。……以實物證明，似可論斷，音調音階完備能演奏而成樂曲者始得爲一肆。」〔註70〕對於容庚之說，陳雙新也予以否定，「從出土實物看，堵、肆與編鍾全銘的組合形式無多大關係，如子犯鍾兩組十六件，每組八件合爲全銘；晉侯蘇鍾兩組十六件，合爲一篇全銘；新出楚公逆鍾一組八件，每鍾全銘。」〔註71〕

　　關於堵、肆的組成件數，《周禮・春官・小胥》鄭玄注：「鍾磬者，編懸之，二八十六枚而在一簨謂之堵。」〔註72〕《左傳・襄公十一年》杜預注：「懸鍾十六爲一肆。」〔註73〕近人唐蘭通過對一些編鍾銘文的考釋，認同鄭、杜之說。「一組之編鍾，當有兩虡，虡各二列，列各八鍾，正與十六枚爲一堵之說合也。」「周人尚八，古天子用八佾，八八凡六十四人；然則其樂鍾亦當爲八肆六十四鍾也。」〔註74〕對於鄭、杜之說，雖有唐蘭等少數學者表示認同，但多數學者如王國維、楊伯峻、李純一、黃翔鵬等諸多學者還是提出質疑。王國維從簨虡的容量出發，指出「鍾磬虡之高，以擊者爲度，高廣亦不能逾丈。一丈之廣，不能容鍾磬十六枚或十九枚，此亦事理也。」〔註75〕楊認爲「鄭玄等所注，以出土實物證之，皆不甚切合。」〔註76〕李指出「迄今考古發現先秦實物無一例與之相合，足見鄭、杜這些解釋都不足爲據。」〔註77〕黃也認爲「這些說法對於西周從三件一套到八件一套，春秋的九件一套、十

〔註68〕 李純一：《中國上古出土樂器綜論》，第288頁，文物出版社，1996年。
〔註69〕 容庚、張維持：《殷周青銅器通論》，第74頁，科學出版社，1958年。
〔註70〕 楊伯峻：《春秋左傳注》，第991～993頁，中華書局，1990年。
〔註71〕 陳雙新：《兩周青銅樂器銘辭研究》，第27頁，河北大學出版社，2002年。
〔註72〕 《周禮注疏》卷二十三，《十三經注疏》（上），第795頁，中華書局，1980年。
〔註73〕 《春秋左傳正義》卷三十一，《十三經注疏》（下），第1951頁，中華書局，1980年。
〔註74〕 唐蘭：《古樂器小記》，第77頁，《燕京學報》第14期。
〔註75〕 王國維：《漢南呂編磬跋》，《觀堂集林》（別集卷二），第1217頁，中華書局，1959年。
〔註76〕 楊伯峻：《春秋左傳注》，第993頁，中華書局，1990年。
〔註77〕 李純一：《中國上古出土樂器綜論》，第288頁，文物出版社，1996年。

三件一套，竟然到了無一數字相合的程度。說明它們並無多少實際根據，既非西周制度，也不是春秋制度。」〔註78〕

第三、樂懸的音列制度

關於編鍾的音列，目前已有多名學者進行過深入考察，如《新石器和青銅時代的已知音響資料與我國音階發展史問題》〔註79〕和《用樂音系列記錄下來的歷史階段——先秦編鍾音階結構的斷代研究》〔註80〕、《西周樂鍾的編列探討》〔註81〕、《兩周編鍾音列研究》〔註82〕等。他們一致認為，西周編鍾的音列均不出宮、角、徵、羽四聲，不用商音。

對於西周編鍾音列五聲缺商的原因，歷代方家多有論述，至今仍聚訟不已，莫衷一是。目前主要有四種觀點：其一，《周禮·春官·大司樂》載：「凡樂，圜鍾爲宮，黃鍾爲角，太簇爲徵，姑洗爲羽……凡樂，函鍾爲宮，太簇爲角，姑洗爲徵，南呂爲羽……凡樂，黃鍾爲宮，大呂爲角，太簇爲徵，應鍾爲羽……」。〔註83〕鄭玄注：「此樂無商者，祭尙柔，商堅剛也。」賈公彥疏：「云此樂無商者，祭尙柔，商堅剛也者。此經三者皆不言商，以商是西方金，故云祭尙柔，商堅剛不用。若然，上文云：『此六樂者皆文之以五聲。』並據祭祀而立五聲者，凡音之起由人心生，單出曰聲，雜比曰音，泛論樂法以五聲言之，其實祭無商聲。」〔註84〕可見，賈公彥認爲周樂五聲齊全，並非沒有商音，只是因爲「商堅剛」而不能用於祭祀音樂。《周禮·春官·大司樂》陳暘訓義云：「三宮不用商聲者，商爲金聲而周以木王，其不用則避其所尅而已」。並進一步指出「周之作樂非不備五聲，其無商聲，

〔註78〕黃翔鵬：《新石器和青銅時代的已知音響資料與我國音階發展史問題》，《溯流探源——中國傳統音樂研究》，第 57 頁，人民音樂出版社，1992 年。

〔註79〕黃翔鵬：《溯流探源——中國傳統音樂研究》，第 1～58 頁，人民音樂出版社，1992 年。

〔註80〕黃翔鵬：《溯流探源——中國傳統音樂研究》，第 98～108 頁，人民音樂出版社，1992 年。

〔註81〕陳荃有：《西周樂鍾的編列探討》，第 29～42 頁，《中國音樂學》2001 年第 3 期。

〔註82〕孔義龍：《兩周編鍾音列研究》，第 11～49 頁，中國藝術研究院 2005 屆音樂學博士學位論文。

〔註83〕《周禮注疏》卷二十二，《十三經注疏》（上），第 789～790 頁，中華書局，1980 年。

〔註84〕《周禮注疏》卷二十二，《十三經注疏》（上），第 789～790 頁，中華書局，1980 年。

文去實不去故也。」〔註85〕也就是說，陳暘認爲商與周是相剋的關係，所以不用商音，但這僅僅是書面的規定，而在實際的演奏中商音是使用的，即所謂「文去實不去」。王光祈研究發現，《詩經》「三百篇之中罕有商調，惟《商頌》五篇始用商調。故特繫在三百篇後，彷彿是一種附錄之意。據說，周朝之所以不用商調，係因商調有一種殺聲之故。」〔註86〕王子初則認爲周鍾禁用商音，應是西周初期周公「製禮作樂」時訂立的規矩。周滅商而王天下，商爲周之大敵。作爲宮廷禮樂重器的編鍾，在國家祭祀的重大場合，自然絕不允許出現「商」音。〔註87〕以上諸家雖角度不同，但均站在政治的高度，認爲商音或者商調不利於周的統治，所以不用商音。其二，黃翔鵬認爲周樂用商音而不用商調，對周鍾不用商音作如是解：「宮廷中至少已用全五聲；不過，商聲卻不在骨幹音之列。也就是說，西周宮廷音樂，無論其爲五聲或七聲音階，其可用於不同調式作爲主音的音節骨幹音卻是：『宮－角－徵－羽』的結構。」〔註88〕也就是說，黃先生認爲編鍾只是用於演奏骨幹音，而「骨幹音卻是：『宮－角－徵－羽』的結構」，所以西周編鍾上才沒有商音。其三，今人孔義龍對此提出新的看法。他認爲對於西周編鍾沒有商音的問題出於政治上的考慮是可以的，但是「缺『商』問題的客觀原因與主觀問題是應該分清楚的」。「在西周編甬鍾的音列中找不到『商』這個音，客觀原因是在作弦上等分取音時不方便獲取『商』音」〔註89〕。並指出「到西周中、晚期這種一弦取音的方法趨於統一的時候，仍然將西周鍾缺商的原因完全歸結於對商的仇恨的結論尚待討論。」〔註90〕其四，劉再生認爲，西周編鍾五聲缺商的原因，在於周民族與商民族音樂習俗和審美觀念的不同。〔註91〕

〔註85〕陳暘：《周禮·春官·大司樂》訓義，《樂書》，光緒丙子（1876）刊本。

〔註86〕王光祈（馮文慈、俞玉滋選注）：《王光祈音樂論著選集》（下冊），84頁，人民音樂出版社，1993年。

〔註87〕王子初：《晉侯蘇鍾的音樂學研究》，第29頁，《文物》1998年第5期。

〔註88〕黃翔鵬：《溯流探源——中國傳統音樂研究》，第24頁，人民音樂出版社，1992年。

〔註89〕孔義龍：《兩周編鍾音列研究》，第78頁，中國藝術研究院2005屆音樂學博士學位論文。

〔註90〕孔義龍：《兩周編鍾音列研究》，第21頁，中國藝術研究院2005屆音樂學博士學位論文。

〔註91〕劉再生：《中國古代音樂史簡述》（修訂版），第92～94頁，人民音樂出版社，2006年。

此外，關於鍾樂的宮調和旋宮轉調問題，《國語・周語下》載：「鍾尙羽，石尙角，匏竹利制，大不逾宮，細不過羽。」〔註 92〕黃翔鵬通過對出土實物的測音分析認爲，「鍾尙羽」還是有些道理。〔註 93〕而「『大不逾宮，細不過羽』未必完全是西周鍾樂制度。『大不逾宮』可能是東周人對西周人的片面看法。」〔註 94〕關於鍾樂的旋宮轉調，黃翔鵬認爲在西周時期「並不存在在同一套編鍾內完成旋宮的可能性。」〔註 95〕

三、以往研究方法述評以及本文研究的意義

古今學者對西周樂懸制度的研究，主要還是沿用傳統的「從文獻到文獻」的研究方法。文獻的重要性自不待言。鄭玄的「樂懸，謂鍾磬之屬，懸於簨簴者。」〔註 96〕《周禮》的「正樂懸之位，王宮懸，諸侯軒懸，卿、大夫判懸，士特懸」〔註 97〕等文獻記載，給我們提供了關於周代樂懸制度的重要信息。

但文獻的局限性也是學界共知的。如關於西周樂懸制度中不同等級的樂懸配置問題，史學大師王國維在《釋樂次》一文中，根據《儀禮・鄉射禮》鄭玄注「陔夏者，天子諸侯以鐘鼓，大夫士鼓而已」以及《儀禮・鄉飲酒禮》鄭玄注「鐘鼓者，天子諸侯備用之，大夫士鼓而已」〔註 98〕兩段文獻記載，認爲只有周天子和諸侯才可以享用編鍾，大夫的樂懸是沒有編鍾的。但是從今天的音樂考古發現來看，不僅西周的天子和諸侯可以享用編鍾，而且周天子的卿、大夫、士也是可以享用編鍾的，只不過此非普遍現象或有僭越而已。再如對於編鍾的堵肆問題，王國維從簨簴的容量出發，對鄭、杜之說提出質疑。「鍾磬簴之高，以擊者爲度，高廣亦不能逾丈。一丈之廣，不能容鍾磬十

〔註 92〕徐元誥（王樹民、沈長雲點校）：《國語・周語下》第三，《國語集解》，第 110 頁，中華書局，2002 年。

〔註 93〕黃翔鵬：《新石器和青銅時代的已知音響資料與我國音階發展史問題》，第 25 頁，《溯流探源——中國傳統音樂研究》，人民音樂出版社，1992 年。

〔註 94〕黃翔鵬：《新石器和青銅時代的已知音響資料與我國音階發展史問題》，第 41 頁，《溯流探源——中國傳統音樂研究》，人民音樂出版社，1992 年。

〔註 95〕黃翔鵬：《新石器和青銅時代的已知音響資料與我國音階發展史問題》，第 52 頁，《溯流探源——中國傳統音樂研究》，人民音樂出版社，1992 年。

〔註 96〕《周禮注疏》卷二十三，《十三經注疏》（上），第 795 頁，中華書局，1980 年。

〔註 97〕《周禮注疏》卷二十三，《十三經注疏》（上），第 795 頁，中華書局，1980 年。

〔註 98〕王國維：《釋樂次》，《觀堂集林》（卷二），第 101 頁，中華書局，1959 年。

六枚或十九枚，此亦事理也。」〔註 99〕也就是說，王國維認為一副簨虡無法懸掛 16 或 19 件編鍾或編磬。今從音樂考古發現觀之，王說值得商榷。如春秋晚期的王孫誥編鍾，一副簨虡懸掛編鍾 26 件；〔註 100〕曾侯乙墓編磬，一副簨虡懸掛編磬 32 件；〔註 101〕而曾侯乙編鍾，一副簨虡懸掛編鍾多達 65 件。〔註 102〕從「文獻到文獻」的研究方法之局限性可見一斑。

「夏禮吾能言之，杞不足徵也；殷禮吾能言之，宋不足徵也，文獻不足故也，足則吾能徵之矣。」〔註 103〕可知早在孔子的時代，僅僅依靠文獻來研究三代禮樂制度已經是困難重重。更何況我們今天所看到的先秦文獻，僅是秦火之後的斷簡殘編，又歷經多次的傳抄轉載以及戰火硝煙的洗禮。靠這樣的文獻史料來系統地研究西周禮樂制度，其難度可想而知。

「音樂考古學所依據的實物史料，比起古代的文字記載來，更為直接、更為可靠」。〔註 104〕那些出土的禮樂器就是當時禮樂制度的物化。「惟器與名，不可以假人，君之所司也。名以出信，信以守器，器以藏禮」。〔註 105〕因此，今人多改用音樂考古學與文獻學相結合的研究方法，並取得了較為豐碩的研究成果。如曾永義的《禮儀樂器考》、王世民的《關於西周春秋高級貴族禮器制度的一些想法》、《春秋戰國葬制中樂器和禮器的組合狀況》、馮光生的《曾侯乙編鍾若干問題淺論》等論著，對西周樂懸制度的研究均不乏創見。

當然，這些研究還停留於編鍾的器型學研究層面，尚未進一步關注到鍾磬樂懸的音樂內涵，而這則是樂器研究的核心內容。如對癲鍾編列的研究，考古界一般根據其形製紋飾的不同，將 21 件癲鍾分為七式，〔註 106〕這並不符合作為一種旋律樂器編列的原貌。陳雙新通過對其中 13 件有銘編鍾的研究，認

〔註 99〕王國維：《漢南呂編磬跋》，《觀堂集林》（別集卷二），第 1217 頁，中華書局，1959 年。

〔註 100〕趙世綱：《中國音樂文物大系・河南卷》，第 87 頁，大象出版社，1996 年。

〔註 101〕王子初：《中國音樂文物大系・湖北卷》，第 250 頁，大象出版社，1996 年。

〔註 102〕王子初：《中國音樂文物大系・湖北卷》，第 202 頁，大象出版社，1996 年。

〔註 103〕《論語・八佾》，《論語注疏》卷三，《十三經注疏》（下），第 2466 頁，中華書局，1980 年。

〔註 104〕王子初：《音樂考古學的研究對象和相關學科》，第 53 頁，《中國音樂學》2001 年第 1 期。

〔註 105〕《左傳・成公二年》，《春秋左傳正義》卷二十五，《十三經注疏》，第 1894 頁，中華書局，1980 年。

〔註 106〕方建軍：《中國音樂文物大系・陝西卷》，第 37～50 頁，大象出版社，1996 年。

爲是 8 件一肆，但是對無銘㝬鍾的編列問題則沒有涉及。隨著曾侯乙編鍾的發掘和研究，許多音樂史學家把出土的鍾磬開始納入到音樂考古學的研究範疇，打破了僅僅停留在鍾磬器型學研究的舊有模式，在西周樂懸制度和鍾樂研究方面取得了許多突破性進展。如李純一的《曾侯乙墓編鍾的編次和樂懸》〔註107〕、黃翔鵬的《新石器和青銅時代的已知音響資料與我國音階發展史問題》〔註108〕和《用樂音系列記錄下來的歷史階段——先秦編鍾音階結構的斷代研究》〔註109〕、陳荃有的《西周樂鍾的編列探討》〔註110〕、孔義龍的《兩周編鍾音列研究》〔註111〕等等。其中《曾侯乙墓編鍾的編次和樂懸》一文指出，「這個戰國早期曲懸實例，不但它本身相當完整，編次清楚，而且它的主人身份、國別和年代也都很明確，這就使得我們對於當時的樂懸制度，以及『禮崩樂壞』情況，能夠有一些確實而具體的瞭解。」〔註112〕從曾侯乙墓樂懸來看，樂懸擺列方式與文獻記載相符，爲「三面其形曲」的軒懸。它以無可辯駁的事實證明周代樂懸制度的眞實存在，爲本文的撰寫提供了有力的支持。筆者的《從山東音樂考古發現看周代樂懸制度的演變》一文，曾以山東地區的音樂考古發現所見的鍾磬樂懸爲基礎，從音樂考古學角度對周代樂懸制度的內容、功能及演變，作了一點初步的探索。

　　樂懸制度是西周禮樂制度的重要組成部分，在西周禮樂制度和墓葬制度等課題研究中，佔有著舉足輕重的地位。有的學者甚至認爲，「青銅樂器在兩周統治階級使用等級的限制上比禮器更爲嚴格」。〔註113〕其中的「青銅樂器」，就是指樂懸的重要成員編鍾。目前，史學界和考古界對周代列鼎制度的研究已經非常深入和全面。但是與之地位同等重要的樂懸制度的研究，無論在深度上，還是在廣度上，都還遠遠不夠。因此，對西周樂懸制度作較爲全面、

〔註107〕李純一：《曾侯乙墓編鍾的編次和樂懸》，《音樂研究》1985年第2期。
〔註108〕黃翔鵬：《溯流探源——中國傳統音樂研究》，第1～58頁，人民音樂出版社，1992年。
〔註109〕黃翔鵬：《溯流探源——中國傳統音樂研究》，第98～108頁，人民音樂出版社，1992年。
〔註110〕陳荃有：《西周樂鍾的編列探討》，第29～42頁，《中國音樂學》2001年第3期。
〔註111〕孔義龍：《兩周編鍾音列研究》，第11～49頁，中國藝術研究院2005屆音樂學博士學位論文。
〔註112〕李純一：《曾侯乙墓編鍾的編次和樂懸》，第70頁，《音樂研究》1985年第2期。
〔註113〕陳雙新：《兩周青銅樂器銘辭研究》，第156頁，河北大學出版社，2002年。

系統的音樂考古學研究，是目前學術發展的迫切需要。它與文獻學相輔相成，猶如車之雙輪、鳥之雙翼，缺一不可，可以在更大的程度上充實和彌補文獻記載的局限。

從前文第二部分關於西周樂懸制度研究述略一段可知，有關西周樂懸制度的探討由來已久，至今方興未艾。但由於缺乏可靠的考古材料為依據，其中的很多問題一直聚訟未決。因此，佔有全面的鍾磬實物資料，尤其是佔有新的音樂考古資料，是本文研究的前提和基礎。如關於樂懸制度中擺列制度的探討，即《周禮·春官·小胥》所載：「正樂懸之位，王宮懸，諸侯軒懸，卿、大夫判懸，士特懸。」〔註114〕李純一認為這「當是已經發展到定制的東周後期的情況」〔註115〕，具體說來應是春秋時期，〔註116〕並非是西周時期。他的證據是西周早期至西周末期的 5 座墓葬出土的樂懸，即陝西弭伯墓（BZM13）、弭伯各墓（BZM7）、弭伯簋墓（BRM1）、井叔墓（M157）、河南虢太子墓，與《周禮》所載不符。當時所見西周鍾磬實物的數量雖然至少也在 200 件以上，但是出土於墓葬的寥寥無幾；墓主身份、等級確定的就更少的可憐，對於全面認識西周的樂懸制度確實還存在著相當大的距離。李先生得出以上的結論也是就當時的材料而言。

1992 年開始發掘的天馬——曲村遺址，也就是晉侯墓地，對西周樂懸制度的研究掀開了嶄新的一頁，給筆者打開了研究西周樂懸制度的一扇大門。目前，晉侯墓地總共清理晉侯及其夫人的墓葬 9 組 19 座〔註117〕，大多未被盜掘，許多墓葬均出土鍾磬樂懸，彌足珍貴。9 代晉侯，從西周一直到春秋初年一直在此，代代相傳，具有連續性，全國僅此一處。晉侯墓地是目前為止同時期、同規格的墓地中保存最完整、排列最清楚而且也是隨葬品最豐富的一處，是研究西周樂懸制度最為可靠、重要和翔實的考古資料。此外，2003 年陝西眉縣楊家村逨器（如逨盤、逨鼎等）的面世，使 1985 年同地出土的編甬鍾和編鎛的器主和級別均得以確認。器主為單逨，其官職從管理四方虞林再

〔註114〕《周禮·春官·小胥》，《周禮注疏》卷二十三，《十三經注疏》（上），第795頁，中華書局，1980年。

〔註115〕李純一：《先秦音樂史研究的兩種基本史料》，第36頁，《音樂研究》1994年第3期。

〔註116〕李純一：《先秦音樂史》，第90頁，人民音樂出版社，1994年。

〔註117〕劉緒：《晉侯邦父墓與楚公逆編鍾》，第56頁，《長江流域青銅文化研究》，科學出版社，2002年。

到官司曆人，應該屬於大夫級別。〔註118〕這為西周樂懸制度的研究又提供了一例非常珍貴的實物資料。筆者通過對這些鍾磬樂懸的研究發現，《周禮》等文獻中有關樂懸制度的記載與考古發現有不少相合之處，並非妄言。也有一些誤載和失載。如《周禮》中「正樂懸之位，王宮懸，諸侯軒懸，卿、大夫判懸，士特懸」這段關於樂懸制度的記載，並非如一些學者所言「當是已經發展到定制的東周後期的情況」，樂懸制度在西周晚期已經發展成熟。

　　需要說明的是，筆者主要以目前所見的西周鍾磬樂懸資料為基礎，從音樂考古學角度對西周樂懸制度的形成、發展以及成熟的過程作一些初步的考察研究。考古發現必然帶有一定的偶然性。隨著音樂考古學學科的不斷發展，新的考古資料的不斷出現，這一課題將得到進一步深化，筆者的認識也將日臻完善。

〔註118〕劉懷君：《眉縣楊家村西周窖藏青銅器的初步認識》，第35～38頁，《考古與文物》2003年第3期。

第一章　西周樂懸制度的濫觴

　　《說文》載：「禮，履也，所以事神致福也。」可見，「事神致福」的祭祀過程就是禮的起源過程。《禮記・禮運》載：「夫禮之初，始諸飲食，其燔黍捭豚，汙尊而抔飲，蕢桴而土鼓，猶若可以致其鬼神。」〔註1〕可見，在禮制起源之初，禮和樂就統一於原始先民的祭祀活動之中，供物奉神（「其燔黍捭豚，汙尊而抔飲」）和用樂娛神（「蕢桴而土鼓」）成爲祭祀活動中不可或缺的兩個重要內容。孔子曾說：「殷因於夏禮，所損益可知也；周因於殷禮，所損益可知也。」〔註2〕《史記・孔子世家》又載：「後雖百世可知也，以一文一質，周監二代，郁郁乎文哉，吾從周。」〔註3〕可見，周禮不僅「因於殷禮」，而且「周監二代」，是在繼承夏、商兩代禮樂制度的基礎上「損益」形成。所以，要想瞭解周禮，必須先研究「殷禮」；要研究「殷禮」，又要先考察「夏禮」。但是對於如何研究三代的禮樂制度，生長在 2500 多年前的孔子也慨歎不已：「夏禮吾能言之，杞不足徵也；殷禮吾能言之，宋不足徵也，文獻不足故也，足則吾能徵之矣。」〔註4〕可知在孔子的時代，僅以文獻來研究三代禮樂制度已經是相當困難。隨著中國考古學的迅速發展，大量先秦時期的音樂文物不斷出土，其中不乏眾多的禮樂器。「從出土情況看，青銅禮器爲少數人所佔有，是他們權利和地位的象徵。青銅禮器主要是一種政治工具，是商代

〔註1〕　《禮記正義》卷二十一，《十三經注疏》（下），第 1415 頁，中華書局，1980 年。
〔註2〕　《論語・爲政》，《論語注疏》卷二，《十三經注疏》（下），第 2463 頁，中華書局，1980 年。
〔註3〕　司馬遷：《史記・孔子世家》卷四十七，第 1936 頁，中華書局，1959 年。
〔註4〕　《論語・八佾》，《論語注疏》卷三，《十三經注疏》（下），第 2466 頁，中華書局，1980 年。

政治制度——禮樂制度的物化形式，具有濃厚的上層建築色彩，屬意識形態產品。」〔註5〕以此觀之，那些出土的禮樂器均應為當時「禮樂制度」的物化，在相當程度上反映了三代禮樂制度的諸多信息。

所謂禮樂制度，一般是指西周初期產生的一種社會等級制度的專稱，所謂「周公製禮作樂」者是也。而夏、商以及史前時期還沒有「禮樂制度」一說。不過，從先秦文獻來看，禮樂制度的涵義似乎沒有這麼狹隘。如先秦文獻中頻繁出現周禮、殷禮、夏禮以及夏前的虞禮等名詞。這一個「禮」字，是否可以作為一種制度的名稱來看？如是，所謂的禮樂制度似可作廣義解：其並非特指西周的禮樂制度，還可包括「夏禮」、「殷禮」，甚至史前的「禮」。本文擬從此角度來應用這一概念。

在中國考古學的起步階段，史學界對殷禮以及史前的禮樂制度大多持懷疑態度。隨著近幾十年中國考古學的迅猛發展，以及許多重大考古發現的面世，人們逐步走出「疑古時代」，對於殷商禮樂制度已不再懷疑。至於史前的禮樂制度，學界還是保守者居多。隨著陶寺遺址的發現與發掘，高煒在 20 世紀 80 年代末就大膽提出龍山時代已經形成的觀點，〔註6〕當時認同者不多。隨著近幾年考古學的發展和研究不斷深入，越來越多的學者開始贊同高煒的觀點，如王震中〔註7〕，費玲伢〔註8〕、徐藝、孟華平〔註9〕等等。因此，筆者將第一節的題目定為「史前時期的禮樂制度」。

關於「禮樂器」一名，有人可能會認為當時出土的一些樂器或是法器，或是祭器，而稱為「禮樂器」似不很合適。「龍山時代樂器的功能再一次發生衍化。並逐漸由巫術時代事神致福的原始宗教活動所使用的『法器』和『祭器』而演變成象徵人倫與社會政治關係的宗教儀式用品——禮器。這一時期，具有禮器性質的樂器以陶寺遺址出土的陶鼓、木鼓、石磬為代表。」〔註10〕

〔註5〕 徐良高：《文化因素定性分析與「青銅禮器文化圈」研究》，第 232 頁，《中國商文化國際學術討論會論文集》，中國大百科全書出版社，1998 年。

〔註6〕 高煒：《龍山時代的禮制》，第 242 頁，《慶祝蘇秉琦考古五十五年論文集》，文物出版社，1989 年。

〔註7〕 王震中：《中國文明起源的比較研究》，第 237 頁，陝西人民出版社，1998 年。

〔註8〕 費玲伢：《淮河流域史前陶鼓的研究》，第 58 頁，《江漢考古》2005 年第 2 期。

〔註9〕 徐藝、孟華平：《中國禮樂文明之源——以史前樂舞遺存為例》，第 9 頁，《東南文化》2003 年第 7 期。

〔註10〕黃厚明：《中國史前音樂文化區及相關問題初論》，第 46 頁，《華夏考古》2005 年第 2 期。

而且，史前時期的鼉鼓、特磬都是象徵王權的重器，它們組合在一起並不是僅作爲一般的樂器，而是作爲禮儀性的設施，象徵著墓主人的等級身份和特權地位，這些樂器已經成爲一種禮樂器。〔註11〕因此筆者認爲，既然禮樂制度在龍山時代已經形成，當時的鼉鼓、土鼓、特磬等樂器成爲權力、地位的象徵，並確已上昇爲一種禮器。因此名之曰禮樂器應該比較恰當，同時也可以與一般禮器相區別。

第一節　史前時期的禮樂制度

《史記‧五帝本紀》載：「禹踐天子位，堯子丹朱、舜子商均皆有疆土，以奉先祀，服其服，禮樂如之，以客見天子。」〔註12〕《世本‧作篇》云：「伏羲制以儷皮嫁娶之禮」。〔註13〕《禮記‧樂記》又載：「五帝殊時，不相沿樂；三代異世，不相襲禮。」在《管子‧封禪》、《史記‧封禪書》中還記載了虞夏之前的無懷氏、伏羲、神農、炎帝、黃帝、顓頊、帝嚳、堯、舜的封禪之禮。《尚書》中虞、夏書也將禮的起源追溯到五帝時代的虞禮。陳戍國的研究更是把禮的起源追溯到虞夏之前。〔註14〕如此說來，禮樂制度在夏代之前的五帝時期就已產生。對此，過去很多學者均持懷疑態度。嚴文明指出，「過去中國治古史傳說的學者往往碰到許多時代顛倒、方位錯置以及張冠李戴的情況無法作出正確的判斷。於是對於所謂三皇五帝的說法產生懷疑，稱之爲傳疑時代，或者乾脆把它說成是僞古史。在史前考古學已經得到相當發展的今天，如果把傳說資料同考古學文化結合起來進行比較研究，至少可以找到一個辨別眞僞的立腳點。現在看來，司馬遷《史記》從《五帝本紀》開篇，《尚書》從《堯典》編起並不是沒有道理的，這一段歷史應該很好的進行研究。」嚴老所說極是。「越來越多的考古發現和研究成果正在充分證明，依據古史記載的五帝時代事迹而傳承數千年的中華五千年文明古國，並非只是一種傳說，而是有眞實的歷史事實爲根據的。」〔註15〕鄒衡在考察二里頭文化禮器的來源時指出：猶如周禮承繼商禮、商禮承繼夏禮

〔註11〕印群：《黃河中下游地區的東周墓葬制度》，第183～184頁，社會科學文獻出版社，2001年。
〔註12〕司馬遷：《史記‧五帝本紀》卷一，第44頁，中華書局，1959年。
〔註13〕秦嘉謨（輯）：《世本八種》，商務印書館，1957年。
〔註14〕陳戍國：《先秦禮制研究》，湖南教育出版社，1991年。
〔註15〕郭大順：《紅山文化》，第378頁，文物出版社，2005年。

一樣，夏文化的禮制「可能是繼承虞禮而來的」。也就是說，禮制在夏代之前應該已經產生。高煒則大膽提出，「禮樂制度形成於龍山時代」。〔註 16〕近年越來越多的學者認同高煒之說。但也有不同意見，印群認為龍山時代只是出現禮樂制度的萌芽而已。〔註 17〕哪種觀點更為合理呢？

一、史前禮樂器的考古資料分析

　　中國音樂考古學的研究表明，史前時期的禮樂器已是數以百計。據筆者初步統計，到目前為止已達 200 餘件。其中土鼓 207 件，鼉鼓 12 件，特磬 16 件（參見附表 1、2）。在這些出土禮樂器的史前墓葬中，絕大多數僅見土鼓、鼉鼓或特磬，有的墓葬伴出土鼓和鼉鼓，少數大墓特磬、土鼓和鼉鼓共出。其中，襄汾陶寺遺址樂器群，是目前中國上古禮樂制度初始階段最重要、最完整的考古資料。

第一、僅出土鼓的墓葬

　　土鼓，又稱陶鼓，一種新石器時代即已產生的打擊樂器。目前，考古發現史前土鼓的實物多達 207 件（參見附表 1），其中最早的實物標本為大汶口北辛文化土鼓（5 件），距今約 6210 年，〔註 18〕更多的則為新石器時代中晚期遺物。

　　有關土鼓的文獻記載頗多。如《禮記・禮運》孔穎達疏：土鼓為中古神農氏之器。〔註 19〕神農氏乃三皇之一，推測其生活的時代為新石器時代早期，與山東的北辛文化相當。《禮記・明堂位》載：「土鼓、蕢桴、葦籥，伊耆氏之樂也。」〔註 20〕《禮記・郊特牲》鄭注云：「伊耆氏，古天子號也，……或云即帝堯」。〔註 21〕《呂氏春秋・古樂》又載：「帝堯立，乃命質為樂。質乃效山林、谿谷之音以歌，乃以麋輅冒缶而鼓之。」〔註 22〕這是帝堯時期一種

〔註 16〕 高煒：《龍山時代的禮制》，第 242 頁，《慶祝蘇秉琦考古五十五年論文集》，文物出版社，1989 年。

〔註 17〕 印群：《黃河中下游地區的東周墓葬制度》，第 184 頁，社會科學文獻出版社，2001 年。

〔註 18〕 山東省文物考古研究所：《大汶口續集——大汶口遺址第二、三次發掘報告》，第 54～55 頁，科學出版社，1997 年。

〔註 19〕 《禮記正義》卷二十一，《十三經注疏》（下），第 1415 頁，中華書局，1980 年。

〔註 20〕 《禮記正義》卷三十一，《十三經注疏》（下），第 1491 頁，中華書局，1980 年。

〔註 21〕 《禮記正義》卷二十六，《十三經注疏》（下），第 1453 頁，中華書局，1980 年。

〔註 22〕 中央音樂學院中國音樂研究所等：《中國古代樂論選輯》，第 100 頁，中央音

用麋革冒缶的土鼓。《世本・作篇》又云：「夷作鼓」、「巫咸作鼓」。張澍按：「夷即黃帝次妃彤魚氏之子夷鼓。」巫咸，宋衷曰：「堯臣也。」〔註23〕看來，關於土鼓的產生與流行時期，文獻記載與考古發現基本一致，這說明一些先秦文獻記載還是有其眞實性的。考古發現的 207 件土鼓實物中，多數出於大中型墓葬，有些出於大型祭祀遺址，少數見於灰坑和居住遺址。其中陶寺遺址除出土土鼓外，還共出有其他樂器，將單獨論述，其他僅出土鼓的史前墓葬主要有如下 15 座。

1・大汶口墓葬群（4 座）

1974 年，山東省文物考古研究所對大汶口遺址進行了第二次發掘，出土土鼓共計 12 件。〔註24〕其中，北辛文化 5 件，分別出土於 H2、F2、5A 層（2 件）、6 層，時代爲北辛文化晚期二段，距今約 6210 年；大汶口文化 7 件（圖 1），時代均爲大汶口文化二期，距今約 5800～6000 年，分別出自 4 座墓葬：M1018、M2007、M2011、M2018。下面把這 4 座墓葬的考古資料列表如下（表 1）。

圖 1　大汶口土鼓・M1018：24

樂學院中國音樂研究所，1961 年。

〔註23〕秦嘉謨（輯）：《世本八種》，商務印書館，1957 年。

〔註24〕山東省文物考古研究所：《大汶口續集──大汶口遺址第二、三次發掘報告》，科學出版社，1997 年：周昌福、溫增源：《中國音樂文物大系・山東卷》，第 190 頁，大象出版社，2001 年：何德亮：《大汶口文化的打擊樂器──陶鼓淺析》，第 10～15 頁，《東南文化》2003 年第 7 期：費玲伢：《淮河流域史前陶鼓的研究》，第 48～60 頁，《江漢考古》2005 年第 2 期。

表1　大汶口出土土鼓墓葬資料一覽表

墓葬號	時代	墓葬規模	隨葬品
1018 號墓〔註25〕	大汶口文化二期	墓長 2.96、寬 1.1 米，屬中型大墓。	鼎、豆、杯、缽、壺、罐及石器和骨角器等 45 件。
2007 號墓〔註26〕	大汶口文化二期	墓長 3.3、寬 1.9 米，屬大型墓葬。	共計 45 件，其中隨葬的 4 件缽形豆中均盛有豬骨，在墓室中還有一隻豬蹄骨，墓主的左手部有獐牙勾 1 件。
2011 號墓〔註27〕	大汶口文化二期	墓長 3.2、寬 1.65 米，屬大型墓葬。	盆、鼎、觚形杯、壺、缽等 9 件。
2018 號墓〔註28〕	大汶口文化二期	墓長 2.3、寬 0.55～0.95米，屬中型大墓。	陶器、石器、骨角器等 49 件。

從表1來看，在出土土鼓的 4 座墓葬中，M2007、M2011 均為大型墓葬，M1018 的規模與大型墓葬相差極微，M2018 為中型墓葬。可見，在大汶口墓葬中，土鼓僅出於大中型墓葬，應為少數高級貴族身份地位象徵的禮樂器。

2·鄒縣野店墓葬群（10 座）

1971～1972 年間，山東省博物館等單位對山東鄒縣野店村村南的大汶口和龍山文化遺址進行了考古發掘，出土土鼓共計 20 件（圖2），其中 17 件出自墓葬。現把出土土鼓的 10 座墓葬的考古資料列表如下（表2）。

表2　鄒縣野店出土土鼓墓葬資料一覽表

墓葬號	時代	墓葬規模	隨葬品
36 號墓〔註29〕	大汶口二期	墓殘長 1.86、殘寬 0.89米，屬小型墓葬。	觚形杯等 5 件。

〔註25〕 山東省文物考古研究所：《大汶口續集——大汶口遺址第二、三次發掘報告》，第 130 頁，科學出版社，1997 年。

〔註26〕 山東省文物考古研究所：《大汶口續集——大汶口遺址第二、三次發掘報告》，第 123 頁，科學出版社，1997 年。

〔註27〕 山東省文物考古研究所：《大汶口續集——大汶口遺址第二、三次發掘報告》，第 112 頁，科學出版社，1997 年。

〔註28〕 山東省文物考古研究所：《大汶口續集——大汶口遺址第二、三次發掘報告》，第 115～116 頁，科學出版社，1997 年。

〔註29〕 山東省博物館、山東省考古研究所：《鄒縣野店》，第 172 頁，文物出版社，1985 年。

1 號墓〔註30〕	大汶口三期	墓長 2.35、寬 0.95 米，屬中型墓葬。	鼎、缽等 9 件。
15 號墓〔註31〕	大汶口四期	墓長 2.8、寬 1.57 米，屬中型墓葬。	鼎、缽、觚形杯等 50 件，隨葬的豆、鼎等器皿中常盛有豬骨。
22 號墓〔註32〕	大汶口四期	墓長 2.33～2.45、寬 1.25～1.4 米，屬中型墓葬。	鼎、豆、壺等隨葬品達 62 件，另外還有豬下顎骨 1 個。
31 號墓〔註33〕	大汶口四期	墓長 2.3、寬 1.75～1.84 米，屬中型墓葬。	鼎、豆、觚形杯、壺、盆等 49 件。
35 號墓〔註34〕	大汶口四期	墓殘長 2.0、殘寬 1.5 米，屬中型墓葬。	鼎、豆、觚形杯、壺、盆等 54 件，另有整豬一架。
47 號墓〔註35〕	大汶口四期	墓長 3.04、寬 1.75～2 米，屬大型墓葬。	鼎、豆、杯等隨葬品共計 70 件。其中，隨葬豬下顎骨 3 個以及雞、狗骨等。
48 號墓〔註36〕	大汶口四期	墓殘長 2.72、寬 1.3 米，屬中型墓葬。	觚形杯、鼎、盉、缽等 25 件。
49 號墓〔註37〕	大汶口四期	墓殘長 3.5、寬 2.9 米，屬大型墓葬。	觚形杯、鼎、豆、缽、象牙雕筒等 28 件。
50 號墓〔註38〕	大汶口五期	墓長 2.95、寬 1.3 米，屬中型墓葬。	觚形杯、鼎、豆、壺等 56 件。

〔註30〕 山東省博物館、山東省考古研究所：《鄒縣野店》，第 98～100 頁，文物出版社，1985 年。
〔註31〕 山東省博物館、山東省考古研究所：《鄒縣野店》，第 102 頁，文物出版社，1985 年。
〔註32〕 山東省博物館、山東省考古研究所：《鄒縣野店》，第 103 頁，文物出版社，1985 年。
〔註33〕 山東省博物館、山東省考古研究所：《鄒縣野店》，第 103～105 頁，文物出版社，1985 年。
〔註34〕 山東省博物館、山東省考古研究所：《鄒縣野店》，第 172 頁，文物出版社，1985 年。
〔註35〕 山東省博物館、山東省考古研究所：《鄒縣野店》，第 105 頁，文物出版社，1985 年。
〔註36〕 山東省博物館、山東省考古研究所：《鄒縣野店》，第 174 頁，文物出版社，1985 年。
〔註37〕 山東省博物館、山東省考古研究所：《鄒縣野店》，第 105～106 頁，文物出版社，1985 年。
〔註38〕 山東省博物館、山東省考古研究所：《鄒縣野店》，第 174 頁，文物出版社，1985 年。

圖 2　野店土鼓・M22：18

　　從表 2 可知，在出土土鼓的 10 座墓葬中，小型墓葬只有 1 座（M36），中型墓葬有 7 座（M1、M15、M22、M31、M35、M48、M50），大型墓葬有 2 座（M47、M49）。而且 M15、M22、M48、M50 四座墓葬均屬於中型墓葬中的大型墓葬。不難看出，在大汶口文化二、三期，土鼓見於小型墓葬（M36）或者隨葬品很少的中型墓葬（M1），土鼓當時應該還只是一種普通的祭祀樂器。到了大汶口文化四、五期，隨著貧富的分化，階級的逐步形成，樂器的功能已經發生改變。這時的土鼓僅見於大、中型墓葬，已不僅僅是一種祭器，而是成為一種高級貴族身份、地位象徵的禮樂器。

　　3・民和陽山 23 號墓 〔註39〕

　　1980 年，青海民和陽山 23 號墓出土土鼓 3 件，時代為馬家窯文化的半山－馬廠過渡時期，年代約為公元前 2300 年左右。陽山墓地共發掘墓葬 230 座，出土陶器多達 2675 件。該墓屬於大型墓葬，隨葬品最多，數量近 50 件。陽山墓地出土土鼓數量稀少，僅見於隨葬品較豐富的大墓中，當是氏族部落中上層統治人物所特有的器物。

　　從以上 15 座僅見土鼓的墓葬來看，只有 1 座墓葬屬於小型墓葬（野店M36），其餘 14 座均屬於大、中型墓葬。可見，在新石器時代的中期，土鼓已經成為氏族部落中少數高級貴族等特權階層權力和地位的象徵，是他們專用的禮樂重器，非為中小貴族所有。

　　第二、僅出鼉鼓的墓葬

　　鼉鼓，其實就是用鱷魚皮蒙面的鼓。其鼓腔有的用陶土燒製，有的為木

〔註39〕青海省文物考古隊：《青海民和陽山墓地發掘簡報》，第 393 頁，《考古》1984年第 5 期。

質。所以，鼉鼓也可以是一種土鼓。因鼉鼓在一般考古發掘報告中分列，同時鼉鼓在古代禮儀中有其獨特的意義，故這裏將其單獨討論。目前，史前時期有關鼉鼓的實物有 12 件（參見附表 1），分別為泰安大汶口 10 號墓鼉鼓（2件）、陶寺遺址鼉鼓（8 件）、臨朐朱封 202 號墓鼉鼓、泗水尹家城 15 號墓鼉鼓。其中陶寺遺址除鼉鼓外，還共出有其他樂器，將單獨論述。這裏，筆者僅談泰安大汶口 10 號墓等 3 例（表 3）。

表 3　史前時期僅出鼉鼓的墓葬資料一覽表

墓 葬 號	時 代	墓 葬 規 模	隨 葬 品
泰安大汶口 10 號墓〔註40〕	大汶口文化晚期	大型墓葬	鼉鼓 2 件，石質飾品 77、玉器 3、象牙及骨雕器物 4、陶器 90 多件等，還有豬頭、獸骨等。
臨朐朱封 202 號墓〔註41〕、〔註42〕	龍山文化	東西長 6.68、南北殘寬 2.20～3.15 米，屬大型墓葬。	陶器 20 餘件，石、骨器 10 件，玉器中有玉鉞 2、玉刀 1 件，另有頭飾、簪、墜飾、綠松石等 1000 餘件。
泗水尹家城 15 號墓〔註43〕、〔註44〕	龍山文化	東西長 5.8、南北寬 4.34 米，屬大型墓葬。	陶器 23 件，幼豬下頜骨 20 副等。

　　從以上 3 例僅見鼉鼓的墓葬來看，3 座墓葬均屬於大型墓葬，而且隨葬品非常豐富，非一般大型墓葬可比，墓主應為地位高貴的部落或方國首領。可見，鼉鼓的地位在史前時期遠非土鼓可比，它應是握有氏族部落特權的方國或部落首領專用的禮樂重器。

第三、僅出特磬的墓葬

　　特磬，古代一種重要的打擊樂器，產生於新石器時期晚期。因為單件使用，所以稱之為特磬。史前特磬尚未定型，形態各異，製作粗糙，均為素麵。目前所見史前特磬的實物有 16 件（附表 2）。其中出土於墓葬的只有 5 件，分

〔註40〕 山東省文物管理處、濟南市博物館：《大汶口》，第 23 頁，文物出版社，1974年。
〔註41〕 中國社會科學院考古研究所山東工作隊：《山東臨朐朱封龍山文化墓葬》，第 587～595 頁，《考古》1990 年第 7 期。
〔註42〕 高廣仁、樂豐實：《大汶口文化》，第 172 頁，文物出版社，2004 年。
〔註43〕 山東大學歷史系考古教研室：《泗水尹家城》，第 44、157 頁，文物出版社，1990 年。
〔註44〕 高廣仁、樂豐實：《大汶口文化》，第 172 頁，文物出版社，2004 年。

別出自青海柳灣1103號墓和陶寺遺址的4座大墓。陶寺遺址除特磬外，還共出有其他樂器，將另述。青海柳灣1103號墓〔註45〕的時代屬齊家文化早期，為小型墓葬。所出特磬說明，當時一些低級貴族可以使用特磬。此時的特磬兼有祭器和禮器的功能，其地位與土鼓、鼉鼓顯然無法相比。

第四、陶寺遺址出土禮樂器的墓葬

山西襄汾陶寺遺址的面積達400餘萬平方米，規模巨大，內涵極為豐富。陶寺遺址出土的一批樂器，是龍山時代音樂文化的集中體現，在中國音樂考古學上具有特殊的意義。陶寺文化可分早、中、晚三期，各期的年代跨度約在一、二百年間。據一些學者研究，其早期相當於我國歷史上的堯、舜時期，晚期已進入夏代紀年範圍。從年代和古史地望來看，有學者推測其為陶唐氏遺存；而且遺址恰又處在晉西南「夏墟」的腹心地帶。因此，陶寺遺址出土樂器對研究龍山時代乃至夏代的禮樂制度均具有非常重要的學術價值。

陶寺遺址出土的樂器有鼉鼓8件、特磬4件、土鼓6件、陶鈴6件、銅鈴1件、陶塤1件，合計26件。其中，鼉鼓、特磬和土鼓都是陶寺文化早期墓葬的隨葬品，其年代約為 B.C.2500～B.C.2400 年。除1件土鼓（M3032：1）出土於一中型墓，餘均出自具有王者身份的方國首領大墓中。〔註46〕陶寺遺址的發掘者將陶寺墓葬類型劃分為大型墓（包括甲、乙兩種）、中型墓（包括甲、乙、丙三種）、小型墓（包括甲、乙兩種）三大類（七種）等級階梯。其中，處於金字塔頂端的是甲種大墓的墓主人。〔註47〕可見，當時的等級制度已經形成。而鼉鼓（圖3）、土鼓（圖4）和特磬（圖5）的禮樂器組合作為身份、地位的標誌，正是最高統治者權力和地位的象徵。在陶寺遺址樂器中，除個別樂器係發掘期內採集外，其餘都是考古發掘品，出土時代明確，組合關係清楚。在我國，已有多處史前遺址出土過樂器，但是無論從樂器的種類，還是從樂器的數量以及規格之高來看，陶寺出土的音樂文物都堪稱是空前的大發現，是中國史前禮樂制度初始階段最重要、最完整的資料。

〔註45〕青海省文物管理處考古隊等：《青海柳灣》，第233、248頁，文物出版社，1984年。

〔註46〕中國社會科學院考古研究所山西工作隊等：《山西襄汾縣陶寺遺址發掘簡報》，第18頁，《考古》1980年第1期；中國社會科學院考古研究所山西工作隊、臨汾地區文化局：《1978～1980年山西襄汾陶寺墓地發掘簡報》，第30頁，《考古》1983年第1期。

〔註47〕王震中：《中國文明起源的比較研究》，第237頁，陝西人民出版社，1998年。

圖 3　陶寺鼉鼓・M3002：27　　圖 4　陶寺土鼓・M3002：53

圖 5　陶寺特磬・M3002：6

二、史前時期的禮樂制度

　　在金文中，「禮」爲鼓與玉之會意，表明玉與鼓均爲行禮之器，也就是禮器。〔註 48〕史前時期大量玉器和鼓類樂器的考古發現證明確實如此。上述目前發現的 207 件土鼓中，有 5 件屬於新石器時代早期北辛文化遺物，162 件屬於新石器時代中期的大汶口文化和仰韶文化遺物。其中，不少土鼓出土於大型祭祀遺址。在 15 座僅見土鼓的墓葬中，只有 1 座屬於小型墓葬（野店 M36），其餘 14 座均屬於大、中型墓葬。可知在新石器時代早中期，土鼓不僅是祭祀活動中比較流行的法器，還是氏族部落中少數高級貴族等特權階層權力和地位象徵的禮樂器。到了新石器時代中期偏晚階段，蒙著鼉魚皮的鼉鼓以其「聲聞五百里」的巨大聲威逐漸被當時的部落首領所認識。3 例僅見鼉鼓的墓葬均屬於大型墓葬，而且隨葬品十分豐富，非一般大型墓葬可比，墓主都是地位

〔註48〕張辛：《玉器禮義論要》，第 29 頁，《中國歷史文物》2003 年第 6 期。

高貴的部落或方國首領。「國之大事，在祀與戎。」〔註49〕在先秦時期，祭祀和軍事活動是國家的頭等大事。在這些活動中，鼉鼓以其「聲聞五百里」的顯赫聲威恰與部落或方國首領的地位相得益彰，從而成為部落或方國首領專用的禮樂重器。而土鼓也已不僅是重大祭祀活動中使用的一種普通的法器或祭器，並逐漸成為一種氏族部落中少數高級貴族權力和地位象徵的禮樂重器。

此外，「在大汶口文化早期墓的隨葬器物中，陶器已有較穩定的組合——鼎、豆、壺、杯等器類。在 A 組墓地的中、大型墓葬中，同類器的數量多，往往成組出現，並有配套隨葬，如 M2005，三足盆中盛牛頭、三足鉢內盛豬頭，一般豆、鼎類內各盛豬蹄或肢骨等。這應是禮儀性葬制的出現。又如大墓隨葬成組的觚形杯、高足杯等器，幾乎不見於遺迹單位。這應是祭祀的死者專用的供器或禮器，而這種禮儀制度一直為中國後世所沿用。禮儀制度的出現，當與大汶口人意識形態發展密切相關，值得我們重視。」〔註50〕高廣仁、欒豐實指出：「大汶口文化豐富的文化內涵，隨著對外交流規模的日益擴大，不斷傳播到中原地區和其他文化區；特別是在禮儀制度的精神文化方面，有許多被夏商文化所繼承和吸收，如棺槨厚葬，鼎、豆、壺隨葬禮器的組合，龜靈與犬牲，鼉鼓和雞彝等。」〔註51〕「至野店第四期時，石製工具非但作為私有財產被埋入墓葬，而且有的還代表一種權勢的象徵。……也可以說是死者身旁帶有宗教意義的禮器。」〔註52〕唐蘭也認為「三代禮器，大體上是從大汶口文化這類陶器流傳下來的」。〔註53〕從以上諸家觀點來看，禮樂制度在大汶口文化時期產生的說法〔註54〕雖尚難定論，但禮樂制度在新石器時代早中期已經開始孕育萌芽，應該是沒有問題的。

陶寺遺址樂器群是研究新石器時代晚期禮樂制度最重要、最完整的考古資料。在一個龍山文化遺址出土如此種類眾多的樂器，迄今絕無僅有。陶寺遺址已發掘墓葬1300餘座，大型墓只有 6 座，其中地位最高的甲種大墓僅有 5

〔註49〕《左傳‧成公十三年》，《春秋左傳正義》，《十三經注疏》（下），第1911頁，中華書局，1980年。

〔註50〕山東省文物考古研究所：《大汶口續集——大汶口遺址第二、三次發掘報告》，第205頁，科學出版社，1997年。

〔註51〕高廣仁、欒豐實：《大汶口文化》，第170頁，文物出版社，2004年。

〔註52〕山東省博物館、山東省考古研究所：《鄒縣野店》，第136頁，文物出版社，1985年。

〔註53〕唐蘭：《論大汶口文化中的陶溫器》，《故宮博物院院刊》1979年第2期。

〔註54〕費玲伢：《淮河流域史前陶鼓的研究》，第58頁，《江漢考古》2005年第2期。

座。而鼉鼓、特磬與土鼓正是出於這五座大墓中。這一時期的禮樂器已經形成一定的組合，不同等級享有不同的配置。其中，陶寺 M3016、M3015、M3002 三墓禮樂器的配置均爲鼉鼓 2 件、土鼓 1 件、特磬 1 件；M3072 禮樂器的配置爲鼉鼓 1 件、土鼓 1 件、特磬 1 件；M3073 禮樂器的配置爲鼉鼓 1 件、土鼓 1 件。需要指出的是，M3072、M3073 均破壞過甚，出土禮樂器的種類與數量應非原始配置。這兩座大墓與 M3016、M3015、M3002 同爲大型墓葬，同屬於陶寺僅有的 5 座甲種大型墓葬，其墓主爲陶寺文化早期的方國首領。據此推測，這 5 座墓葬禮樂器的配置應該相同，也就是說 M3072、M3073 禮樂器的配置，應該同爲鼉鼓 2 件、土鼓 1 件、特磬 1 件。其中，鼉鼓、土鼓與特磬的配置等級最高，應爲方國國君專用的禮樂重器。這與新石器時代鼉鼓的配置等級相似，具有一脈相承的關係。僅配置土鼓的等級應低一些。石磬，是西周樂懸制度中的一位重要成員。雖然這一時期的磬都是特磬，形制尚未定型，製作粗糙。但它的誕生仍是值得一提的大事。從青海柳灣 1103 號小型墓葬也出土有特磬，表明一些低級貴族可以使用特磬。此時的特磬應該還是一種祭器和禮器兼有的功能，其地位尚不如土鼓，更無法與鼉鼓相提並論。

　　高煒認爲：「從陶寺的材料來看，龍山時代中原地區的禮器種類較多，組合比較完備，規則比較清晰，禮器制度、用牲制度與商周禮制接近的成分不少。」〔註 55〕據王震中研究，「從陶寺早期開始，亦即從公元前 2500 年前開始，這裏即已形成金字塔式的等級結構和階級關係。……處於金字塔頂端的是甲種大墓的墓主人。這類大墓使用木棺，棺內撒朱砂。隨葬品數量多而精美，可達一二百件。其中龍盤、鼉鼓、特磬、土鼓、玉鉞等象徵特權的一套重要禮器的存在，說明這類大墓主人執掌著當時最重要的社會職能——祭祀與征伐。陶寺早期大墓中，使用成套禮器不是個別現象，而已經形成制度，即禮制。」〔註 56〕「龍山時期陶製禮器、玉禮器和部分銅禮器的出現，已宣告禮制的誕生。」〔註 57〕費玲伢認爲：「我國禮樂制度的完善在西周時期……龍山時代至夏、商時代應爲禮樂制度的形成與發展時期。」〔註 58〕

〔註 55〕高煒：《龍山時代的禮制》，第 241 頁，《慶祝蘇秉琦考古五十五年論文集》，文物出版社，1989 年。
〔註 56〕王震中：《中國文明起源的比較研究》，第 237 頁，陝西人民出版社，1998 年。
〔註 57〕王震中：《中國文明起源的比較研究》，第 225 頁，陝西人民出版社，1998 年。
〔註 58〕費玲伢：《淮河流域史前陶鼓的研究》，第 58 頁，《江漢考古》2005 年第 2 期。

因此，在龍山文化時期中原地區的禮樂制度已經初步形成，應該是沒有疑問的。特別是陶寺銅鈴（圖 6），作爲目前所見中國音樂歷史上第一件金屬樂器，從形制方面把史前陶鈴同商代銅鈴、鎛乃至周代紐鍾之間的發展序列連接起來。它的音響效果雖然沒有後世編鍾那麼恢宏，但這種合瓦形結構的銅鈴卻是中國青銅鍾類樂器的濫觴。陶寺銅鈴和特磬，昭示了千年以後，以鍾磬樂懸爲代表的「金石之樂」時代的到來，西周的樂懸制度早在新石器時代已經孕育萌芽。

圖 6　陶寺銅鈴・M3296：1

第二節　「殷禮」

孔子認爲，「殷禮」因於「夏禮」並有所「損益」。那麼，「殷禮」是如何「因於夏禮」再「損益」而成的呢？到目前爲止，出土的商代禮樂器如編鐃、石磬、鼉鼓、大鐃、鎛已達 200 餘件。這些禮樂器就是商代禮樂制度的物化形式，[註59] 從諸多方面折射出殷禮的可靠信息。

一、商代禮樂器及其考古資料分析

目前爲止，在出土禮樂器的商代墓葬中，絕大多數僅見特磬或編鐃，少數墓葬特磬和編鐃或鼉鼓伴出，有的還伴出其他樂器。

第一、僅出編鐃的墓葬

殷商編鐃，是中國最早出現的青銅鍾類定音樂器之一，是「殷禮」的代表性禮樂器。因其大小成編，故被稱爲編鐃（圖 7），是一種具有一定音律關

〔註59〕徐良高：《文化因素定性分析與「青銅禮器文化圈」研究》，第 232 頁，《中國商文化國際學術討論會論文集》，中國大百科全書出版社，1998 年。

係的編組樂器。一般 3 件一組，目前尚未發現有單個使用的確切證據。編鐃的腔體已經確立合瓦形的結構，可以演奏「一鍾雙音」，尚處於原生雙音階段。
〔註 60〕編鐃主要出土於以殷商爲中心的北方中原地區，與商代流行於中國南方、主要見於今日的湖南、江西一帶的青銅樂器——大鐃有較大的區別。

圖 7　殷墟西區 699 號墓編鐃

　　據筆者統計，目前發現的編鐃多達 109 件（參見附表 3）。其中，出土於墓葬的爲 55 件，分別出自 17 座墓葬。除了其中的 5 座墓葬共出有其他禮樂器外，僅出編鐃的商代墓葬有 12 例，列表如下（表 4）。

表 4　僅出編鐃的商代墓葬資料一覽表〔註61〕

序號	墓葬號	墓葬保存情況及規模	隨　　葬　　品	禮樂器的配置	墓主的身份和地位
1	郭家莊26號墓	保存完好，屬中型墓葬。	銅禮器有大銅鉞、箕形器以及兩套觚、爵共計 12 件，殉人 2 個。	編鐃 3 件	地位較高的軍事首長
2	大司空村663 號墓	保存完好，屬中型墓葬。	銅禮器有 2 觚、2 爵等 9 件，武器有銅鉞等 26 件，陶器 10 件以及石器等，殉人 4 個。	編鐃（又名古鐃）3 件	地位較高的奴隸主貴族
3	戚家莊269 號墓	保存完好，屬中型墓葬。	青銅器有 3 觚、2 爵等 58 件，武器有 2 件銅鉞等 30 件，生產工具一套；殉狗 2 隻，祭有牛頭 1、羊頭 2 個，牛前腿 1、羊腿 2 支。	編鐃（又名爰鐃）3 件	地位較高的軍事貴族

〔註60〕馮光生：《周代編鍾的雙音技術及應用》，第 40～54 頁，《中國音樂學》2002 年第 1 期。
〔註61〕表中只列出與殷禮直接相關的資料，其他如出土時間、地點、出處均參見附表 3。

4	殷墟西區 699 號墓	該墓被盜，屬「甲」字形大墓。	現存武器近 70 件，陶觚、陶爵、陶盤各 1 件，骨器 6 件，玉戈等玉器 4 件以及貝等。現存殉人 5 個。	編鐃（又名中鐃）3 件	高級奴隸主貴族
5	大司空村 51 號墓	保存完好，屬小型墓葬。	銅觚、銅爵、銅弓狀器各 1 件。	編鐃 3 件	小奴隸主貴族
6	高樓莊 8 號墓	保存完好。	銅禮器有 2 觚、1 爵等 5 件，玉器 3 件，武器 12 件。	編鐃 3 件（現存 2 件）	地位一般的奴隸主貴族
7	小南張村商墓	出土於農田的淺土坑內，應為一墓葬。	銅禮器有 3 爵、2 觚等 9 件，武器 10 餘件等。	編鐃 3 件	地位一般的狩獵官
8	殷墟西區 765 號墓	該墓被盜，屬「甲」字形大墓。	現存銅戈、陶器以及骨器、蚌器等。	編鐃 3 件	高級奴隸主貴族
9	大司空村 288 號墓	該墓被盜。	現存陶器 7 件以及石器、蚌器、貝等。	編鐃 3 件	至少應為小奴隸主貴族
10	大司空村 312 號墓	該墓被盜，屬中型墓葬。	現存矛 10 件，銅器 27 件，麻龜 35 片，殉人 3 個以及獸腿。	編鐃 3 件	地位較高的奴隸主貴族
11	沂源東安商墓	墓葬被毀壞。	青銅器有車書、弓形器、銅鏃等 30 餘件。	編鐃 3 件	地位一般的奴隸主貴族
12	侯家莊 1083 號墓	該墓被盜，屬大型墓葬。	不清	編鐃 4 件，可能還葬有特磬或鼉鼓	最低為商王室成員

在這 12 例僅出土編鐃的商代墓葬中，有 2 例墓主為高級奴隸主貴族，4 例為地位較高的軍事首長或奴隸主貴族，4 例為地位一般的奴隸主貴族或狩獵官，1 例墓主為小奴隸主貴族，還有 1 例應為高貴的商王室成員。可見，編鐃應為商代中高級貴族、軍事首腦所享用的禮樂重器。對於那些地位較低的小奴隸主貴族，一般無權使用。其中 2 例高級奴隸主貴族墓葬（殷墟西區 699 號墓、殷墟西區 765 號墓），均被盜，有可能還隨葬有特磬。而侯家莊 1083 號墓屬於大型墓葬，且位於王陵區，墓主應為王室成員。根據同級別的其他墓葬（如安陽侯家莊 1217 號墓）來看，該墓很有可能還隨葬有鼉鼓或特磬。在這 12 座墓葬出土的編鐃中，絕大多數為 3 件一組。這說明，在殷禮中對於編鐃的編列應該已經有了較為嚴格的規定，並形成了一定的制度。安陽侯家莊 1083 號墓編鐃為 4 件一組是個例外，可能另有原因。

第二、僅出石磬的墓葬

商代的石磬發現很多，絕大多數是特磬。商磬的出土地點基本上位於黃河流域，主要集中於黃河中下游的陝西、山西、內蒙、河南、河北、山東等地。目前所見商磬大多數是商代晚期的遺物。商代早期的石磬，考古發現較少，主要見於夏家店下層文化。商代特磬較之史前時期特磬，工藝大有進步，有的特磬已經鼓股分明，且多有精美紋飾。

目前，考古發現有關商代石磬的實物多達 63 件（參見附表 4）。其中，出土於墓葬的有 24 件，分別出自 15 座墓葬。除了 4 座墓葬共出有其他禮樂器外，僅出石磬的商代墓葬有 11 例，列表如下（表 5）。

表 5　僅出石磬的商代墓葬資料一覽表〔註62〕

序號	墓葬號	墓葬保存情況及規模	隨　葬　品	禮樂器的配置	墓主的身份和地位
1	二里頭第六區 3 號墓	保存完好。	銅爵、銅戈、銅戚、圓形銅器以及玉鏟、玉鉞、玉戈、綠松石串珠等。	特磬 1 件	小奴隸主貴族
2	大司空村 539 號墓	保存完好。	銅禮器有 2 觚、2 爵等 14 件，銅兵器有鉞等 68 件，還有銅工具、陶器、玉器、石器、骨器等。另有殉人 1 個，殉狗 1 隻。	特磬 1 件	地位較高的武將
3	大司空村 991 號墓	保存完好。	銅器鼎、尊等 11 件，陶器 6 件以及玉飾、玉器等。	特磬 1 件	小奴隸主貴族
4	殷墟 1004 號墓	曾被盜掘，爲「亞」字形大墓。	兵器有銅盔 100 多個、銅戈 370 把、銅矛頭 360 個以及車飾、皮甲及盾等物，銅禮器有斝、觚、爵及銅面具等。另外北墓道塡土中有頭顱 7 個。	特磬 1 件	商王
5	殷墟西區 701 號墓	曾被盜掘，爲「甲」字形大墓。	現存銅戈、銅鈴、銅鏃、玉器、石器、骨器以及陶器（20 餘件）等。另有殉人 12 個。	特磬 1 件	高級奴隸主貴族
6	滕州前掌大 4 號墓	多次被盜，爲「中」字型大墓。	現存陶器 16、原始瓷豆 3、青銅車及小件 72、玉器 14、綠松石 14、石器 21、骨器 122、龜殼 56、卜骨 1、蚌泡 92、蚌片 47 件及海貝 1400 餘件等。另有殉人 5 個。	特磬 1 件	高級奴隸主貴族

〔註62〕表中只列出與殷禮直接相關的資料，其他如出土時間、地點、出處均參見附表 4。

7	殷墟西區 93 號墓	曾被盜掘，爲「甲」字形大墓。	現存銅器有銅尊、銅戈、銅矛以及陶器、石器、骨器、漆器、蚌飾等。另有殉人 1 個。	編磬 5 件	高級奴隸主貴族
8	武官村大墓	多次被盜，爲「中」字型大墓，王陵之一。	出土大量銅器、玉器、骨器等隨葬品。還有殉牲如犬、馬、猴、鹿等動物骨架 59 架，殉人 79 個。加上裏裏外外的人殉以及追祭時的人牲約計 300 人。	特磬 1 件	商王
9	殷墟西區 1769 號墓	曾被盜掘。	現存陶器 2 件，銅戈 1 件及蚌飾等。	特磬 1 件	小奴隸主貴族
10	靈石旌介 3 號墓	保存完好。	青銅器有鼎、爵、尊、卣、戈等 17 件。	特磬 1 件	小奴隸主貴族
11	藁城臺西 112 號墓	不清。	不清。	特磬 1 件	不清

在以上僅出土石磬的 11 例商代墓葬中，除 1 例資料不清外，在其餘 10 例墓葬中，沒有被盜掘的墓葬只有 4 例（二里頭第六區 3 號墓、大司空村 539 號墓、大司空村 991 號墓、靈石旌介 3 號墓）。其中，3 例墓主爲地位較低的小奴隸主貴族，1 例爲地位較高的武將。可見，特磬主要見於地位較低的中、小奴隸主貴族墓葬。在被盜掘的 6 例中，有 3 例（殷墟西區 701 號墓、滕州前掌大 4 號墓、殷墟西區 93 號墓、）的墓主均爲高級奴隸主貴族，推測原來應該還配有編鐃。2 例商王墓僅出 1 件特磬，顯然並非其所配禮樂器的原貌。從婦好墓編鐃和編磬俱全以及侯家莊 1017 大墓隨葬鼍鼓來看，這兩座商王墓很可能是編鐃、編磬以及鼍鼓俱全的。同時，石磬的「大小精粗總是和主人的身份高低大致成正比」。〔註63〕在沒有被盜掘的 4 例墓葬中，偃師二里頭第六區 3 號墓、安陽大司空村 991 號墓和靈石旌介 3 號墓這三座墓葬的主人均爲地位較低的小奴隸主貴族，所出特磬的做工亦均較差。偃師二里頭六區 3 號墓特磬爲打製而成，雖經磨製，但是表面仍凹凸不平，邊緣也參差不齊，素麵沒有紋飾（圖 8）；〔註64〕安陽大司空村 991 號墓特磬的表面比較平滑，通體繪有紅、黑、白三色幾何形圖案，整體仍較粗糙；〔註65〕靈石旌介 3 號

〔註63〕 李純一：《中國上古出土樂器綜論》，第 42 頁，文物出版社，1996 年。
〔註64〕 中國科學院考古研究所二里頭工作隊：《偃師二里頭遺址新發現的銅器和玉器》，第 263 頁，《考古》1976 年第 4 期；趙世綱：《中國音樂文物大系·河南卷》，第 54 頁，大象出版社，1996 年。
〔註65〕 趙世綱：《中國音樂文物大系·河南卷》，第 56 頁，大象出版社，1996 年。

墓特磬表面比較平滑，但是邊緣參差不齊，素麵沒有紋飾。〔註66〕而安陽大
司空村 539 號墓的主人爲地位較高的武將，所出特磬的工藝顯然比前 3 例要
好得多。該磬表面、邊緣均經過精心的打磨處理。通體呈魚形，用陰線刻出
眼、嘴、鰓、鰭、鱗以及尾部，形象逼眞，工藝考究（圖9）。〔註67〕墓主爲
商王的武官村大墓所出特磬其做工就更爲精美。石磬表面、邊緣均經過精心
的磨光處理。正面滿飾虎紋，虎身飾雲紋，紋飾的一筆一劃細緻考究，堪稱
商代特磬中的精品（圖10）。〔註68〕可見在「殷禮」中，石磬可以爲地位較低
的中、小奴隸主所享用。高級貴族和商王雖也享用石磬，但其做工則要考究
得多，這與他們的身份、地位密切相關。

圖 8　偃師二里頭特磬　　　圖 9　大司空村 539 號墓特磬

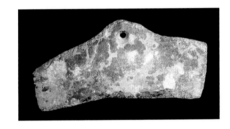 

圖 10　武官村大墓特磬

〔註66〕代尊德：《山西靈石縣旌介村商代墓和青銅器》，《文物資料叢刊》第 3 期，文
　　　物出版社，1980 年；項陽、陶正剛：《中國音樂文物大系·山西卷》，第 20
　　　頁，大象出版社，2000 年。
〔註67〕中國社會科學院考古研究所安陽工作隊：《1980 年河南安陽大司空村 M539 發
　　　掘簡報》，第 515 頁，《考古》1992 年第 6 期；趙世綱：《中國音樂文物大系·
　　　河南卷》，第 56 頁，大象出版社，1996 年。
〔註68〕郭寶鈞：《一九五〇年春殷墟發掘報告》，《考古學報》1951 年第 5 期；袁荃猷：
　　　《中國音樂文物大系·北京卷》，第 19 頁，大象出版社，1996 年。

第三、僅出鼉鼓或與特磬共出的墓葬

目前，僅出鼉鼓的商代墓葬僅有一例，即靈石旌介 1 號墓〔註 69〕；特磬和鼉鼓伴出的商代墓葬也僅有一例，即安陽侯家莊 1217 號大墓〔註 70〕。

靈石旌介 1 號墓係 1985 年山西省旌介村民取土燒磚發現的，其時代爲商晚期。此墓出土鼉鼓 1 件（圖 11）、銅鈴 3 件。墓葬保存較好，屬一夫二妻合葬墓，葬具爲一槨三棺。隨葬遺物大部分放在棺槨之間。其中，青銅器有鼎（2 件）、斝、罍、簋、尊、卣（2 件）、觚（4 件）、爵（10 件）、觶、矛（6 件）、戈（2 件）、鏃、獸首管狀器、弓形器和鈴等；陶器有鬲，玉器有鳥、管、魚、璜、石鐮等 51 件。另有殉人、殉狗和殉牛。其中，有兩件爵上有銘文，外框亞字，內爲羌字。羌應爲族名，也是方國名。「亞是一種武職官名，擔任這職官的通常是諸侯。凡擔任這一職官的諸侯，往往在其國名或其私名前加『亞』字，或框以亞形。此種諸侯之地位，在一般諸侯之上。」〔註 71〕可見，墓主應爲一位等級很高的方國首領。墓中配置的鼉鼓，是「殷禮」中的禮樂重器，爲地位高貴的方國國君才可享用的禮制體現。

圖 11　旌介 1 號墓鼉鼓　　　圖 12　侯家莊 1217 號墓鼉鼓

安陽侯家莊 1217 號大墓，位於河南安陽殷墟侯家莊西北岡王陵區，其時代爲殷墟文化三期。該墓屬「亞」字形大墓，雖曾被盜擾，仍出土青銅器、玉器、兵器等數百件。特磬和鼉鼓（圖 12）於 1935 年出土於西墓道的東段，

〔註 69〕 山西省考古研究所、靈石縣文化局：《山西靈石旌介村商墓》，第 2 頁，《文物》1986 年第 11 期。
〔註 70〕 梁思永、高去尋：《侯家莊第六本 1217 號大墓》，第 31 頁，中國考古報告集之三，臺北中央研究院歷史語言研究所，1968 年。
〔註 71〕 曹定云：《「亞其」考》，《文物集刊》第 2 輯，1980 年。

並有磬架和鼓架，是該墓唯一一組尚未被擾毀的遺存。楊錫璋認爲，王陵區只有「亞」字形大墓爲商王之墓。〔註72〕既然該墓屬「亞」字形大墓，墓主當爲一代商王。墓中鼉鼓和特磬的配置，應爲商王方有的禮樂。由於該墓曾經被盜，不排除原來還隨葬有編鐃和編磬的可能性。

第四、石磬與編鐃共出的墓葬

目前，石磬和編鐃共出的商代墓葬僅有如下 5 例：

1・安陽花園莊 54 號墓〔註73〕

2001 年，河南安陽花園莊 54 號墓出土編鐃 3 件、特磬 1 件及銅鈴等，現藏安陽工作站，其時代爲殷墟二期偏晚。墓主男性。該墓墓室面積與婦好墓基本相當，正南北向。葬具爲兩槨一棺，棺蓋四周有金箔痕迹。槨四周有二層臺，有殉人 15 個、殉狗 15 隻。隨葬品極爲豐富，數量達 570 餘件。其中，3 件編鐃于口內壁均有銘文「亞長」2 字。根據曹定雲研究，亞是一種比一般諸侯地位還高的武職官名。〔註74〕而且該墓隨葬有大型銅鉞 1 件、中小形銅鉞 6 件。由此推測，墓主應是商王手下一位諸侯級別的高級軍事首腦。

2・青州蘇埠屯 8 號墓〔註75〕

1976 年，山東青州蘇埠屯 8 號墓出土編鐃 3 件、特磬 1 件，另有銅鈴 8 件，其時代爲商晚期。禮樂器出土時置於棺的左側，與矛同出。該墓爲「甲」字形大墓，隨葬品有鼎、簋、瓠、爵、斝、尊、觶、卣等青銅禮器，置於墓主頭前的槨室內；戈、矛置於棺的兩側。該墓出土有帶「亞丑」銘文的銅器。「亞丑」應爲其族徽。從地望來看，這一帶是薄姑氏所居之地，「亞丑」族文化應該就是薄姑氏的文化遺存。當時，薄姑氏是殷商東方的主要諸侯國，勢力強大，與殷商關係非常密切，西周時曾參與叛周活動。根據曹定雲研究，亞是一種比一般諸侯地位還高的武職官名。〔註76〕但是此墓規格和隨葬品的

〔註72〕楊錫璋：《商代的墓地制度》，《考古》1983 年第 10 期。

〔註73〕劉新紅：《殷墟出土編鐃的考察與研究》，第 7、14 頁，中央音樂學院 2004 屆音樂學碩士學位論文。

〔註74〕曹定云：《「亞其」考》，《文物集刊》第 2 輯，1980 年。

〔註75〕山東省文物考古研究所、青州市博物館：《青州市蘇埠屯商代墓地發掘報告》，《海岱考古》第一輯；周昌福、溫增源：《中國音樂文物大系・山東卷》，第 21 頁，大象出版社，2001 年；殷之彝：《山東益都蘇埠屯墓地和「亞丑」銅器》，《考古學報》1977 年第 2 期。

〔註76〕曹定云：《「亞其」考》，《文物集刊》第 2 輯，1980 年。

數量均與之不能相符。與此墓同時發掘的還有 1 號「亞」字形大墓，殉有 48 人，一般認爲 1 號大墓墓主應爲實力雄厚的薄姑氏國君。那麼，8 號墓的主人應爲薄姑氏國君手下的一位高級貴族。

3 件編鐃（圖 13）保存完好。青銅質，製作較精。形制、紋飾相同，大小遞減。體作合瓦形，于口弧曲。管狀甬與內腔相通，正鼓部有方形臺面。兩面紋飾相同，均飾簡練饕餮紋。3 件編鐃通高（從大到小）分別爲 21.0、17.3、14.6 釐米。特磬（圖 14）爲青石質，殘。體呈扁三角形，有倨孔，底微弧。表面打磨光滑，邊緣參差不齊。素麵無紋飾。通長 39.5 釐米。

圖 13　青州蘇埠屯 8 號墓編鐃　　圖 14　青州蘇埠屯 8 號墓特磬

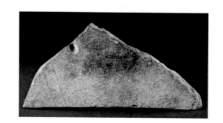

3・安陽小屯 5 號墓（婦好墓）

1976 年，河南安陽小屯 5 號墓出土編鐃 5 件〔註77〕、石磬 5 件〔註78〕、陶塤 3 件、銅鈴 18 件，其時代爲殷墟二期。所出青銅器上大多鑄有銘文「婦好」，可知墓主爲婦好。婦好墓「是殷王室墓葬發掘中保存最完整的一座；隨葬器物的品種、數量和有銘銅器之多，在殷墟發掘中，又是第一次。」〔註79〕同時，該墓也是「目前惟一能夠同歷史文獻和甲骨文聯繫起來，並斷定墓主身份與墓葬絕對年代的一座殷代王室墓」，〔註80〕爲「殷禮」的研究提供了非常珍貴的考古資料。該墓隨葬器物數量近 2000 件，海貝近 7000 枚。其中，大型青銅器有 468 件，包括鼎（30 餘件）、甗（10 件）、簋（5 件）、彝（5 件）、

〔註77〕中國社會科學院考古研究所安陽工作隊：《安陽殷墟五號墓的發掘》，第 69 頁，《考古學報》1977 年第 2 期。

〔註78〕中國社會科學院考古研究所安陽工作隊：《安陽殷墟五號墓的發掘》，第 89 頁，《考古學報》1977 年第 2 期。

〔註79〕中國社會科學院考古研究所安陽工作隊：《安陽殷墟五號墓的發掘》，第 91 頁，《考古學報》1977 年第 2 期。

〔註80〕中國社會科學院考古研究所安陽工作隊：《安陽殷墟五號墓的發掘》，第 92 頁，《考古學報》1977 年第 2 期。

尊（10 件）、瓿（約 50 件）、爵（40 件）、斝（12 件）等，是目前所見殷墟最完整的銅器群。另有玉器 755 件，石器 63 件，寶石製品 47 件，骨器 564 件，象牙器皿 3 件以及陶器、蚌器、貨貝數千件。另有殉人 16 個，殉狗 6 隻。婦好是商王武丁（約公元前 12 世紀初）的配偶之一。「婦好」之名，屢見於武丁時期的卜辭中。在殷墟出土的十餘萬片甲骨中，有關她的卜辭就有一百七、八十條，條目眾多，涉及內容範圍廣闊。婦好在當時地位之顯赫以及武丁對她的寵愛程度之高，可見一斑。〔註81〕

編鐃 5 件（圖 15），形制、紋飾相同，大小相次。其中最大 2 件內壁均有銘文「亞弜」2 字，由此又名亞弜編鐃。其餘 3 件因銹蝕太重，未見銘文。故有的學者認為，這 5 件編鐃可能為兩組的組合而非同組，即有銘文的 2 件編鐃應屬另外一組。〔註82〕陳夢家認為：「或是大小相次的一類銅器，或是大小相等的一類銅器，或是數類相關銅器的組合」〔註83〕都可稱「肆」。因此，這 5 件大小相次的編鐃應為一組應該是沒有問題的。目前編列完整的編鐃一般均為 3 件一組，5 件一組尚屬僅見。據研究，亞是一種比一般諸侯地位還高的武職官名，〔註84〕「弜」應該是方國名。此套編鐃就是「弜」的國君進獻給殷王朝的一組貢品。〔註85〕婦好墓所出石磬共計 5 件。其中一件因有銘文「妊冉（或釋竹）入石」而名之妊冉（竹）入石石磬（圖 16）。該磬素麵，表面及邊緣經細緻打磨，光滑細膩。通長 45.0 釐米。銘文「妊冉入石」中的「妊冉」大概是方國名或者人名，原意應為「妊冉入貢一件石」。〔註86〕另一件為鴟鴞紋石磬（圖 17），體呈扁平的長方形，石黑色，一端成弧形，通長 25.6 釐米。表面及邊緣經細緻打磨，光滑細膩。磬面雕有鴟鴞形紋飾，做工精美。另外 3 件石磬石料相同，形亦相近，可能是一套編磬。〔註87〕陳荃有也認為這 3 件石磬為一組編磬。〔註88〕筆者認為，這 5 件石

〔註81〕 王宇信、張永山、楊升南：《試論殷墟五號墓的「婦好」》，第 1～21 頁，《考古學報》1977 年第 2 期。

〔註82〕 朱鳳瀚：《古代中國青銅器》，第 234 頁，南開大學出版社，1995 年。

〔註83〕 陳夢家：《西周銅器斷代》（三），第 73 頁，《考古學報》1956 年第 1 期。

〔註84〕 曹定云：《「亞其」考》，《文物集刊》第 2 輯，1980 年。

〔註85〕 中國社會科學院考古研究所安陽工作隊：《安陽殷墟五號墓的發掘》，第 93 頁，《考古學報》1977 年第 2 期。

〔註86〕 中國社會科學院考古研究所安陽工作隊：《安陽殷墟五號墓的發掘》，第 89 頁，《考古學報》1977 年第 2 期。

〔註87〕 劉新紅：《殷墟出土編鐃的考察與研究》，第 12 頁，中央音樂學院 2004 屆音

磬雖然形制不同，但應該與安陽殷墟西區 93 號墓編磬一樣，同爲編磬初始階段的產物。

圖 15　婦好墓編鐃

圖 16　妊冉（竹）入石石磬

圖 17　鴟鴞紋石磬

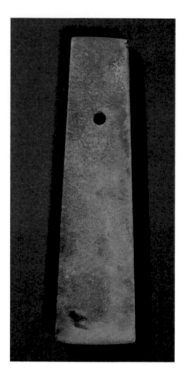

4・安陽郭家莊 160 號墓〔註89〕

1990 年，河南安陽郭家莊 160 號墓出土編鐃 3 件〔註90〕，特磬 1 件〔註91〕，其時代爲殷墟三期。其中，編鐃因爲有銘文「亞𡧛止」，又名亞𡧛止鐃。該墓保存完好，屬中型墓葬。有棺有槨，有殉人 4 個、殉狗 3 隻。隨葬品共計 349 件，包括武器、陶器、玉器、象牙器、竹器、石器、漆器等。其中青銅器 228 件，占隨葬品總數的 80%。所出兵器的數量更是令人吃驚，有銅鉞 3 件（做

樂學碩士學位論文。

〔註88〕陳荃有：《從出土樂器探索商代音樂文化的交流、演變與發展》，第 129 頁，《中國音樂學》1999 年第 4 期。
〔註89〕中國社會科學院考古研究所安陽工作隊：《安陽郭家莊 160 號墓》，第 390～391 頁，《考古》1991 年第 5 期。
〔註90〕趙世綱：《中國音樂文物大系・河南卷》，第 76 頁，大象出版社，1996 年。
〔註91〕趙世綱：《中國音樂文物大系・河南卷》，第 67 頁，大象出版社，1996 年。

工和大小僅次於婦好墓所出的 2 件銅鉞）、銅戈 118 件、銅矛 95 件、銅鏃 9
堆 902 枚。出土如此數量的武器，在殷墟實屬罕見。青銅禮器 40 件 17 種，
器類有大鼎、圓鼎、方鼎、又蓋提梁四足鼎、甗、簋、方尊、圓尊、方罍、
分襠斝、方觚（10 件）、角（10 件）、觶、盉、盤、罍、方形器等。其中銅鉞、
玉鉞共有 4 件，做工精美，大多有氏族徽號「亞𡧏止」，都以亞形爲框。亞是
一種比一般諸侯地位還高的武職官名；〔註 92〕鉞，是軍事統帥權的象徵；墓
中還發現有大量的兵器。這些，都充分說明墓主應爲商王身邊一位比一般諸
侯地位還高的高級軍事首腦。

所出編鐃 3 件（圖 18），保存完好，形製紋飾相同，大小相次。平舞，上
置管狀甬，于口弧曲。正鼓部有方形臺面，兩面均飾饕餮紋。3 件鐃均有銘文，
甬上爲「中」字，于口內壁有「亞𡧏止」三字。特磬（圖 19）保存完好。石
質堅硬，淺灰色。表面磨光，邊緣有些參差不齊。體呈倒梯形。通長 42.0 釐
米，重 9.5 千克。

圖 18　郭家莊 160 號墓編鐃　**圖 19　郭家莊 160 號墓特磬**

5・鹿邑微子啟墓〔註 93〕

1997 年 9 月至 1998 年初，河南鹿邑縣太清宮鎮的太清宮遺址一墓葬出土
編鐃 6 件、特磬 1 件，另有銅鈴 15 件、骨排簫 5 組。該墓所出銅禮器上多有
銘文「長子口」三字。因此發掘報告認爲「長子口」應爲墓主人的名字，該
墓應爲長子口墓。對此，王恩田諸君則有不同看法。王恩田指出，銘文中的

〔註 92〕曹定云：《「亞其」考》，《文物集刊》第 2 輯，1980 年。
〔註 93〕河南省文物考古研究所、周口市文化局：《鹿邑太清宮長子口墓》，中州古籍
　　　　出版社，2000 年；王恩田：《鹿邑太清宮西周大墓與微子封啓》，第 41～45
　　　　頁，《中原文物》2002 年第 4 期。

國名「長」應是「微」字的誤釋，墓主應爲殷王之後子姓宋國開國國君微子啓或其弟微仲衍，以微子啓的可能性最大。〔註94〕筆者認爲王氏所言更爲合理。「可以初步推斷，該墓年代爲西周初年，不晚於成王時期」。〔註95〕但是從墓葬形制、埋葬習俗、出土器物等多方面考察可知，微子啓墓屬於典型的殷商文化。王恩田指出，墓內遺物特別是銅器大多屬於殷代晚期，墓葬仍保持殷末的葬俗。墓主年齡60多歲，爲殷王之後，跨越了殷、周兩個朝代。因此，筆者把它納入「殷禮」的研究範疇。此墓爲「中」字形大墓，有南北兩個墓道。從已發掘的商代墓葬資料來看，一般認爲雙墓道大墓墓主爲王室成員。該墓有腰坑，殉人10餘個。隨葬品非常豐富，數量近2000件，其中青銅禮、樂器85件，陶器117件，玉器百餘件，還有大量骨器、兵器、車馬器等。商周墓葬大多被盜，微子啓墓是少數保存完好的大墓之一，其中出土的禮樂器對研究「殷禮」具有重大的學術價值。方形青銅器是商代統治階級權力和地位的象徵。〔註96〕微子啓墓出土的方形銅器在數量和種類方面是商代墓葬中最多的一座。一些學者通過對方鼎類型及身份等級的研究指出，凡出土中型方鼎數量達2件的墓葬主人多爲方國國君，個別爲王室重臣，出土小型方鼎數量達4件的墓葬主人多爲方國國君或其夫人。〔註97〕而微子啓墓出土有9件方鼎，其中4件屬於中型，5件屬於小型。可見，墓主微子啓身爲殷王之後、宋國國君，其地位絕非一般方國國君可比。微子啓墓出土編鐃6件，是目前一墓出土編鐃數量最多的，這恰與其高貴的身份和地位相吻合。

　　6件編鐃（圖20）質地厚重。根據其形製紋飾可分爲A、B兩組，每組3件〔註98〕。A組3件編鐃（M1：145、M1：166、M1：151）大小相次。但前兩件紋飾相同，第三件（M1：151）紋飾相異，可能非爲此組原件。B組3件編鐃（M1：152、M1：153、M1：149）均形制、紋飾相同，大小相次，同爲一組沒有疑問。編鐃均平舞，上置管狀甬，于口弧曲。正鼓部有方

〔註94〕王恩田：《鹿邑太清宮西周大墓與微子封啓》，第41~45頁，《中原文物》2002年第4期。

〔註95〕河南省文物考古研究所、周口市文化局：《鹿邑太清宮長子口墓》，第208頁，中州古籍出版社，2000年。

〔註96〕劉一曼：《安陽殷墓青銅禮器組合的幾個問題》，《考古學報》1995年第4期。

〔註97〕楊寶成、劉森淼：《商周方鼎初論》，《考古》1991年第6期。

〔註98〕河南省文物考古研究所、周口市文化局：《鹿邑太清宮長子口墓》，第121~126頁，中州古籍出版社，2000年。

形臺面，兩面均飾饕餮紋。編鐃的形制數據參見表6。墓中所出特磬1件（圖
21），〔註99〕保存完好。淺灰色，石質堅硬。通體磨光，但是兩面和邊緣部
分仍是凹凸不平。體近三角形，有倨孔，素麵無紋飾。通長18.2釐米。

圖20　微子啟墓編鐃　　　　　圖21　微子啟墓特磬

表6　微子啟墓編鐃形制數據表

出土號	M1：145	M1：166	M1：151	M1：152	M1：153	M1：149
通　高	24.5	19.5	15.2	19.0	17.6	16.4
重　量	2300	1660	700	880	800	600

單位：釐米/千克

　　在以上5例編鐃與石磬共出的墓葬資料中，安陽花園莊54號墓和安陽郭
家莊 160 號墓墓主同是商王手下一位比一般諸侯地位還高的高級軍事首腦；
青州蘇埠屯 8 號墓墓主應為薄姑氏國君手下的高級貴族；婦好墓的主人是商
王的王妃；鹿邑微子啟墓的墓主則是一位非常有權勢的殷王之後宋國方君。
由此可見，編鐃和石磬相配的這種制度，絕非中小貴族所用；只有高級貴族、
軍事首腦、王室成員和大國方君方可享用。在這種級別中，王室成員和大國
方君的身份地位又高於高級貴族和軍事首長，他們享用的禮樂器的配置和工
藝也生動體現了這種等級上的差別。安陽花園莊 54 號墓、青州蘇埠屯 8 號墓
和安陽郭家莊 160 號墓均配置 3 件編鐃和 1 件特磬，禮樂器的數量均為 4 件。
而婦好墓配有編鐃 5 件，編磬 5 件，禮樂器的數量為 10 件；微子啟墓配有編
鐃 6 件，特磬 1 件，禮樂器的數量則為 7 件。同時，在這 5 座墓葬出土的特
磬中，婦好墓出土的編磬做工最為精美。其中 2 件石磬表面及邊緣均經細緻

〔註99〕河南省文物考古研究所、周口市文化局：《鹿邑太清宮長子口墓》，第181頁，
　　　　中州古籍出版社，2000年。

打磨，光滑細膩。一件刻有銘文「妊冉（或釋竹）入石」，一件表面雕有鴟鴞形紋飾，紋飾細部做工非常考究。與之相比，其他 4 座墓葬出土石磬的工藝則有所遜色：4 件石磬的表面與邊緣部分均是凹凸不平，素麵無紋。可見當時禮樂制度的規範已經達到了一定的高度。

第五、大鐃與鎛共出的墓葬

大鐃，是一種非定音的青銅鍾類打擊樂器。關於它的產生時代，學術界爭議較大，有的學者認爲大鐃應爲春秋時期的產物。〔註 100〕目前，時代最早的大鐃是江西新干大洋洲商墓出土的三件大鐃。〔註 101〕關於其時代，發掘報告認爲約在商代後期早段，高至喜則認爲應爲殷墟中晚期之際。〔註 102〕無論在何時，它的出土都證明這種青銅樂鍾出現的時代要比春秋時期要早得多。據筆者統計，目前所見商代大鐃共計 51 件（參見附表 5）。其中，只有大洋洲大鐃出自墓葬，其餘均出自山崗丘陵，或發現於江河岸邊。由此推測，這些大鐃很可能是「祭百神」等儀式後留下的遺物。在商代，許多祭祀之禮都在野外山崗露天舉行，每次祭祀均使用大量犧牲和禮樂重器。祭畢，大量禮樂重器就被埋藏下來。大鐃的出土情況正與此相符。因此，商代的大鐃主要還是一種重要的祭祀法器，同時也兼有禮器的功能。

鎛是青銅樂鍾家族中非常重要的一員。根據目前的考古資料來看，鎛產生於商代後期南方古越族的活動區域。在鎛的銘文中，有的自名爲「鎛」，如齊侯鎛；也有的自名爲鍾，如克鎛、秦公鎛。目前學術界多數學者主張名之爲鎛。這種樂器的形制與鐃差異很大，是與商鐃並行發展的兩種不同樂器。目前，所見商代與西周鎛已有 23 件（參見附表 6），其中商鎛 10 件。大洋洲鎛是目前所見有關此類樂器最早的實物標本，也是惟一一件出土於墓葬的商鎛。所以，大鐃與鎛共出的商代墓葬也就僅有江西新干大墓一例。

新干大墓是 1989 年江西省新干縣大洋洲鄉程家村農民在澇背沙丘取土時發現的。該墓爲大型墓葬，出土隨葬品達 1374 件。其中，青銅器 475 件，玉器 754 件，陶和原始瓷器 139 件，以及兵器、雜器和生產工具等。從出土

〔註 100〕陳佩芬：《記上海博物館所藏越族銅器》，《上海博物館集刊》第 4 期；馬承源：《中國音樂文物大系・上海卷》，第 13～18 頁，大象出版社，1996 年。

〔註 101〕江西省文物考古研究所等：《新干商代大墓》，第 80 頁，文物出版社，1997 年。

〔註 102〕高至喜：《論新干大洋洲商墓出土的青銅樂器》，第 56 頁，《商周青銅器與楚文化研究》，嶽麓書社，1999 年。

的銅器群和陶器群來看，新干大墓所反映出的文化性質不能簡單地看作是中原商文化的傳播，而是屬於具有濃鬱地域特色的吳城青銅文化的有機組成部分。新干大墓的發現，證明遠在 3000 多年以前，贛江流域確曾有著一支與中原商周青銅文明並行發展著的土著青銅文化，有著與殷商王朝並存發展的一個方國地域政權。從墓葬規模如此之大，隨葬品的數量如此之多來看，新干大墓的主人應爲這一方國的最高統治者。

　　3 件大鐃（圖 22）均保存完好。〔註103〕青銅質。工藝精良。平舞，上置長甬，無旋無幹。除器 13921 號腔體近六邊形外，餘兩件大鐃腔體均爲合瓦形。正鼓部敲擊處均有一方形臺面。于口弧曲，有內唇，內腔平整。3 件大鐃的紋飾主紋均爲獸面紋，但細部差別較大。形制數據參見表 7。鎛（圖 23）保存基本完好。〔註104〕青銅質，做工考究。平舞，上置環紐。體呈合瓦形。于口齊平，有內唇。紋飾繁褥精美。通高 32.3 釐米，重 12.6 千克。

圖 22　大洋洲大鐃之一　　　　　　　圖 23　大洋洲鎛

表 7　新干大洋洲大鐃形制數據表

藏　號	13921	13922	13923
通　高	41.6	43.6	45.6
重　量	18.1	19.4	22.6

單位：釐米千克

〔註103〕江西省文物考古研究所等：《新干商代大墓》，第 80～87 頁，文物出版社，1997 年。

〔註104〕江西省文物考古研究所等：《新干商代大墓》，第 79～80 頁，文物出版社，1997 年。

「新干商墓出土銅禮器中沒有觚、爵、斝和觶等酒器，說明吳城文化古代居民在最先接受中原地區的影響而鑄造禮器時，僅爲單一的模仿，而非全部的接受其禮制。」〔註105〕從新干大墓禮樂器的配置來看，卻係如此。其禮樂器的配置不是中原「殷禮」的編鐃、特磬或鼉鼓，而是源於南方古越族的青銅樂器大鐃和鎛。但是，又有「殷禮」的影響在其中。如大鐃與編鐃的造型相近，主體紋飾均爲獸面紋。目前所見，編列完整的殷商編鐃絕大多數爲3件成編，這已經是「殷禮」的一種規範；而此墓的大鐃也配置一組3件，應非偶然。「新干大墓墓主地位甚高是不容懷疑的，……在殷墟商文化中編鐃只有高級貴族才能享用，且絕大多數爲3件一組成編，很有可能新干大墓3件鎛〔註106〕是模仿了商文化中高級貴族享用3件成編的特點，組合了2件大小略有差異而紋飾全然有別的鎛作爲隨葬品。」〔註107〕所言極是。

二、「殷禮」

孔子曾說，殷禮因於夏禮。那麼殷禮是如何在其前代、甚至更早時代禮制的基礎上「損益」而來的呢？筆者擬從禮樂器的配置和編列兩方面來加以探討。

第一、禮樂器的配置

在禮樂器的配置方面，「殷禮」既有對史前禮樂制度的繼承，又有重大發展。從第一節史前時期禮樂制度的音樂考古學分析可知，當時禮樂器的種類只有土鼓、鼉鼓和特磬三種；禮樂器的配置方式也只有三種，即單用土鼓、單用特磬及土鼓、鼉鼓與特磬組合使用。到了商代，史前時期的特磬、鼉鼓仍然沿用，同時又增加了編磬、大鐃、編鐃和鎛4種禮樂器。配置由原來的三種增加到七種，即單用特磬、編鐃、鼉鼓，以及四種組合使用：鼉鼓與特磬、編鐃與特磬、編鐃與編磬、大鐃與鎛。禮樂器配置形式的多樣化，說明商代禮樂制度得到進一步的發展與細化，比起史前時期，內容和形式更爲完善。

〔註105〕江西省文物考古研究所等：《新干商代大墓》，第203頁，文物出版社，1997年。

〔註106〕鎛指大鐃，李純一的觀點。目前學術界還沒有達成一致，本文沿用考古界比較多用的大鐃之名。下文均同，不再另注。

〔註107〕王獻本、高西省：《初論江西新干大墓出土的三件鎛》，《華夏考古》1998年第3期。

在這七種配置中，單用特磬的配置等級最低，主要爲小奴隸主貴族所享用；其次是單用編鐃的配置，主要爲中高級貴族、軍事首腦等級所用，比單用特磬的等級要高得多；鼉鼓是「殷禮」中的禮樂重器，單用鼉鼓應爲方國國君級別的禮制。鼉鼓與特磬、編鐃與特磬、編鐃與編磬、大鐃與鎛這四種禮樂器的組合配置等級，顯然高於特磬、編鐃、鼉鼓的單獨配置。在這四種配置中，大鐃與鎛的組合配置非屬中原「殷禮」範疇，帶有濃鬱的吳城地域文化特色，至少也是方國國君方可享用的禮制。那麼鼉鼓與特磬、編鐃與特磬、編鐃與編磬的組合配置呢？下面分別論述。

從上述商代禮樂器及其考古資料分析可知，配置編鐃與特磬的墓葬有 4 例：分別爲安陽花園莊 54 號墓、安陽郭家莊 160 號墓，這兩位墓主應爲商王身邊一位身份很高，並立有赫赫軍功的諸侯級別的軍事首長；青州蘇埠屯 8 號墓，墓主爲實力雄厚的薄姑國高級貴族；鹿邑微子啓墓，墓主則是一位非常有權勢的殷王之後宋國國君。可見，編鐃與特磬的配置，應爲當時的朝廷重臣所享用的禮制。配置編鐃與編磬的墓葬只有 1 例，即婦好墓，墓主爲商王武丁的寵妃婦好。在以上 5 座配置編鐃與石磬的墓葬中，婦好的地位最高。在殷墟出土的十餘萬片甲骨中，有關她的卜辭就有一百七、八十條，條目眾多，涉及內容範圍廣闊。如征戰方面，她曾參與征伐羌、土方等方國的一系列戰爭，立下赫赫戰功；祭祀方面，她經常代替殷王主持諸多祭祀活動。武丁對婦好也非常關心，有不少卜辭反映武丁爲她舉行各種祭祀，禳災祈福，可見武丁對她的寵愛。〔註108〕由此可見，編鐃與編磬的配置應爲僅次於商王的禮制，只有婦好等極少數特殊權臣方可享用。以上這 5 位墓主，尤其是婦好，他們的地位不可謂不高，權勢不可謂不重，但是其禮樂器的配置均爲編鐃和石磬，而沒有鼉鼓。雖然鼉鼓未必能經歷 3000 餘年的漫長歲月保存至今，但鱷魚的骨板、鱗片以及鼓腔留存至今的可能性還是比較大的。何況這 5 座墓葬均保存完好，沒有任何盜擾情況，地域均在殷商的主要統治範圍之內。因此，他們在禮樂器配置方面所體現出來的一致性應該不是偶然現象，而是當時「殷禮」的眞實寫照。也就是說，婦好等極少數特殊權臣也是無權享用鼉鼓與特磬的組合配置。那麼這種配置屬於何種等級呢？

目前，配置特磬與鼉鼓的墓葬只有 1 例，即侯家莊 1217 號墓。遺憾的是，

〔註108〕王宇信、張永山、楊升南：《試論殷墟五號墓的「婦好」》，第 1～21 頁，《考古學報》1977 年第 2 期。

該墓曾被嚴重盜擾，對判斷墓主的身份帶來一定的困難。1217 號墓位於安陽殷墟侯家莊西北岡王陵區，爲「亞」字型大墓。商代的墓葬，按照平面形狀可分爲三種：「亞」字形、「中」字形和「甲」字形。其中「亞」字形爲四墓道大墓，級別最高。墓室和墓道的面積大部分是 400～800 平方米，深度都在 10 米以上。商代「亞」字形大墓僅發現 10 座，其中規模最大的是 1217 號墓，總面積竟然達到了 1200 多平方米。〔註 109〕楊錫璋認爲，王陵區只有「亞」字形大墓爲商王之墓。〔註 110〕如此看來，1217 號墓非商王之墓莫屬，鼉鼓和特磬的配置應該是商王才能享有的禮樂。這與方國（或古國）時期的陶寺遺址所反映出來的史前禮樂制度有一脈相承的關係，鼉鼓和特磬的配置只有處在權力金字塔塔尖上的大國之君方可享用。從總體來說，殷禮還不如西周的禮樂制度那麼細緻、嚴格，但是從位高權重的婦好也無權享用鼉鼓和特磬的配置來看，當時的「殷禮」在某些規矩方面之等級森嚴，絲毫不遜色於西周的禮樂制度。

較之史前，殷禮中禮樂器配置的最大變化就是青銅樂鍾，即編鐃、大鐃以及鎛的誕生與興起。這三種青銅樂器，均是最早的青銅樂鍾之一。關於樂鍾，文獻多有記載，如《呂氏春秋·古樂》載：「黃帝又命伶倫與榮將，鑄十二鍾，以和五音」，〔註 111〕帝堯命共工垂作鍾〔註 112〕以及炎帝之孫伯歧生鼓延，「鼓延是始爲鍾」〔註 113〕等等。從出土實物觀之，這些記載均不足爲信。因爲最早的青銅樂鍾見於商代。至於編鍾的數量達到 12 件，在音樂性能方面能夠「以和五音」，已經是西周中晚期的事情，絕非黃帝時期的伶倫與榮將所能爲之。在目前所見的商代禮樂器中，編鐃有 76 件、大鐃 51 件、鎛 4 件、石磬 63 件、鼉鼓 2 件，青銅禮樂器的總數是石磬和鼉鼓總數的兩倍還多。其中，編鐃在「殷禮」中使用最爲廣泛，是「殷禮」標誌性的禮樂重器。

特別值得一提的是，編磬於商代晚期已經出現。如婦好墓編磬〔註 114〕、

〔註 109〕 魏建震（中國社會科學院研究生院）：《商代墓道初探》（2004 會議論文），www.xianqin.org（2005-06-16）。

〔註 110〕 楊錫璋：《商代的墓地制度》，《考古》1983 年第 10 期。

〔註 111〕 中央音樂學院中國音樂研究所等：《中國古代樂論選輯》，第 100 頁，中央音樂學院中國音樂研究所，1961 年。

〔註 112〕 《禮記·明堂位》，《禮記正義》卷三十一，《十三經注疏》（下），第 1491 頁，中華書局，1980 年。

〔註 113〕 袁珂（校譯）：《山海經·海內經》，第 300 頁，上海古籍出版社，1985 年。

〔註 114〕 中國社會科學院考古研究所安陽工作隊：《安陽殷墟五號墓的發掘》，第 89 頁，《考古學報》1977 年第 2 期；劉東升、袁荃猷：《中國音樂史圖鑒》，第

安陽殷墟西區 93 號墓編磬﹝註 115﹞和于省吾舊藏編磬﹝註 116﹞等。婦好墓出土 5 件石磬，其中 3 件石料相同，形制亦相近，可能是一套編磬。﹝註 117﹞安陽殷墟西區 93 號墓出土編磬共計 5 件（圖 24），李純一雖把其視爲編磬，但還是有些疑問。﹝註 118﹞現藏故宮博物院的于省吾舊藏編磬（圖 25），1935 年出土於河南安陽殷墟。3 件磬均鼓股分明，各磬銘文分別爲「永啓」、「夭余」、「永余」。楊蔭瀏在 50 年代對磬進行了測音，結果爲：永啓↑^{b}b^2，夭余 c^3，永余↑^{b}e^3。劉再生據此結果認爲，此組編磬的發音若視爲 ^{b}E 調音階，則爲 sol、la、do 三個音，裏面包含大二度、小三度和純四度的音程關係，因此這組磬爲旋律樂器毋庸置疑，應爲名副其實的編磬。﹝註 119﹞李純一對這套石磬的形制和音準也給予很高的評價，它「表明商代末期編磬的製造較前有很大的、可以說是飛躍性的進步，初步做到以因聲計材取代以往的因聲就材。」﹝註 120﹞對此，高蕾有不同看法，提出一些疑問：一方面，從其形制上來看，除「永余」石磬各邊平直、較規整外，其餘兩件均不同於此，3 件石磬排列在一起，顯得錯落不齊，與後世編磬規範的形制、大小漸次及整齊有序的排列有一定差異；另一方面，就目前的考古資料來說，3 件一組的編制方式，在我國出土的編磬中僅此一例。因此，「這兩組石磬的形制不規範，與春秋戰國時期編磬的統一形制、大小漸次不同，尚不能確定其編磬的身份。」﹝註 121﹞對此，筆者有不同看法。何謂編磬？編磬是指成一組自成編列的石磬。所謂「自成編列」，可從兩個方面理解。一爲其形制方面，如大小有序，造型基本一致；二爲音樂性能方面，如音高有序，可演奏音階和旋律。但是，初期的編磬，其形制未

14 頁，中國藝術研究院音樂研究所、人民音樂出版社，1988 年。

﹝註 115﹞中國社會科學院考古研究所安陽工作隊：《1969～1977 年殷墟西區墓葬發掘報告》，第 103 頁，《考古學報》1979 年第 1 期；趙世綱：《中國音樂文物大系·河南卷》，第 58 頁，大象出版社，1996 年。

﹝註 116﹞于省吾：《雙劍誃古器物圖錄》（卷下），圖 17～19，1940 年（影印本）；楊蔭瀏：《中國古代音樂史稿》（上冊），第 23～24 頁，人民音樂出版社，1981 年；袁荃猷：《中國音樂文物大系·北京卷》，第 20 頁，大象出版社，1996 年。

﹝註 117﹞劉新紅：《殷墟出土編鐃的考察與研究》，第 12 頁，中央音樂學院 2004 屆音樂學碩士學位論文。

﹝註 118﹞李純一：《中國上古出土樂器綜論》，第 45 頁，文物出版社，1996 年。

﹝註 119﹞劉再生：《中國古代音樂史簡述》，第 33 頁，人民音樂出版社，1995 年。

﹝註 120﹞李純一：《中國上古出土樂器綜論》，第 46 頁，文物出版社，1996 年。

﹝註 121﹞高蕾：《中國早期石磬述論》，第 26 頁，中國藝術研究院 2002 屆音樂學碩士學位論文。

必如西周以後的編磬那麼有序；其音樂性能也未必如西周以後的編磬那樣成熟。其中，初期編磬形制的不統一，是「由於製磬者對石料的掌握能力有限，較多的依靠因聲就材這種比較原始的技術所致。」〔註122〕另外，殷商編磬處於由節奏樂器向旋律樂器的過渡階段，所以其不一定構成嚴格的音列和音階，僅在當時歌、舞、樂不分的表演中，起到音高變化和音色豐富的作用，使表演的氣氛更爲熱烈。故安陽殷墟西區93號墓磬和婦好墓編磬可看作編磬發展過程中因聲就材初始階段的產物。到了西周以及春秋戰國時期，製磬技術迅猛發展，因聲計材的技術走向成熟，編磬器型統一，大小規範有序，可以演奏複雜的曲調，這一時期的編磬已是成熟時期的作品。因此，應該用歷史和發展的眼光看待殷商編磬這一問題。

圖24　殷墟西區93號墓編磬（5件）

圖25　于省吾舊藏編磬（3件）

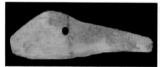

　　與史前禮樂制度相比，殷禮中最值得注意的現象是土鼓退出了禮樂器的行列。前述所見的史前禮樂器中，特磬有16件，鼉鼓有12件，土鼓則達207件。可見，土鼓應爲史前祭祀活動中使用最爲廣泛的一種祭祀法器。同時還是史前氏族部落中少數地位較高的貴族或高級貴族等特權階層方可享用的禮樂重器，非爲中小貴族所有。但在商墓的發掘資料中，能確定爲土鼓的僅發現2例，即湖北楊家灣土鼓〔註123〕、閩侯黃土侖17號墓土鼓〔註124〕。原因何在？

〔註122〕李純一：《中國上古出土樂器綜論》，第44頁，文物出版社，1996年。
〔註123〕武漢市博物館、湖北省文物考古研究所、黃陂縣文物管理所：《1997～1998年盤龍城發掘簡報》，第39頁，《江漢考古》1998年第3期。
〔註124〕福建省博物館：《福建閩侯黃土侖遺址發掘簡報》，第30、34頁，《文物》1984年第4期。

以下的現象是值得注意的，即商代青銅樂鍾的興起和鼓類樂器的變遷。

商代青銅樂鍾的興起，可能是造成土鼓退出禮樂器行列的主要原因。商代，特別是殷商時期，中國進入青銅時代的繁榮時期。青銅樂鍾（如編鐃、大鐃、鎛）均爲青銅鑄製。銅在商周時稱爲「金」，非常珍貴。「在黃河中、下游亦即華夏族的發祥地區，一旦冶銅技術水平已達到能鑄造複雜的容器時，立即將這一技術用在製造銅禮器上了。這說明禮器在人們的生活中佔據著十分重要的位置。冶銅技術的發展使禮樂之邦的禮器獲得了拓展，使禮制和祭祀獲得了昇華和獨佔。」〔註125〕自此以後，掌握和控制冶銅業，已不僅僅是掌握一項先進的技術，它實際上已掌握了一項重要的政治權利工具，掌握和控制了更高級的宴飲和祭祀之權。〔註126〕相比而言，土鼓是以瓦爲框，材質低廉；與編鐃、大鐃、鎛等青銅禮樂器相比，無論是在價值上還是在性能上，根本無法相提並論。《墨子・三辯》載：「昔諸侯倦於聽治，息於鐘鼓之樂；士大夫倦於聽治，息於竽瑟之樂；農夫春耕夏耘，秋斂冬藏，息於瓴缶之樂。」其中瓦質的「瓴缶之樂」不過是農夫所用的音樂。由此推測商代瓦質樂器的地位應該也是很低的。這種材質上的巨大差異，使土鼓不再是貴族身份地位的象徵，從而退出了禮樂器的行列。出土的 2 例土鼓也恰恰反映了這種現實。湖北楊家灣土鼓，1997 至 1998 年出土於湖北盤龍城地區的楊家灣遺址一水井中，而非出自墓葬；〔註127〕閩侯黃土崙 17 號墓土鼓，20 世紀 70 年代出土於福建閩侯縣鴻尾公社石佛頭村黃土崙 17 號墓，屬商代晚期器物。黃土崙遺址共清理墓葬 19 座，隨葬品最多者 21 件，少的 4 件，個別沒有。17 號墓隨葬器物只有 5 件，墓主應該只是一位比較富裕的平民而已，而非奴隸主貴族。〔註128〕土鼓已不見於貴族墓葬，而是成爲一種普通的祭器。《周禮・春官・龠章》：「中春晝，擊土鼓，吹豳詩，以逆暑。中秋夜迎寒，亦如之。凡國祈年於田祖，吹豳雅，擊土鼓，以樂田畯。國祭蠟，則吹豳頌，擊土鼓，以息老物」。〔註129〕可見，一直到周代，土鼓仍在祭祀活動中使用著。

〔註125〕王震中：《中國文明起源的比較研究》，第 223 頁，陝西人民出版社，1998 年。

〔註126〕張光直：《中國青銅時代》（二集），第 123 頁，三聯書店，1990 年。

〔註127〕武漢市博物館、湖北省文物考古研究所、黃陂縣文物管理所：《1997～1998年盤龍城發掘簡報》，第 39 頁，《江漢考古》1998 年第 3 期。

〔註128〕福建省博物館：《福建閩侯黃土崙遺址發掘簡報》，第 30、34 頁，《文物》1984年第 4 期。

〔註129〕《周禮注疏》卷二十四，《十三經注疏》（上），第 801 頁，中華書局，1980年。

其次，土鼓在貴族墓葬中的消失，應與不同時代鼓類樂器的變遷有密切關係。有關土鼓的文獻記載主要為史前時期，而非商代。如《禮記・禮運》載：「夫禮之初，始諸飲食，其燔黍捭豚，汙尊而抔飲，蕢桴而土鼓，猶若可以致其鬼神。」〔註130〕《呂氏春秋・古樂》載：「帝堯立，乃命質為樂。質乃效山林、谿谷之音以歌，乃以麋鞈冒缶而鼓之。」〔註131〕《禮記・明堂位》載：「土鼓、蕢桴、葦籥，伊耆氏之樂也。」〔註132〕從出土實物來看，也是如此。到了商代，鼓類樂器仍是一種十分重要的打擊樂器，甲骨文中多有涉及，如：

> 「惟五鼓……上帝，若，王……有祐。」〔註133〕

> 「其將祀，鼓，其……祐。」〔註134〕

> 「辛亥卜，出貞，其鼓ミ告於唐，九牛，一月。」〔註135〕

> 「丁酉卜，大貞，三告其鼓於唐，衣。」〔註136〕

> 「執周鼓」〔註137〕

> 「令鼓歸。」〔註138〕

> 「戊辰，貞其征鼓，又若」〔註139〕等等。

不過，商代的鼓已與史前的鼓有較大的不同。《禮記・明堂位》載：「夏后氏之足鼓，殷楹鼓，周懸鼓。」鄭玄注：「足，謂四足也；楹，謂之柱貫中，上出也；懸，懸之簨虡也。」〔註140〕按此說，商代流行的鼓應是楹鼓，也就是建鼓。目前，有關建鼓最早的、也是惟一的實物標本是曾侯乙墓建鼓，為戰國初期的製品。〔註141〕在兩漢的畫像石中，建鼓更是比比皆是，不勝枚舉。

〔註130〕《禮記正義》卷二十一，《十三經注疏》（下），第1415頁，中華書局，1980年。
〔註131〕中央音樂學院中國音樂研究所等：《中國古代樂論選輯》，第100頁，中央音樂學院中國音樂研究所，1961年。
〔註132〕《禮記・明堂位》，《禮記正義》卷三十一，《十三經注疏》（下），第1491頁，中華書局，1980年。
〔註133〕郭沫若：《甲骨文合集》30388，中華書局，1979年。
〔註134〕郭沫若：《甲骨文合集》30763，中華書局，1979年。
〔註135〕羅振玉：《鐵雲藏龜之餘》6・2，1915年。
〔註136〕羅振玉：《殷墟書契後編》下39・4，1916年。
〔註137〕羅振玉：《殷墟書契前編》5・36・5，1912年。
〔註138〕羅振玉：《殷墟書契前編》5・2・7，1912年。
〔註139〕商承祚：《殷契佚存》75，金陵大學中國文化研究所叢刊甲種，1933年。
〔註140〕《禮記・明堂位》，《禮記正義》卷三十一，《十三經注疏》（下），第1491頁，中華書局，1980年。
〔註141〕王子初：《中國音樂文物大系・湖北卷》，第262～263頁，大象出版社，1996年。

以此觀之，商代流行的鼓類樂器應該不是建鼓。目前所見商鼓實物僅有 6 例，分別爲：侯家莊 1217 號墓鼉鼓、〔註142〕靈石旃介 1 號墓鼉鼓、〔註143〕崇陽饕餮紋銅鼓、〔註144〕雙鳥饕餮紋銅鼓（商代晚期，藏於日本京都泉屋博古館，通高 81.6 釐米）、〔註145〕湖北楊家灣土鼓、〔註146〕閩侯黃土崙 17 號墓土鼓。〔註147〕從出土的資料分析，鼉鼓顯然不是懸於簨虡的懸鼓。侯家莊 1217 號墓出土有鼓架，所以鼉鼓應是像今天的大鼓一樣置於架上後立於地上演奏，可能屬足鼓比較合適。崇陽饕餮紋銅鼓和雙鳥饕餮紋銅鼓，通體分爲冠、身、足三部分，正爲足鼓。湖北楊家灣土鼓和閩侯黃土崙 17 號墓土鼓從質地來看雖爲土鼓，但其結構與前 2 件銅鼓一樣，也是分爲冠、身、足三部分。從其形制結構來看，也屬於足鼓之列。由此分析，足鼓應非夏后氏之鼓，而是殷代流行之器。至於懸鼓，西周時期未見有實物出土，春秋戰國時期楚國倒是出土有大量的虎座鳥架鼓、懸鼓、扁鼓等可懸之鼓。因此，所謂的「周懸鼓」可能帶有一定的時代與地域特徵。總之，商代的土鼓已經成爲一種邊緣性的鼓類樂器。與鼉鼓和銅鼓相比，其地位低微，這是其不見於商代貴族墓葬的另一個原因。

第二、禮樂器的編列

在史前禮樂制度中，只有陶寺出土的禮樂器構成了一定的編列和規模。其中，陶寺 M3016、M3015、M3002 均爲甲種大型墓葬，墓主爲陶寺文化早期的方國國君。這三墓禮樂器的配置爲鼉鼓 2 件、土鼓 1 件、特磬 1 件，只有鼉鼓 2 件成組，禮樂器的規模爲 4 件。較之史前，殷商時期禮樂器的編列

〔註142〕梁思永、高去尋：《侯家莊第六本 1217 號大墓》，第 31 頁，中國考古報告集之三，臺北中央研究院歷史語言研究所，1968 年；方建軍：《侯家莊——1217 號大墓的磬和鼓》，第 49 頁，《交響》1988 年第 2 期。

〔註143〕山西省考古研究所、靈石縣文化局：《山西靈石旃介村商墓》，《文物》1986 年第 11 期。

〔註144〕崇文：《湖北崇陽出土一件銅鼓》，《文物》1978 年第 4 期；王子初：《中國音樂文物大系・湖北卷》，第 100 頁，大象出版社，1996 年。

〔註145〕秦孝儀：《海外遺珍》（銅器續），第 79 頁，臺北國立故宮博物院，1988 年；朝日新聞社，大田信男：《東洋美術》（第五卷・銅器），第 32 頁，朝日新聞社，昭和四十三年。

〔註146〕武漢市博物館、湖北省文物考古研究所、黃陂縣文物管理所：《1997～1998年盤龍城發掘簡報》，第 39 頁，《江漢考古》1998 年第 3 期。

〔註147〕福建省博物館：《福建閩侯黃土崙遺址發掘簡報》，第 30、34 頁，《文物》1984 年第 4 期。

及規模都有顯著發展與擴充。在殷禮中，禮樂器的種類有特磬、編磬、大鐃、編鐃、鼉鼓、鎛六種。其中編磬、大鐃、編鐃三種禮樂器均已構成編列〔註148〕，成為殷禮的重要內容之一。以編鐃為例，僅配置編鐃的商代墓葬有 12 例。其中有 11 例墓葬配置的編鐃均 3 件一組。另外，河南鹿邑縣微子啓墓是目前出土編鐃最多的一次，數量達到 6 件之多，〔註149〕為目前所僅見。但 6 件編鐃非為一組，應為二組，每組仍為 3 件。以上這些編鐃在編列方面的一致性，應該不是偶然現象，而是殷禮的規定之一。遠在江西的新干大墓大鐃，也為 3 件一組，正是此種規定的生動體現。特別值得注意的是，商代晚期產生的編磬，如于省吾舊藏的一套編磬，也是 3 件成編。〔註150〕它與編鐃在編列方面的一致性，應該不是巧合。編鐃除了 3 件一組的編列以外，還有 4 件（如侯家莊 1083 號墓編鐃）、5 件（如婦好墓編鐃）的組合。侯家莊 1083 號墓被盜嚴重，編鐃是否有缺失不能確定，因此這種 4 件成編的組合尚待新的考古材料來證明。婦好墓編鐃是目前唯一一套 5 件一組的編鐃。〔註151〕那麼這種編列是偶然為之，還是當時的一種規定呢？所謂「孤證不立」，有人認為其偶然性的可能更大。現在看來，值得商榷。因為有兩個很重要的材料被有些學者忽略了：一是該墓的編磬也是 5 件一組，與編鐃的編列正好相合；二是安陽殷墟西區 93 號墓配置的編磬也是 5 件。〔註152〕由此可見，此種編列應該也是殷禮的一種規定。下面對 5 座配置編鐃與石磬的墓葬的相關資料進行比較（參見表 8）。

〔註148〕這裏說的編列，並非像西周的編鐘、編磬那樣在音列上成編，而是指像列鼎一樣數件成組而已。

〔註149〕河南省文物考古研究所、周口市文化局：《鹿邑太清宮長子口墓》，第 121～126 頁，中州古籍出版社，2000 年。

〔註150〕于省吾：《雙劍誃古器物圖錄》（卷下）圖 17～19，1940 年（影印本）；楊蔭瀏：《中國古代音樂史稿》（上冊），第 23～24 頁，人民音樂出版社，1981年；袁荃猷：《中國音樂文物大系・北京卷》，第 20 頁，大象出版社，1996年。

〔註151〕中國社會科學院考古研究所安陽工作隊：《安陽殷墟五號墓的發掘》，第 69頁，《考古學報》1977 年第 2 期。

〔註152〕中國社會科學院考古研究所安陽工作隊：《1969～1977 年殷墟西區墓葬發掘報告》，第 103 頁，《考古學報》1979 年第 1 期；趙世綱：《中國音樂文物大系・河南卷》，第 58 頁，大象出版社，1996 年。

表 8　僅配置編鐃與石磬的墓葬資料比較表

墓　葬	墓主身份	墓葬規格	隨　葬　器　物
安陽小屯 5 號墓	商王的王妃婦好	土坑豎穴墓，屬中型墓葬。	沒有盜擾，隨葬品近 2000 件，其中大型青銅器有 468 件，玉器 755 件。
鹿邑微子啓墓	宋國國君	「中」字形大墓，「亞」字形槨室。	沒有盜擾，隨葬品近 2000 件，其中青銅禮、樂器 85 件，且方形銅器的數量和種類方面是商代墓葬中最多的一座。
安陽花園莊 54 號墓	諸侯級別的高級軍事首腦	土坑豎穴墓，屬中型墓葬。	沒有盜擾，隨葬品 570 餘件，殉人 15 個，殉狗 15 隻。
安陽郭家莊 160 號墓	諸侯級別的高級軍事首長	長方豎穴形，屬中型墓葬。	沒有盜擾，隨葬品 349 件，其中青銅器 228 件。
青州蘇埠屯 8 號墓	薄姑國高級貴族	「甲」字形大墓。	沒有盜擾，隨葬品近百件。

　　表 8 中，青州蘇埠屯 8 號墓的主人爲薄姑國高級貴族，地位最低，其配置的禮樂器就是一般配置，即編鐃 3 件和特磬 1 件。其次是安陽花園莊 54 號墓和安陽郭家莊 160 號墓，墓主同爲諸侯級別的高級軍事首長，墓葬規格相同，比前者高一級別，其享用的禮樂器也是一般配置，即編鐃 3 件和特磬 1 件，於前者並無區別。但是從隨葬器物來看，卻比薄姑國高級貴族多出數百件，這反映出他們等級的差別。再次是鹿邑微子啓墓，墓主是一位非常有權勢的殷王之後——宋國國君，周王允許其保留殷商的祭祀禮樂，其等級應該比安陽花園莊 54 號墓、安陽郭家莊 160 號墓墓主高一個檔次，其配置的禮樂器也說明了這一點，編鐃增至 2 組 6 件，比一般配置多一倍。而且其墓葬規格和隨葬品也明顯高於前兩位墓主。這說明同爲諸侯，大國諸侯與中小諸侯之間還是差別很大。在以上 5 座墓葬中，等級最高的是商王武丁的王妃婦好。她雖然在禮樂器的種類配置方面與前四者相同，均爲編鐃和石磬，但在編列方面迥異。所配編鐃是一組 5 件，爲目前一組編鐃件數之最；編磬也是配置一組 5 件，做工精美，從編列數量和工藝兩方面來看都是空前的。其禮樂器的總數爲 10 件，也是以上 5 座僅配置編鐃和石磬的墓葬中最多的。上文已述，在殷禮中，首先通過禮樂器種類的不同配置體現不同的等級，例如小奴隸主貴族主要配置特磬，中高級貴族主要配置編鐃，高級貴族、方君主要是配置編鐃和石磬等。同一級別內，在禮樂器種類配置相同的情況下，再通過所配禮樂器編列以及數目的不同，把雖屬同一級別但是身份地位仍有差別的貴族

進一步細化，這應該也是殷禮的重要內容之一。可見，商代的禮樂制度在一定程度上，已經出現了比較完備的規範。特別需要指出的是，這 5 座墓葬均沒有盜擾，它所反映出來有關禮樂制度方面的信息應該是殷禮的真實體現。

綜上所述，青銅樂鍾的勃興以及編磬的誕生，是殷禮的最大特徵，其對西周樂懸制度產生了深遠的影響。首先，西周樂懸制度繼承了殷禮青銅樂鍾和石磬的組合形式。殷禮禮樂器的配置之一為編鐃和特磬或者編磬，而西周樂懸制度的基本配置為編甬鍾和編磬，二者同為典型的「金石之樂」。其次，西周樂懸制度的標誌性禮樂器——甬鍾的形成，主要是以南方古越族的青銅樂鍾——大鐃為基礎，又吸收殷商編鐃的某些因素而成。而起源於南方古越族的青銅樂鍾——鎛，更是成為西周時期周天子、三公以及個別上卿方可享有的禮樂重器；此外，關於編鐃的演奏方式，李純一認為有持鳴、植鳴、懸鳴三種，而且「懸鳴方法和植鳴方法一直並行」。﹝註153﹞也就是說，殷商時期已經出現了可以懸奏的編鐃。同時，石磬、鎛和一些大鐃（有旋的）也都是可以懸奏的。鄭玄云：「樂懸，謂鍾磬之屬懸於簨簴者。」﹝註154﹞按照鄭說，它們也都是可以稱為「樂懸」的。可見，西周建立的樂懸制度有著殷商晚期已成雛形的深刻社會背景。正如嚴文明所言：「夏、商、周都吸收了周鄰各個文化的因素，形成各自的文明。」﹝註155﹞

﹝註153﹞ 李純一：《中國上古出土樂器綜論》，第 117 頁，文物出版社，1996 年。

﹝註154﹞ 《周禮・春官・小胥》，《周禮注疏》卷二十三，《十三經注疏》（上），第 795 頁，中華書局，1980 年。

﹝註155﹞ 嚴文明：《我與考古學》，第 217 頁，《走向 21 世紀的考古學》，三秦出版社，1997 年。

第二章　西周樂懸制度初成

　　史載宗周建國之初，周公「製禮作樂」〔註1〕，在「因於殷禮」的基礎上，著手建立西周的禮樂制度。根據這套制度，周代的各級貴族在使用的配享、列鼎、樂懸、樂曲、舞隊規格、用樂場合等方面，皆有嚴格的規定。其中，樂懸制度是西周禮樂制度的重要組成部分，也是西周禮樂制度的具體體現。在第一章中，筆者已經對史前和商代的禮樂制度進行探討，本章就來談談西周樂懸制度是如何在夏、商兩代禮樂制度的基礎上「損益」形成的。

第一節　西周早期鍾磬樂懸及其考古資料分析

　　目前所見西周早期〔註2〕的鍾類樂器，絕大多數爲編甬鍾，其次爲大鐃、特磬、編磬、編鐃、鎛也有少量出土。但出土於墓葬的只有編甬鍾、編鐃兩種禮樂器。

一、僅出編甬鍾的墓葬

　　甬鍾，一種出現於西周初期的重要青銅樂器。它集古代高科技、高文化和高藝術於一身，是鍾磬樂懸的傑出代表。目前所知，西周早期的甬鍾實物有 13 例 24 件（參見附表 7）。其中，最早的實物標本爲晉侯蘇編甬鍾I式（2件），其時代爲西周初年。〔註3〕在這 24 件甬鍾實物中，出土於墓葬的有 5 例

〔註1〕　《禮記‧明堂位》，《禮記正義》卷三十一，《十三經注疏》（下），第 1488 頁，中華書局，1980 年。
〔註2〕　指武、成、康、昭四世。
〔註3〕　王子初：《晉侯蘇鍾的音樂學研究》，第 26 頁，《文物》1998 年第 5 期。

12件。其中晉侯蘇I、II式編甬鍾雖然屬於西周早期製品，但出土於西周晚期的晉侯蘇墓，因此將其歸入西周晚期鍾磬樂懸部分論述。在這裏，筆者僅談談其他4例僅出土甬鍾的西周早期墓葬，詳見如下。

1．弜伯各墓〔註4〕

1980年5月，陝西省寶雞市南郊竹園溝7號墓出土西周編甬鍾3件（BZM7：12、11、10）。經考古專家鑒定，墓主爲弜伯各。該墓沒有墓道，共出土銅、玉等隨葬品400餘件（組）。其中，禮器有圓鼎3、簋2、尊2、卣2、觚2件以及虎紋銅鉞等。從墓主弜伯各所作禮器和同出的豐公鼎、目父癸鼎等器看，其時代應爲西周早期的康、昭之世。〔註5〕編鍾的時代應與此相當，是目前出土年代最早的西周編鍾之一。在3件編鍾當中，BZM7：12最大，甬中空與體相通，內壁光平。旋飾四乳釘，舞素麵，鉦、篆四邊以連綴小乳釘爲界。篆、鼓均飾細陽線雲紋；BZM7：11（圖26）形制、紋飾同M7：12，唯甬稍長；BZM7：10形制與M7：12大體相同，而紋飾有異。其鉦、篆四邊以陽線爲界，而非連綴乳釘。旋和篆間均無紋飾。由此觀之，此套編鍾應爲拼湊而成，原來也如晉侯蘇編鍾I式、II式一樣2件成編，BZM7：10應爲後配。

2．弜伯𢀑墓〔註6〕

1974年12月，陝西寶雞市茹家莊1號墓乙室出土編甬鍾3件（BRM1乙：28、29、30）。經考古專家鑒定，墓主爲弜伯𢀑。該墓爲帶墓道的大墓。墓主的乙室出土青銅器42件，有鼎8（方鼎3、圓鼎5）、簋5、豆4、尊5件等，另有銅鐸1件，是弜國墓地中隨葬青銅禮器數量最多的。根據出土的禮器，墓葬時代可以定在西周早期的昭、穆之世，〔註7〕編鍾的時代亦應與此相當。BRM1乙：28（圖27）器形完整，鏽甚。甬中空與體腔相通，甬端有一長方形對穿，內壁光平。舞素麵，鉦、篆四邊以連綴小乳釘爲界，鼓飾細陽線雲紋；BRM1乙：29鏽甚，鼓部微殘。形制、紋飾與BRM1乙：28相同；BRM1乙：30器形完整，鏽甚。形制與BRM1乙：28基本相同，而紋飾有異。其鉦、

〔註4〕 盧連成、胡智生：《寶雞弜國墓地》，第96頁，文物出版社，1988年；方建軍：《中國音樂文物大系·陝西卷》，第29頁，大象出版社，1996年。

〔註5〕 盧連成、胡智生：《寶雞弜國墓地》，第415頁，文物出版社，1988年。

〔註6〕 盧連成、胡智生：《寶雞弜國墓地》，第281頁，文物出版社，1988年；方建軍：《中國音樂文物大系·陝西卷》，第31頁，大象出版社，1996年。

〔註7〕 盧連成、胡智生：《寶雞弜國墓地》，第415頁，文物出版社，1988年。

竹園溝 13 號墓編鐃 1 例是出自於墓葬，略述如下。

　　1980 年 5 月，陝西寶雞市竹園溝 13 號墓出土銅鐃 1 件（BZM13：9）（圖 30）。〔註 13〕該墓沒有墓道，出土器物 230 餘件（組）。其中青銅禮器有 26 件，包括鼎 7 件（圓鼎 5、方鼎 2）、簋 3 件和虎紋銅鉞等。經專家鑒定，墓主爲強國國君，墓葬時代爲西周早期的成、康之世。〔註 14〕從銅鐃的形製紋飾來看，高西省認爲此器應屬有幹的編鐃，時代當在商代末期。而且，在關中西部地區周文化中發現商人青銅器已是屢見不鮮，在強國墓地也是如此。如四川彭縣竹瓦街出土的兩件商代晚期銅觶一銘「覃父癸」，另一銘「牧正父己」。徐中舒認爲這兩件銅器爲殷族之物，爲蜀人參加武王伐商之戰利品或周人頒賜的擄獲物。〔註 15〕馮漢驥贊同其說。〔註 16〕竹園溝 7 號墓出土一件「覃父癸」銅爵，顯與彭縣「覃父癸」組爲一家之器；文獻又記載武王滅商後頒賜過殷人的宗廟彝器。可以確定，此鐃應是殷商時期的作品。〔註 17〕銅鐃保存完整，平舞，上置圓柱形甬，中空與體相通，甬上有半圓形幹。體合瓦形，于口弧曲，內壁光平。舞素麵，體飾浮雕獸面紋，正鼓部有方形臺面。此器具有殷商編鐃的典型特徵，只是甬上有一般編鐃上少見的幹。通高 19.5 釐米，重 1.7 千克。

圖 30　寶雞竹園溝 13 號墓鐃

〔註 13〕盧連成、胡智生：《寶雞強國墓地》，第 49～50 頁，文物出版社，1988 年。
〔註 14〕盧連成、胡智生：《寶雞強國墓地》，第 414 頁，文物出版社，1988 年。
〔註 15〕徐中舒：《四山彭縣濘陽鎮出土的殷代二觶》，《文物》1982 年第 6 期。
〔註 16〕馮漢驥：《四山彭縣出土的銅器》，《文物》1980 年第 12 期。
〔註 17〕高西省：《西周早期甬鍾比較研究》，第 16～17 頁，《文博》1995 年第 1 期。

第二節　西周樂懸制度初成

宗周建國之初，周公「製禮作樂」〔註18〕。「因爲殷的文化高於岐周，典禮制度比較完備……所以周人克殷之後大量採用了殷的文化。」〔註19〕即在「因於殷禮」的基礎上「損益」而成。雖然西周早期的禮樂器出土於墓葬的僅有 5 例，但是依然比較清晰的反映了這種現實。

一、樂懸的用器制度

在西周早期 5 例出土禮樂器的墓葬中，有 3 例墓主身份確定，墓葬時代清楚，那就是寶雞竹園溝 13 號強伯墓（BZM13）、強伯各墓（BZM7）和強伯䚸墓（BRM1）。它們均位於強國墓地，三位墓主又均是強國的幾代國君。「在西周考古發掘中，從一個諸侯國墓地能夠如此明確的推斷出數代國君的世系，是較爲少見的。」〔註20〕尤爲珍貴的是，四座強國國君墓葬中有三座均出土有禮樂器。周初強國與周人保持著較爲融洽的友好關係，可能參加武王伐商義舉，有功勳於王室，被分封於周畿附近的寶雞一帶。〔註21〕因此，強國墓地所反映出的禮制模式應爲西周早期周人樂懸制度的體現。「西周、春秋時期的考古資料表明，當時的諸侯、方國和貴族墓地，都嚴格地實行族葬制度。考察同一墓地各類墓葬青銅禮器的組合和變化，是研究這個諸侯方國內部社會結構、宗法等級制度最好的一條途徑。在奴隸社會中，青銅禮樂器是奴隸主貴族用來『明貴賤、辨等列』的重要標誌，每一座墓葬中青銅禮器的多寡、組合上的細微變化，都具有一定的社會意義。」〔註22〕目前強國墓地共發掘墓葬 27 座，根據隨葬器物的多少，可分爲 7 個級別。強伯䚸墓爲帶墓道的大墓。隨葬器物有鼎 8（方鼎 3、圓鼎 5）、簋 5、豆 4、尊 5 件等，是墓地中隨葬青銅禮器數量最多的一座，屬於第一類墓葬，等級最高。他的妻子井姬墓也屬於第一類墓葬，同爲帶墓道的大墓，隨葬青銅禮器有鼎 6（方鼎 1、圓鼎 5）、簋 5、豆 4、尊 5 件等，殉奴 2 人。與其丈夫強伯䚸墓相比，除少 2 件方鼎外，其餘禮器配置完全相同。其中的方鼎非一般器物，在商代，

〔註18〕《禮記·明堂位》，《禮記正義》卷三十一，《十三經注疏》（下），第 1488 頁，中華書局，1980 年。
〔註19〕顧頡剛：《周公製禮的傳說和〈周官〉一書的出現》，《文史》第六輯。
〔註20〕盧連成、胡智生：《寶雞強國墓地》，第 416 頁，文物出版社，1988 年。
〔註21〕盧連成、胡智生：《寶雞強國墓地》，第 415 頁，文物出版社，1988 年。
〔註22〕盧連成、胡智生：《寶雞強國墓地》，第 427～428 頁，文物出版社，1988 年。

方形青銅器是統治階級權力和地位的象徵。〔註23〕根據一些學者對方鼎類型及身份等級的研究，凡出土中型方鼎數量達 2 件的墓葬主人多為方國國君，個別為王室重臣，出土小型方鼎數量達 4 件的墓葬主人多為方國國君或其夫人。〔註24〕這 2 件方鼎是二者等級差別的標誌之一。但是，兩座墓葬的最大區別還不在於相差 2 件方鼎，而是禮樂器的配置。弢伯䄂墓隨葬有一套編甬鍾 3 件，銅鐸 1 件；而井姬墓則沒有隨葬任何青銅禮樂器，這才是二者等級差別最重要的標誌。這表明在西周早期，青銅編鍾應是方國國君專用的禮樂器，其配偶是無權享用的。這與殷商時期婦好墓禮樂器的配置有著異曲同工之妙：殷商婦好的地位非常顯赫，甚至經常代替商王武丁主持諸多祭祀活動；〔註25〕但她所享用的禮樂器也僅與一般諸侯和方國國君配置一樣，為編鐃和石磬，並非商王所用的鼉鼓和特磬。「成組的編鍾是標明墓主生前最高等級的重要文物。編鍾多用於廟堂祭祀和各種禮的活動，在諸侯方國之內，主持各種祭典和禮儀活動的只能是諸侯、國君。」〔註26〕無論在商王和王妃之間，還是西周早期的方國國君和王妃之間，在等級方面都有一條無法逾越的鴻溝。

　　三位弢伯的世系順序如下：弢伯（成、康之世）→ 弢伯各（康、昭之世）→弢伯䄂（昭、穆）。各代弢伯之間世系沒有間斷，上下承襲，比較明確。〔註27〕值得注意的是，同為弢伯，他們之間所配置的禮樂器也有不同。為了方便比較，現把這 3 代弢伯的墓葬資料列表（表 9）。

表 9　西周早期三代弢伯墓葬資料比較表

墓主及墓葬號	時　　代	墓道	隨葬青銅禮器	隨葬青銅禮樂器
弢伯 BZM13	成、康（前 1042～前 996）	無	鼎 7（圓鼎 5、方鼎 2）、簋 3 件等	編鐃 1 件
弢伯各 BZM7	康、昭（前 1020～前 977）	無	圓鼎 3、簋 2 件等	編甬鍾 3 件
弢伯䄂 BRM1	昭、穆（前 995～前 922）	單墓道	鼎 8（方鼎 3、圓鼎 5）、簋 5 件等	編甬鍾 3 件，銅鐸 1 件

〔註23〕劉一曼：《安陽殷墓青銅禮器組合的幾個問題》，《考古學報》1995 年第 4 期。
〔註24〕楊寶成、劉森森：《商周方鼎初論》，《考古》1991 年第 6 期。
〔註25〕王宇信、張永山、楊升南：《試論殷墟五號墓的「婦好」》，第 1～21 頁，《考古學報》1977 年第 2 期。
〔註26〕盧連成、胡智生：《寶雞弢國墓地》，第 429 頁，文物出版社，1988 年。
〔註27〕盧連成、胡智生：《寶雞弢國墓地》，第 415 頁，文物出版社，1988 年。

　　從表 9 來看，三代強伯在墓葬形制、隨葬禮器和禮樂器方面均有一定差別，「可能是墓主等級上的差距，反映出各代強伯生前地位高低的變化，體現了處在不同階段上強國國力興衰，在西周王室和畿內方國之間地位升降的變化。有些差別則可能是因時代早晚不同所造成的。」〔註 28〕成、康之世（前 1042～前 996）的強伯（BZM13）隨葬的禮樂器是編鐃，而非編甬鍾。可能因爲當時正處於西周初年，以編甬鍾爲主體的樂懸制度尚未建立，爲「猶用殷法」的結果。到第二代、第三代強伯，隨葬禮樂器均不見編鐃，而代之以編甬鍾。這正是「興正禮樂，度制於是改」的生動體現，說明西周樂懸制度已經初步確立。「據《尚書》、《國語》記載，穆王時，確曾『修其訓典』，對許多禮樂典章制度有所變革。」「實際上，康、昭之際已經開始。」〔註 29〕周代新生的青銅禮樂器——編甬鍾取代編鐃，首見於康、昭之世的強伯各墓，又見於昭、穆之世強伯牀墓，正是西周早期樂懸制度的眞實反映。殷禮標誌性的禮樂重器——編鐃逐步被周人廢止，而代之以編甬鍾的崛起，這應是殷商禮樂制度終結和西周樂懸制度初步建立的分水嶺。

　　編甬鍾是一種西周早期產生的新型樂鍾。關於它的來源，學術界爭議較大。目前主要有三種觀點。

　　第一種是編鐃起源說，以容庚〔註 30〕、郭沫若〔註 31〕、唐蘭〔註 32〕、郭寶鈞〔註 33〕、馬承源、方建軍等數位學者爲代表，主張西周甬鍾是由殷商編鐃發展而來。如馬承源指出：「據殷墟鐃的形式，毫無疑問，必然是兩周鍾的濫觴。」〔註 34〕「鍾的形式是從鐃演化而來。」〔註 35〕方建軍通過對陝西出土甬鍾的系統研究，進一步論證了西周甬鍾起源於中原編鐃，並認爲竹園溝 13 號墓出土的獸面紋鐃的時代應爲西周時期，它是商鐃發展到甬鍾的新例

〔註 28〕盧連成、胡智生：《寶雞強國墓地》，第 429 頁，文物出版社，1988 年。

〔註 29〕盧連成、胡智生：《寶雞強國墓地》，第 521 頁，文物出版社，1988 年。

〔註 30〕容庚：《商周彝器通考》（上），第 486 頁，哈佛燕京出版社，1941 年。

〔註 31〕郭沫若：《彝器形象學試探》，《兩周金文辭大系圖錄考釋》（第一冊），科學出版社，1957 年。

〔註 32〕唐蘭：《中國青銅器的起源與發展》，《故宮博物院院刊》1979 年第 1 期。

〔註 33〕郭寶鈞：《商周銅器群綜合研究》，第 63 頁，文物出版社，1981 年。

〔註 34〕馬承源：《商周青銅雙音鍾》，第 131 頁，《考古學報》1981 年第 1 期。

〔註 35〕馬承源：《中國青銅器》，第 283 頁，上海古籍出版社，1988 年；在馬先生的這部著作中，鍾指的是甬鍾，鐃僅指編鐃，不包括大鐃，大鐃在書中稱爲鉦（參見該書第 280 頁）

證。〔註36〕

　　近 20 年來，隨著考古學的快速發展和學術爭鳴的空前活躍，關於西周甬鍾來源的研究取得重大進展，越來越多的學者更贊同第二種觀點，那就是大鐃起源說，以高至喜、彭適凡、高西省、殷瑋璋、曹淑琴〔註37〕、王子初等學者為代表。高至喜從器型學角度出發，指出「從目前考古資料看，陝西出土的西周早期末段的甬鍾在本地區找不到它的淵源。殷人的小型銅鐃，似乎沒有被周人繼承下來而基本上絕迹了，所以西周早期的銅鐃至今沒有發現。而北方所出早期甬鍾卻與南方同期的甬鍾形制、花紋完全一致，說明了它們之間必有密切的聯繫。而南方甬鍾是從南方大鐃直接演變而來，序列清楚，沒有缺環。因此，我認為北方西周早中期甬鍾的出現應是受了南方甬鍾的影響。西周時期，不論是從文獻記載，還是從出土文物，都能說明南北之間已有相當密切政治上的關係和文化上的交往，周人完全有可能吸收南方的這種較為先進的樂器。」〔註38〕「在西周初年，當大鐃發展至它的最高形式的同時，樂工們也完成了大鐃向甬鍾的轉變，即在鐃上加上旋蟲，由仰擊變為懸敲，便成了甬鍾。」〔註39〕高西省認為：從西周早期甬鍾與編鐃的形制、結構、紋飾相比較來看，「西周早期甬鍾已相當成熟而商鐃較原始；西周早期甬鍾幹旋齊備，懸而鳴之，而商鐃無幹無旋，執而鳴之；西周早期鍾兩銑距明顯大於鑾長呈瘦高體，長甬，而商鐃銑距大於鑾長呈扁體，短甬；西周早期鍾兩銑尖侈，于弧凹程度大，而商鐃兩銑稍侈，于稍凹；西周早期鍾鉦、篆、枚、鼓等部位已成固定格式，規整化一，而商鐃均未見這些結構；西周早期鍾三十六枚呈雙疊圓臺狀，而商鐃無有乳枚結構；西周早期甬鍾之雲紋纖細、流暢，而商鐃卻不見這種紋飾。西周早期鍾已是甬鍾的完備形式。這種形式、這種結構之鍾並一直延續到春秋戰國時期沒有變化。顯而易見，西周早期甬鍾與商鐃之間無論從形制、紋飾，使用方法、結構及音響上有相當

〔註36〕　方建軍：《陝西出土西周和春秋時期甬鍾的初步考察》，《交響》1989 年第 3
　　　　期；方建軍：《西周早期甬鍾及甬鍾起源探討》，第 33～39 頁，《考古與文物，
　　　　1992 年第 1 期。

〔註37〕　殷瑋璋、曹淑琴：《長江流域早期甬鍾的形態學分析》，第 261～270 頁，《文
　　　　物與考古論集》，文物出版社，1986 年；曹淑琴、殷瑋璋：《早期甬鍾的區、
　　　　系、型研究》，第 231～254 頁，《考古學文化論集》，文物出版社，1989 年。

〔註38〕　高至喜：《中國南方出土商周銅鐃概論》，第 23 頁，《商周青銅器與楚文化》，
　　　　嶽麓書社，1999 年。

〔註39〕　彭適凡：《贛江流域出土商周銅鐃和甬鍾概述》，第 55 頁，《南方文物》1998
　　　　年第 1 期。

一段距離。與其它西周早期青銅器如鼎、毀、卣等幾乎與商末同類器沒有區別的情況迥然不同，這只能說明周人青銅甬鍾不是由中原商晚期鐃直接發展而來的，而是另有源淵。……江南西周甬鍾是由商晚期鏞直接發展而來的也是勿庸質疑的。」〔註40〕王子初師則從器型學和音樂考古學等多角度對其進行綜合考察，指出「盛行於商代晚期和西周早期的南方大鐃，其器形的特點是：主體作合瓦形，于口弧曲，下有圓筒形甬，仰擊，器形大，多見單個出土，敲擊其側鼓和正鼓，可發兩個不同的樂音，多為大三度或小三度。這些特徵，與甬鍾一脈相承；而與北方的成編的小型商鐃有著明顯的區別。並且，南方各型大鐃的演變過程，從最初鐃獸面紋逐漸簡化，僅剩兩隻眼睛，繼而以雲紋布滿全身；過渡到雲紋消失，乳釘出現；再過渡到乳釘周圍雲紋不斷減少而形成『篆間』，進而鉦周圍、鉦中部兩側用圈點紋或乳釘紋框邊，『鉦間』出現，乳釘不斷升高成尖錐狀，或作雙疊圓臺狀，進而作平頭柱狀，『篆間』也用圈點或乳釘框邊，這樣便形成了除甬部旋上無『旋蟲』之外，其餘已與甬鍾沒有任何區別最後式樣。由此也可證明，甬鍾應是由南方銅鐃發展演變而來。」〔註41〕

除了以上兩種觀點外，還有一種觀點，那就是折衷起源說，或曰南北交流說。實際上，這種折中觀點並非近年學者的突破與創見，20世紀50年代的陳夢家就曾提出甬鍾乃由編鐃經南方大鐃演變而成。〔註42〕20世紀90年代以後，李純一、朱文瑋、呂琪昌、陳荃有等學者在對前兩種觀點辨析後，進一步闡明了這種折中觀點。李純一指出：「西周編甬鍾是在繼承殷庸〔註43〕傳統的基礎上，吸收南方II型鏞的長處，一方面擴大共鳴腔（即鍾體），以增加音量；另一方面將乳狀短枚改進為二疊圓臺狀長枚，再輔以鉦篆邊框上的小乳釘，以增強其負載作用，從而使性能得到提高。」〔註44〕陳荃有非常贊同李先生的觀點。「研讀爭論雙方的學術觀點，我認為無論持鏞起源論者還是持編庸起源論者均有無法解釋的學術盲區。這些雙方均未著墨談及的彼此盲區，是決定甬鍾起源不可或缺的證據，任何一方不能給予圓滿答覆，其論點都值得懷疑。」「今天的考古成果已越來越多地向我們顯示：西周甬鍾

〔註40〕高西省：《西周早期甬鍾比較研究》，第17頁，《文博》1995年第1期。
〔註41〕王子初：《中國音樂考古學》，第145頁，福建教育出版社，2003年。
〔註42〕陳夢家：《西周銅器斷代》（五），《考古學報》1956年第3期。
〔註43〕庸指編鐃，李純一的觀點。目前學術界還沒有達成一致，本文沿用考古界比較多用的編鐃之名。下文均同，不再另注。
〔註44〕李純一：《中國上古出土樂器綜論》，第186頁，文物出版社，1996年。

的形式是繼承了編庸成編的傳統和柄上出現掛環或穿可懸鳴的奏法，同時吸收南方鏞體的乳枚並擴大鍾體，以改善音響，借鑒南方鏞體常見的繁褥紋飾作爲器體修飾，使甬鍾無論從音質還是從外觀都發生了巨大的變化。西周甬鍾的這種基本型式應是南北文化交流的結晶，它體現了中華民族先民富於創造的天才傑作。」〔註 45〕臺灣的朱文瑋、呂琪昌與陳說大同小異，「認爲甬鍾的來源，非所謂『南來說』或『北來說』所能盡涵，因而主張『南北交流說』。即甬鍾之鍾面的形式和『旋』的存在，應是源於南方『句鑃』；而鍾之三件一組的編制和懸鍾的『幹』，則可在北方商『庸』找到源頭。」〔註 46〕

　　對於第三種折中觀點，它似乎兼顧了兩種對立觀點的長處，也彌補了兩者之間的矛盾。但是筆者認爲，這種折中起源說還有一個重要問題需要進一步談清楚，那就是：西周甬鍾是以編鐃爲基礎，吸收南方大鐃的某些因素而成？還是以南方大鐃爲基礎，吸收編鐃的某些因素而成？如果這個問題談不清楚，西周甬鍾的眞正來源也難以得到澄清。李純一認爲西周編甬鍾是在繼承編鐃傳統的基礎上，吸收南方 II 型大鐃的長處發展而來，可名之曰編鐃改良起源說。李先生指出，「南方地區發現的一些 IIa 式甬鍾，當是由中原地區傳入，或者是由當地居民所仿製。」〔註 47〕顯然，他的觀點是甬鍾首先形成於北方，後傳入南方。筆者認爲此觀點值得商榷。對於大鐃起源說，前文已有引述，高西省、高至喜、彭適凡、王子初等學者已經論述得非常深入透徹，筆者認爲這種觀點合理之處更多。當然此說也有盲點，陳荃有認爲其「忽略或避開了兩個至爲關鍵的細節，即編列問題和奏法問題。」〔註 48〕這與臺灣的朱文瑋、呂琪昌的質疑〔註 49〕如出一轍。對於編列問題，筆者認爲其與甬鍾的起源無關，這是一個關於如何使用甬鍾的問題，如果單件使用，有學者稱之爲特鍾，如果成編使用，則爲編鍾。關於奏法問題，「甬鍾的甬上有旋和幹，個別甬端還有穿，可以懸掛擊奏，這是甬鍾之所以在青銅樂鍾發展歷程中具有里程碑意義的關鍵所在。南方鏞——即使後期南方鏞也均不具備可懸之幹，所以只能口上柄下植奏，而殷庸具備了可懸奏的幹狀掛，特別是在寶雞竹園溝 M13 出土特庸的柄上有一個半圓環，當可懸奏，同墓地時間稍遲於

〔註 45〕陳荃有：《懸鍾的發生及雙音鍾的鑒定》，第 20 頁，《交響》2000 年第 4 期。
〔註 46〕朱文瑋、呂琪昌：《先秦樂鍾之研究》，第 156 頁，臺北南天書局，1994 年；
　　　　南來說指大鐃起源說，北來說指編鐃起源說；句鑃指大鐃，庸指編鐃。
〔註 47〕李純一：《中國上古出土樂器綜論》，第 186 頁，文物出版社，1996 年。
〔註 48〕陳荃有：《懸鍾的發生及雙音鍾的鑒定》，第 19～20 頁，《交響》2000 年第 4 期。
〔註 49〕朱文瑋、呂琪昌：《先秦樂鍾之研究》，第 156 頁，臺北南天書局，1994 年。

M13 的 M7 即出土了三件套帶旋、斡的甬鍾，所以甬鍾上的斡很可能就是庸柄上的掛環演變而成。」〔註 50〕陳說是也。除了有斡的寶雞竹園溝 M13 編鐃之外，現藏於上海博物館的亞𠷎鐃（圖 31）柄上也有斡，而且是雙斡，其時代爲殷墟文化三期。〔註 51〕所以，西周甬鍾用於懸掛的斡來源於編鐃應該是沒有問題的。因此，筆者認爲，中原西周甬鍾的形成主要是以南方大鐃爲基礎，又吸收殷商編鐃的某些因素而成，可名之爲大鐃改良起源說。同時，西周甬鍾應該首先形成於南方。「陝西寶雞、長安所出西周早期後段和中期之初的甬鍾，應是傳自南方。它們北傳的路線可能有兩條，一條是經湖北東南部的揚越之地直接傳入北方，另一條可能是經楚地再傳入周人地區。」〔註 52〕而非李純一所言南方地區發現的一些甬鍾，當是由中原地區傳入，或者是由當地居民所仿製的。此外，大鐃雖然不具備可懸之斡，但也可以懸奏，「關於 II、III 型鏞〔註 53〕的懸掛方法有兩種可能：一是把繩繫在舞旋之間的柄根上，旋可防止繩結從柄上滑脫下來；一是把……比較起來，前一種懸法比較簡便易行，並且不會產生阻尼作用，所以有較大的實用性和可能性。」〔註 54〕如此說來，有旋的大鐃應該已經可以懸奏了。這種既可植奏又可懸奏的南方大鐃，應該正是大鐃向甬鍾演變過渡階段的產物。

圖 31　亞𠷎鐃

〔註 50〕陳荃有：《懸鍾的發生及雙音鍾的釐定》，第 20 頁，《交響》2000 年第 4 期。

〔註 51〕馬承源：《中國音樂文物大系・上海卷》，第 8 頁，大象出版社，1996 年；曹定云：《殷代的「竹」與「孤竹」》，《華夏考古》1988 年第 3 期。

〔註 52〕王子初：《中國音樂考古學》，第 146～147 頁，福建教育出版社，2003 年。

〔註 53〕指有旋的大鐃。

〔註 54〕李純一：《中國上古出土樂器綜論》，第 142 頁，文物出版社，1996 年。

　　此外，殷禮中使用的青銅禮樂器鎛、大鐃，石質禮樂器特磬，在西周早期仍有出土。目前，西周早期的鎛只有 2 件（參見附表 6），分別爲資興獸面紋鎛〔註 55〕、衡陽金蘭市鎛〔註 56〕，均出自今湖南省境內，說明這種後來在西周樂懸制度中佔據重要地位的青銅樂器在西周早期還沒有傳到周人地區，當然更沒有可能被用於西周樂懸制度之中。大鐃共有 63 件之多（參見附表 8），分別出自今湖北、湖南、江西、浙江、廣西五省境內，不見於中原地區，這也從另一側面說明由大鐃改良而成的西周甬鍾應該首先形成於南方，而後傳入周人地區。以上 2 種殷禮中的青銅禮樂器都是出自南方荊楚百越之地，且不見於墓葬。可能在西周早期，它們還只是江南諸多方國祭祀活動中的一種法器，而非身份地位象徵的禮樂器。西周早期的石磬只有 4 例，分別爲膠縣張家莊特磬〔註 57〕、淅川下王崗特磬（2 件）〔註 58〕、扶風齊鎮特磬〔註 59〕、扶風雲塘特磬〔註 60〕。在以上 4 例西周早期石磬中，有 2 例出自周人地區，但卻不見於墓葬，而是出自建築或生活遺址，可能這種在殷禮中使用比較普遍的禮樂器還沒有爲西周早期的統治者所重視，這時的特磬很可能與南方的鎛、大鐃一樣，仍是祭祀活動中的法器而已。

　　在西周早期出土青銅禮樂器的 5 例墓葬中，有 3 例墓主身份確定，他們均爲強國的歷代國君。而在殷禮中，享用青銅禮樂器不是中、高級貴族的特權。在 12 例僅出土編鐃的商代墓葬中，有 4 座墓葬的主人爲地位一般的奴隸主貴族。特別是青州蘇埠屯 8 號墓的墓主，他僅是薄姑方國的高級貴族而已，但卻享用編鐃和特磬的配置。「青銅器是貴族統治權力的象徵，在商人的基礎上，西周時代貴族對其重視的程度進一步得到加強。」〔註 61〕

〔註 55〕 高至喜：《論商周銅鎛》，第 38～43 頁，《商周青銅器與楚文化研究》，嶽麓書社，1999 年；高至喜、熊傳薪：《中國音樂文物大系・湖南卷》，大象出版社，2006 年。

〔註 56〕 馮玉輝：《衡陽博物館收藏三件周代銅器》，第 95 頁，《文物》1980 年第 11 期；高至喜：《論商周銅鎛》，第 38～43 頁，《商周青銅器與楚文化研究》，嶽麓書社，1999 年。

〔註 57〕 周昌福、溫增源：《中國音樂文物大系・山東卷》，第 142 頁，大象出版社，2001 年。

〔註 58〕 河南省文物考古研究所等：《淅川下王崗》，第 331 頁，文物出版社，1989 年；趙世綱：《中國音樂文物大系・河南卷》，第 68 頁，大象出版社，1996 年。

〔註 59〕 方建軍：《中國音樂文物大系・陝西卷》，第 16 頁，大象出版社，1996 年。

〔註 60〕 周原考古隊：《陝西縣雲塘、西周建築基址 1999～2000 年度發掘簡報》，第 22 頁，《考古》2002 年第 9 期。

〔註 61〕 杜迺松：《中國青銅器發展史》，第 43 頁，紫禁城出版社，1995 年。

二、樂懸的擺列制度

從考古發現來看，西周早期的樂懸制度僅用編甬鍾，而鎛、石磬還未使用。目前所知，西周早期的甬鍾實物有 13 例 24 件（參見附表 7）。其中，見於周人地區的僅有 5 例，即弪伯各墓編甬鍾〔註 62〕、弪伯馪墓編甬鍾〔註 63〕、臨潼南羅甬鍾〔註 64〕、扶風黃堆 4 號墓甬鍾〔註 65〕、鳳翔東關甬鍾〔註 66〕，其餘 8 例均出自今湖北、湖南、江西等荊楚、百越地區。無論是周歧地區、還是荊楚、百越之地，編甬鍾的數量和規模還非常有限。但其編列已經有規可循，有 2 件一肆（組），如江陵江北農場編甬鍾〔註 67〕、大冶羅橋編甬鍾〔註 68〕、晉侯蘇鍾 I 式和 II 式〔註 69〕；有 3 件一肆（組），如弪伯各墓編甬鍾、弪伯馪墓編甬鍾，與殷商編鐃的編列一脈相承。其規模還只有一架鍾虡懸掛一套編鍾（2 或 3 件），即一堵一肆而已，遠沒有達到如《周禮》所載「王宮懸，諸侯軒懸，卿、大夫判懸，士特懸」〔註 70〕的規模。

堵與肆，是西周樂懸擺列制度中聚訟不已的概念。關於堵、肆，最早的記載是《周禮・春官・小胥》：「王宮懸，諸侯軒懸，卿、大夫判懸，士特懸，辨其聲。凡懸鍾磬，半爲堵，全爲肆。」〔註 71〕堵與肆無疑是樂懸擺列制度中的一個重要問題。

《周禮・春官・小胥》鄭玄注：「鍾磬者，編懸之，二八十六枚而在一

〔註 62〕 盧連成、胡智生：《寶雞弪國墓地》，第 96 頁，文物出版社，1988 年；方建軍：《中國音樂文物大系・陝西卷》，第 29 頁，大象出版社，1996 年。

〔註 63〕 盧連成、胡智生：《寶雞弪國墓地》，第 281 頁，文物出版社，1988 年；方建軍：《中國音樂文物大系・陝西卷》，第 31 頁，大象出版社，1996 年。

〔註 64〕 趙康民：《臨潼零口再次發現西周銅器》，《考古與文物》1983 年第 3 期；方建軍：《中國音樂文物大系・陝西卷》，第 32 頁，大象出版社，1996 年。

〔註 65〕 方建軍：《中國音樂文物大系・陝西卷》，第 33 頁，大象出版社，1996 年。

〔註 66〕 高次若：《寶雞市博物館藏青銅器介紹》，《考古與文物》1991 年第 5 期；方建軍：《中國音樂文物大系・陝西卷》，第 34 頁，大象出版社，1996 年。

〔註 67〕 何駑：《湖北江陵江北農場出土商周青銅器》，第 86～90 頁，《文物》1994 年第 9 期；

〔註 68〕 梅正國、余爲民：《湖北大冶羅橋出土商周青銅器》，《文物資料叢刊》第五輯。

〔註 69〕 王子初：《晉侯蘇鍾的音樂學研究》，第 23～30 頁，《文物》1998 年第 5 期。

〔註 70〕 《周禮・春官・小胥》，《周禮注疏》卷二十三，《十三經注疏》（上），第 795 頁，中華書局，1980 年。

〔註 71〕 《周禮注疏》卷二十三，《十三經注疏》（上），第 795 頁，中華書局，1980 年。

簨謂之堵。鍾一堵，磬一堵，謂之肆。」〔註72〕鄭氏認爲 16 件編鍾或者編磬懸掛於一虡爲一堵，一堵編鍾和一堵編磬合稱一肆。唐・孔穎達比較認同鄭氏之說，不同之處在於他把鄭玄的堵鍾、堵磬合懸於一虡，這樣的一虡即爲一肆，單有編鍾或者編磬均爲半。〔註73〕《左傳・襄公十一年》載：「鄭人賂晉侯以師悝、師觸、師蠲……歌鍾二肆，及其鎛磬，女樂二八。」杜預注：「肆，列也。懸鍾十六爲一肆，二肆三十二枚。」〔註74〕杜預認爲，肆爲列，每肆 16 件，不包括編磬，與鄭玄、孔穎達所言之肆有別。孫詒讓〔註75〕、陳暘〔註76〕、徐元誥〔註77〕和楊伯峻〔註78〕均支持杜預的觀點，認爲編鍾可以單獨稱肆，與磬無涉。那麼，一肆如鄭玄、孔穎達所言鍾、磬俱全呢？還是如杜預等所謂的編鍾可以單獨稱肆，與磬無涉呢？從出土實物來看，杜預等人之說不無道理。1996 年至 1997 年，河南新鄭市鄭韓故城祭祀遺址清理出 11 座樂器坑，出土編鍾 206 件，是目前中國音樂考古史上一地出土編鍾數量最多的一例，但是卻沒有出土編磬。同出大牢九鼎共 5 套，合計 45 件，應爲天子的規格。〔註79〕這麼高的規格，這麼多的編鍾，如果說就因爲沒有編磬還不足一肆，恐怕令人難以信服。同時，一些禮樂器的銘文也可爲證，如邵鍾銘文：「大鍾八肆，其竈四堵」；洹子孟姜壺：「鼓鐘一肆」等。而且，不僅鍾可以稱肆，其他「或是大小相次的一類銅器，或是大小相等的一類銅器，或是數類相關銅器的組合」都可稱肆。〔註80〕因此筆者認爲，編鍾、編磬都可以單獨稱肆；一肆編鍾或編磬，應該是指一組編鍾或編磬。

〔註72〕《周禮注疏》卷二十三，《十三經注疏》（上），第 795 頁，中華書局，1980年。

〔註73〕《春秋左傳正義》卷三十一，《十三經注疏》（下），第 1951 頁，中華書局，1980 年。

〔註74〕《春秋左傳正義》卷三十一，《十三經注疏》（下），第 1951 頁，中華書局，1980 年。

〔註75〕孫詒讓：《周禮正義》，1831 頁，中華書局，1987 年。

〔註76〕陳暘：《周禮・春官・小胥》訓義，《樂書》卷四十五，光緒丙子（1876）刊本。

〔註77〕徐元誥（王樹民、沈長雲點校）：《國語集解》，第 413～414 頁，中華書局，2002 年。

〔註78〕楊伯峻：《春秋左傳注》，第 991～992 頁，中華書局，1990 年。

〔註79〕河南省文物考古研究所：《河南新鄭市鄭韓故城鄭國祭祀遺址發掘簡報》，第73～77 頁，《考古》2000 年第 2 期；河南省文物考古研究所：《河南新鄭鄭韓故城東周祭祀遺址》，第 12 頁，《文物》2005 年第 10 期。

〔註80〕陳夢家：《西周銅器斷代》（三），第 73 頁，《考古學報》1956 年第 1 期。

　　以上這些學者探討的都是肆，那麼何謂堵呢？《周禮·春官·小胥》載：
「凡懸鍾磬，半爲堵，全爲肆。」〔註81〕唐蘭懷疑其爲誤倒，其本文當爲
「全爲堵，半爲肆」。〔註82〕陳雙新認爲：「『堵』指古代用版築法築的土牆，
有五版的高度，而編鍾懸於鍾架後正與此相似。」〔註83〕正如王國維所言：
「案堵之名出於垣牆，牆制高廣各一丈謂之堵，鍾磬廣之高，以擊者爲度，
高廣亦不能逾丈。」〔註84〕其實，堵之此種涵義原來就有學者明確指出過，
但是不知爲何從來沒有被歷代學者所注意，那就是《周禮·春官·小胥》賈
公彥疏：「云堵者，若牆之一堵」，〔註85〕簡單明瞭。李純一則認爲以上諸
家觀點均不可取，「其實先秦時期的堵肆並無嚴格區別，一套大小相次的編
鍾既可稱之爲堵，又可稱之爲肆。」〔註86〕到底哪種觀點更爲合理呢？筆
者認爲，所謂一堵，應指一虡編鍾或者一虡編磬，一堵可懸鍾、磬一或數層，
每層可懸一或兩肆，曾侯乙編鍾、編磬就是典型例證。正如黃錫全、于柄文
所言：「所謂『鍾一肆』，可能是指大小相次的編鍾一組，多少不等。……所
謂『堵』，可能就是一虡（一排，似一堵牆），由上下三層或兩層，邵鍾『大
鍾八肆，其竃四堵』，可能就是八組大鍾，分四虡（排）懸掛，每虡二層。
鄭玄所謂『二八在一虡爲一堵』，可能是指一虡兩層，一層8件。」〔註87〕
黃說極是。

三、樂懸的音列制度

　　西周早期的編鍾最多爲3件一組，側鼓部均沒有鳳鳥紋等側鼓音演奏標
記，而且于口內均無調音銼磨痕迹，說明這一時期的編鍾還是與編鐃一樣爲
單音鍾，因此音列簡單。例如弦伯各墓編甬鍾可以構成宮－角－宮的三音列

〔註81〕《周禮注疏》卷二十三，《十三經注疏》（上），第795頁，中華書局，1980年。
〔註82〕唐蘭：《古樂器小記》，第77～78頁，《燕京學報》第14期。
〔註83〕陳雙新：《兩周青銅樂器銘辭研究》，第24頁，河北大學出版社，2002年。
〔註84〕王國維：《觀堂集林·漢南呂編磬跋》（別集卷二），第1217頁，中華書局，1959年。
〔註85〕《周禮注疏》卷二十三，《十三經注疏》（上），第795頁，中華書局，1980年。
〔註86〕李純一：《中國上古出土樂器綜論》，第288頁，文物出版社，1996年。
〔註87〕黃錫全、于柄文：《山西晉侯墓地所出楚公逆鍾銘文初釋》，第175頁，《考古》1995年第2期。

（參見表 10），強伯殆墓編甬鍾可以構成羽－宮－羽的三音列（參見表 11）。

表 10　強伯各墓編甬鍾測音數據分析表〔註 88〕

序號	標　本　號	正　鼓　音		側　鼓　音	
		音　高	階　名	音　高	階　名
1	BZM7：12	b^1-35	宮	$^{\#}d^2$-84	角↓
2	BZM7：11	$^{\#}d^2$+28	角↑	$^{\#}f^2$+113	徵↑
3	BZM7：10	b^2+35	宮↑	$^{\#}d^3$+53	角↑

單位：音分

表 11　強伯殆墓編甬鍾測音數據分析表〔註 89〕

序號	標　本　號	正　鼓　音		側　鼓　音	
		音　高	階　名	音　高	階　名
1	BZM1 乙：28	$^{b}b^1$-57	羽	－	宮
2	BZM1 乙：29	$^{b}d^2$+17	宮↑	f^2+32	角
3	BZM1 乙：30	$^{b}b^2$+141	羽↑	$^{b}d^3$+94	和↑

單位：音分

　　從以上幾部分的分析來看，西周早期的樂懸制度在「因於殷禮」的同時又有所「損益」是非常清楚的。首先，西周初期成、康之世的強伯墓還隨葬禮樂器編鐃。而其後康、昭之世的強伯各墓和昭、穆之世強伯殆墓隨葬的禮樂器均出現了編甬鍾——由南方大鐃改良而成的一種西周早期的新型樂鍾。「殷禮」標誌性的禮樂重器——編鐃被周人廢止，而代之以編甬鍾——西周樂懸制度的標誌性禮樂重器，這應是殷商禮樂制度終結和西周樂懸制度初步建立的分水嶺與界標。其次，西周統治者對青銅禮樂器重視的程度比殷商時期進一步加強，青銅編鍾成為方國國君專用的禮樂器，其配偶也無權享用。再者，「殷禮」中使用的青銅禮樂器鎛、大鐃，石質禮樂器特磬，在西周早期仍有出土，但均不見於墓葬。說明在西周早期，它們很可能只是周人以及江南諸多方國祭祀活動中的一種法器，還沒有進入作為身份地位象徵的樂懸之中。

〔註 88〕方建軍：《中國音樂文物大系・陝西卷》，第 29 頁，大象出版社，1996 年。
〔註 89〕方建軍：《中國音樂文物大系・陝西卷》，第 31 頁，大象出版社，1996 年。

此外，西周早期編甬鍾的編列主要繼承了編鐃 3 件一組的模式，一般 3 或 2 件一肆（組），其規模只有一堵一肆而已，遠遠沒有達到如《周禮》所載「王宮懸，諸侯軒懸，卿、大夫判懸，士特懸」〔註90〕的規模。

〔註90〕《周禮·春官·小胥》，《周禮注疏》卷二十三，《十三經注疏》（上），第 795 頁，中華書局，1980 年。

第三章　西周樂懸制度的發展

　　西周早期，周公「製禮作樂」〔註1〕，在「因於殷禮」的基礎上有所「損益」，初步建立了以編甬鍾爲代表的西周樂懸制度。但是無論從用器制度，還是從擺列制度、音列制度方面來看，這時的樂懸制度尚處於初創階段。隨著西周經濟的發展繁榮和政治制度的完善，至西周中期〔註2〕，樂懸制度獲得重大發展，許多方面得到初步完善。

第一節　西周中期鍾磬樂懸及其考古資料分析

　　西周中期的鍾磬樂懸實物，以窖藏、傳世或徵集者居多。但是從爲數不多的發掘資料中，還是可以得到一些比較清楚的認識。比起語焉不詳的先秦文獻來，要眞切得多。在西周中期的鍾磬樂懸中，絕大多數仍爲編甬鍾，並且出現與編磬共出的配置，編甬鍾和編磬的基本組合已經形成；特磬、鎛仍有少量出土；大鐃和編鐃則在這一時期完全退出了歷史的舞臺。

一、僅出編甬鍾的墓葬和窖藏

　　西周中期的甬鍾實物有 48 例 121 件之多（參見附表 7）。在這 121 件甬鍾實物中，出土於墓葬的只有 3 例 10 件，僅出編甬鍾的墓葬有 2 例，即晉侯 9號墓和長甶墓。

〔註1〕　《禮記・明堂位》,《禮記正義》卷三十一,《十三經注疏》（下）,第 1488 頁,
　　　　中華書局,1980 年。
〔註2〕　指穆、恭、懿、孝、夷五世。

1・晉侯9號墓〔註3〕

1992 年 10 月至 1993 年元月，山西曲沃縣曲村鎮北趙村 9 號墓出土編甬鍾 4 件（圖 32）。經考古專家鑒定，墓主應爲晉武侯（寧族），時代爲西周中期的穆王之世。〔註4〕此墓未被盜掘，一槨兩棺，4 件甬鍾置於槨室的南端。殉車 7 輛。《禮記・檀弓下》：「國君七個，遣車七乘；大夫五個，遣車五乘。」〔註5〕殉車七乘，符合諸侯之禮。

編鍾保存較好，形制相同，大小相次。銹甚。圓柱形甬，封衡。于口內無調音銼磨。圓柱枚 36 個。鉦、篆四邊以小乳釘爲界。鼓部爲獸面紋，其餘部分紋飾銹蝕不清。其中，285 號表面銹蝕最重，312 號甬上端殘。4 件編鍾（286、312、287、285 號）通高分別爲 35.8、34.0、32.2、30.6 釐米。

2・長甶墓〔註6〕

1954 年，陝西長安普渡村長甶墓出土編甬鍾 3 件（圖 33）。同出器物很多，不少被農民挖掉，可能會有缺失。現存器物中有鼎 4、簋 2 件等，還有西周中期墓葬中極爲少見的觚（2 件）和爵（2 件）。其墓葬形式也與殷墓相似，有腰坑和殉狗，這些都是殷文化的顯著特徵。根據同墓出土的銅盉銘文可知，其時代爲穆王後期，墓主爲長甶，爲長國的後裔。長國曾是一個與商朝關係密切的方國。周滅商後又臣服於周。該墓隨葬器物組合爲食器、酒器、水器和樂器四類俱全，這種禮器組合是穆王時期等級最高的，爲中級或中級以上貴族方能享用，以強伯觸墓（BRM1），其妻井姬墓（BRM2）和長甶墓爲代表。〔註7〕如此看來，長甶的級別與方國國君相當。

編甬鍾共計 3 件（4 號、3 號、2 號），形制相同，大小相次，紋飾略有差異。舞平，上置圓柱形空甬，與體腔相通。甬上有旋有幹，旋上飾捲曲紋，間以小乳釘。鍾體呈合瓦形，于口弧曲，舞面飾變形獸面紋。鉦側各組枚間

〔註3〕 北京大學考古學系、山西省考古研究所：《天馬——曲村遺址北趙晉侯墓地第二次發掘》，第 4～28 頁，《文物》1994 年第 1 期；劉緒：《天馬——曲村遺址晉侯墓地及相關問題》，《三晉考古》第一輯，山西人民出版社，1994 年；項陽、陶正剛：《中國音樂文物大系・山西卷》，第 47 頁，大象出版社，2000 年。

〔註4〕 北京大學考古學系、山西省考古研究所：《天馬——曲村遺址北趙晉侯墓地第五次發掘》，第 37 頁，《文物》1995 年第 7 期。

〔註5〕 《禮記正義》卷九，《十三經注疏》（上），第 1303 頁，中華書局，1980 年。

〔註6〕 陝西省文物管理委員會：《長安普渡村西周墓的發掘》，第 75～86 頁，《考古學報》1957 年第 1 期。

〔註7〕 盧連成、胡智生：《寶雞強國墓地》，第 517 頁，文物出版社，1988 年。

及篆間均以等距排列的小乳釘為界。兩面共有 36 長枚。篆間及鼓部飾捲曲紋。唯最小一鍾旋及舞上無紋飾，篆間紋飾也略有不同，其枚亦較前二者稍長。各鍾（4 號、3 號、2 號）通高分別為 48.5、44.0、38.2 釐米，重量分別為 19.8、18.0、6.7 千克。

圖 32　晉侯 9 號墓編鍾

圖 33　長甶墓編鍾

在以上 2 例僅配置甬鍾的西周中期墓葬中，墓主身份明確，一位是晉武侯（寧族），另一位是國君級別的長甶，說明在西周中期，編甬鍾仍非一般貴族所能享用，而是諸侯或方國國君級別的貴族才能使用的禮樂重器。

西周中期僅出土編甬鍾的考古資料除了以上 2 例外，扶風莊白 1 號西周青銅器窖藏編甬鍾也是非常有研究價值的一例。儘管編甬鍾不是出於墓葬，但是其時代清楚，器主的身份等級明確，也是研究西周中期樂懸制度的珍貴資料。窖藏於 1976 年 12 月發掘，器物放置有序，沒經盜擾。出土青銅器共計 103 件，其中編甬鍾 21 件。〔註 8〕經考古專家鑒定，此為微氏家族銅器窖藏。通過對青銅器銘文研究可知，微氏一族七代為史，從武王時開始，經歷成王、康王、昭王、穆王、共王、懿王，一直到夷王。編鍾的器主為微伯瘨，活動於孝、夷之時，瘨所作器有盨 2 件、壺 4 件、簋 8 件、爵 3 件、盆 2 件、鬲 5 件、鼎 1 件等共計 42 件銅器。那麼編鍾的器主微伯瘨在當時任何官職？等級如何呢？「微氏這一族，從高祖起，到瘨，先後七代，都擔任史官之職。……瘨鍾二載『瘨不敢弗帥且（祖）考，秉明德虔夙夕，左尹氏。』值得重視的是，高祖、亞祖和文考的職司都是『疋尹』的，瘨繼承祖考而擔任的職司也是『左尹氏』。『疋尹』和『左尹氏』的意義相同。『尹

〔註 8〕　陝西周原考古隊：《陝西扶風莊白一號西周青銅器窖藏發掘簡報》，第 1～18 頁，《文物》1978 年第 3 期；陝西省考古研究所等：《陝西出土商周青銅器（二）》，文物出版社，1980 年；方建軍：《中國音樂文物大系‧陝西卷》，第 37～50 頁，大象出版社，1996 年。

氏』在西周就是史官之長『太史』，他是太史僚的長官，和作爲卿士僚長官
的『太師』，同爲朝廷執政大臣，都是公爵。」〔註9〕也就是說，微伯瘨曾
擔任西周太史僚的長官「太史」，屬三公之一，是位列於周天子之下的權臣。
《尚書‧周書‧顧命》載：成王死後，康王即位典禮是當時朝廷上最重大
的冊命禮，就是由三公，即太保、太史、太宗主持。〔註10〕

　　微伯瘨的身份地位已明，下面看看他的樂懸配置。所出有銘和無銘瘨鍾共
計21件，均保存完好。平舞，上置圓柱形甬。體合瓦形。多數編鍾于口內壁
有調音銼磨痕迹。有的側鼓部還飾有鳳鳥紋，作爲側鼓音的演奏標記。根據
形製紋飾的不同，考古界把這21件瘨鍾分爲七式。〔註11〕

　　一式瘨鍾，1件（圖34）。于口內壁有隧4條。絢紋幹，舞部飾粗陰線雲
紋，鉦、篆四邊以細陽線夾連珠紋爲界，篆、鼓飾細陽線雲紋。鉦間、兩銑
有銘文103字；二式瘨鍾，4件。其中76FZH1：29（圖35）于口內壁有隧2
條。幹飾鱗紋，旋飾四乳釘，舞、篆飾陰線雲紋，鉦、篆四邊以粗陽線爲界，
鼓飾顧夔紋。鉦間、兩銑有銘文104字。76FZH1：10形制、紋飾、銘文均與
76FZH1：29相同，惟于口內壁有隧1條。76FZH1：9（圖36）形制、紋飾、
銘文均與 76FZH1：29 相同，惟右側鼓增飾鳳鳥紋，于口內壁有隧 5 條。
76FZH1：32形制、紋飾和銘文均與76FZH1：29相同，惟右側鼓增飾鳳鳥紋，
于口內壁有隧 4 條；三式瘨鍾，6 件。其中 76FZH1：8（圖37）內壁有隧 4
條。旋飾竊曲紋夾乳釘，舞飾陰線雲紋，鉦、篆四邊以粗陽線弦紋爲界，篆
飾對角雙頭龍紋，鼓飾顧夔紋。鉦間有銘文 33 字。76FZH1：30 形制、紋飾
與 76FZH1：8 相同，惟內壁光平，鉦間有銘文 35 字。76FZH1：16（圖 38）
形制、紋飾與 76FZH1：30 相同，惟右側鼓增飾鳳鳥紋。鉦間有銘文 12 字。
76FZH1：33 形制、紋飾與 76FZH1：16 相同，惟內壁有隧 3 條。鉦間有銘文
12 字。76FZH1：62 形制、紋飾與 76FZH1：16 相同，惟內壁有隧 3 條。鉦間
有銘文 10 字。76FZH1：65 形制、紋飾與 76FZH1：16 相同，惟于口內壁有
隧 5 條。鉦間有銘文 8 字；四式瘨鍾，3 件。其中 76FZH1：28（圖 39）于口
內壁有隧 4 條。旋飾竊曲紋夾乳釘，幹飾鱗紋，舞、篆飾陰線雲紋，鼓飾顧
夔紋，右側鼓飾鳳鳥紋。鉦間有銘文 8 字。76FZH1：31 形制、紋飾和銘文與
76FZH1：28 相同。76FZH1：57 形制、紋飾和銘文與 76FZH1：28 相同，惟

〔註9〕 楊寬：《西周史》，第369～371頁，上海人民出版社，1999年。
〔註10〕《尚書正義》卷十八，《十三經注疏》（上），第240頁，中華書局，1980年。
〔註11〕方建軍：《中國音樂文物大系‧陝西卷》，第37～50頁，大象出版社，1996年。

于口內壁有隧9條；五式瘷鍾，3件。其中76FZH1：61（圖40）于口內壁有隧4條。綯紋幹，舞飾陰線雲紋，鉦、篆四邊以雙細陽線夾連珠紋爲界，篆、鼓飾細陽線雲紋。鉦間隱約可見字迹，磨損不清。76FZH1：66形制、紋飾與76FZH1：61相同，惟于口內壁光平。76FZH1：63形制、紋飾與76FZH1：61相同；六式瘷鍾，2件。其中76FZH1：60（圖41）甬實心，不與體腔相通，與其他六式編鍾相異。于口內壁光平。綯紋幹，旋飾四乳釘，鉦、篆四邊以陰線爲界，舞、篆、鼓皆飾陰線雲紋，右側鼓飾鳳鳥紋。76FZH1：58形制、紋飾與76FZH1：60相同；七式瘷鍾，2件。其中76FZH1：59（圖42）于口內壁有隧8條。綯紋幹，舞飾陰線雲紋，鉦、篆四邊以連綴小乳釘爲界，篆、鼓飾細陽線雲紋，鉦間刻有族徽符號。76FZH1：67形制、紋飾與76FZH1：59相同。

圖34　瘷鍾・一式
（76FZH1：64）

圖35　瘷鍾・二式
（76FZH1：29）

圖36　瘷鍾・二式
（76FZH1：9）

圖37　瘷鍾・三式
（76FZH1：8）

圖 38　瘨鍾・三式
（76FZH1：16）

圖 39　瘨鍾・四式
（76FZH1：28）

圖 40　瘨鍾・五式
（76FZH1：61）

圖 41　瘨鍾・六式
（76FZH1：60）

圖 42　瘨鍾・七式（76FZH1：59）

　　以上是考古界根據形製紋飾的不同，對 21 件瘋鍾的編列進行劃分的情況。顯然，這並不符合作爲一種旋律樂器編列的原貌。對此，學界多有探討。其中，孔義龍曾對這套編鍾做過系統分析，認爲 21 件瘋鍾應分爲 4 肆：一式（1 件）與七式（2 件）爲一肆 3 件；二式（4 件）和四式（3 件）爲一肆 7 件；三式（6 件）自成一肆 6 件；五式（3 件）與六式（2 件）爲一肆 5 件，共計一堵 21 件，並指出這種劃分編列的「認識理由是比較充分的，它更能反映七式瘋鍾的本來面目」。〔註 12〕筆者則有不同見解，試析如下。先看三式瘋鍾。

　　三式瘋鍾，現存 6 件。現將其形制和測音數據製表（表 12）。

表 12　三式瘋鍾（6 件）形制和測音數據表〔註 13〕

序　號	標　本　號	通　高	重　量	正鼓音	側鼓音
1	76FZH1：8	68.4	38.8	a-49	c^1-15
2	76FZH1：30	65.5	36.5	$^\#$a±0	$^\#c^1$+43
3	76FZH1：16	41.6	13.8	d^2+42	f^2+38
4	76FZH1：33	39.2	12.5	g^2+17	$^\#a^2$+44
5	76FZH1：62	28.8	5.6	d^3+60	$^\#f^3$+11
6	76FZH1：65	24.1	4.1	$^\#g^3$-22	b^3-8

單位：釐米　千克　音分

　　從三式瘋鍾的形制和測音數據表（表 12）來看，30 號和 16 號之間體量相差非常之大，不符合一肆編鍾大小遞減的規律；兩鍾的正鼓音相差一個八度又一個減四度，也不符合編鍾的音列規律。因此，兩鍾之間定有缺失。從其他幾件編鍾的音列來看，30 號和 16 號之間當缺二鍾。蔣定穗從編鍾的音階規律推測，所缺的鍾在音階序列上應構成角、徵、羽、宮的關係才正好補全一個八度的音域。那麼所缺的鍾應爲第三、四件，一肆應爲 8 件。〔註 14〕李

〔註 12〕孔義龍：《兩周編鍾音列研究》，第 16～17 頁，中國藝術研究院 2005 屆音樂學博士學位論文。

〔註 13〕方建軍：《中國音樂文物大系・陝西卷》，第 42、178 頁（表 9），大象出版社，1996 年；表中 76FZH1：8 正鼓音原始數據爲 a^1-49 音分。從該鍾的側鼓音（c^1-15）來看，正鼓音應爲 a-49，原來的 a^1-49 應該是工作疏漏所致，特此說明。

〔註 14〕蔣定穗：《試論陝西出土的西周鍾》，第 96 頁，《考古與文物》1984 年第 5 期。

純一〔註15〕、陳雙新〔註16〕也持此說。孔義龍則有不同看法。他通過對三式瘐鍾的音列研究指出：「三式 6 件甬鍾無須與他式接合，可獨立構成『羽－宮－角－羽－角－羽』結構的正鼓音列，加上側鼓『徵音』構成四聲」。〔註17〕也就是說，這 6 件編鍾就是完整的一組，即一肆 6 件，並無缺環。但是 30 號和 16 號之間兩鍾的正鼓音相差一個八度又一個減四度，明顯是有缺失，這又作何解釋呢？孔文對此提出新說，他認為「三式鍾第 2 件『宮』音鍾脫範時比預設音高低了八度，致使整組鍾的音高關係受到影響，第 1 件鍾的音高未加調試可能也出於此影響的結果。」〔註18〕筆者認為這種新說值得商榷。據筆者分析，孔文失誤有四。第一，三式瘐鍾第一件的原始測音數據有誤，孔氏卻沒有發現。為省去讀者查詢原始資料的麻煩，現把三式瘐鍾前三件的原始測音數據製表（表13）。

表 13　三式瘐鍾前 3 件測音數據表〔註19〕

序　號	1	2	3
標本號	76FZH1：8	76FZH1：30	76FZH1：16
正鼓音	a^1-49	$^{\#}a\pm0$	d^2+42
側鼓音	c^1-15	$^{\#}c^1$+43	f^2+38

單位：音分

　　從表 13 來看，第 1 件瘐鍾（76FZH1：8）的正鼓音為 a^1-49 音分，側鼓音為 c^1-15 音分，這樣正鼓音就比側鼓音高了大六度。根據雙音編鍾的發音規律可知，編鍾的正鼓音應比側鼓音低，這是由編鍾的結構及其發音原理決定的。筆者曾對處於原生雙音時期的 200 多件編鐃和大鐃的正、側鼓音關係作過專門分析，結果發現絕大多數正、側鼓音關係為三度或二度。目前還沒有發現 1 例銅鐃的正鼓比側鼓發音高的，編鍾也是如此。故此數據有誤。從該鍾的側鼓音為 c^1-15 音分來看，其正鼓音應為 a-49 音分，二者正好可以構成典

〔註15〕李純一：《中國上古出土樂器綜論》，第 191 頁，文物出版社，1996 年。
〔註16〕陳雙新：《兩周青銅樂器銘辭研究》，第 89～90 頁，河北大學出版社，2002 年。
〔註17〕孔義龍：《兩周編鍾音列研究》，第 16 頁，中國藝術研究院 2005 屆音樂學博士學位論文。
〔註18〕孔義龍：《兩周編鍾音列研究》，第 19 頁，中國藝術研究院 2005 屆音樂學博士學位論文。
〔註19〕方建軍：《中國音樂文物大系·陝西卷》，第 42 頁，大象出版社，1996 年。

型的小三度關係，原來的 a¹-49 音分係校對疏漏所致。孔文不辨，從而又導致了他的第二個失誤。那就是，他按照第 1 件瘀鍾（76FZH1：8）正鼓音比側鼓音高大六度的錯誤邏輯，認爲第 2 件瘀鍾（76FZH1：30）正鼓音（$^\#$a±0）也應該比側鼓音（$^\#$c¹+43）高大六度，因此把正鼓音（$^\#$a±0）人爲的提高八度而成$^\#$a¹±0 音分。這樣，孔文就人爲地把第 2 件和第 3 件之間正鼓音原本相差一個八度又一個減四度的客觀現象抹煞，從而得出了「三式 6 件甬鍾無須與他式接合」〔註 20〕的錯誤結論；第三個失誤是，孔文人爲地把第 2 件瘀鍾（76FZH1：30）的正鼓音（$^\#$a±0）提高八度後，還對自己的主觀行爲作出了自圓其說的「合理」解釋：「三式鍾第 2 件『宮』音鍾脫範時比預設音高低了八度，致使整組鍾的音高關係受到影響。」〔註 21〕這就錯上加錯了；第四個失誤應爲孔文疏漏所致，他指出三式瘀鍾「第 1 件鍾的音高未加調試可能也出於此影響的結果。」經筆者核對孔文的資料出處，〔註 22〕發現三式瘀鍾的第 1 件（76FZH1：8）于口內壁有隧 4 條，並非如孔氏所言「第 1 件鍾的音高未加調試」，而第 2 件瘀鍾（76FZH1：30）內壁光平，未加調音，可見「第 1 件」應爲第 2 件之誤。因此，筆者還是認同李純一等學者的觀點，三式瘀鍾應爲一肆 8 件，所缺爲第三、四件兩鍾。

　　再看二式和四式瘀鍾。現將其形制數據和測音分析數據分別製表（表 14、15）。

表 14　二式、四式瘀鍾（7 件）形制和測音數據表〔註 23〕

器　型	標　本　號	通　高	重　量
二式	76FZH1：29	70.6	40.8
	76FZH1：10	64.0	37.8
	76FZH1：9	63.0	40.7
	76FZH1：32	61.2	44.8

〔註 20〕孔義龍：《兩周編鍾音列研究》，第 16 頁，中國藝術研究院 2005 屆音樂學博士學位論文。

〔註 21〕孔義龍：《兩周編鍾音列研究》，第 19 頁，中國藝術研究院 2005 屆音樂學博士學位論文。

〔註 22〕方建軍：《中國音樂文物大系・陝西卷》，第 42 頁，大象出版社，1996 年。

〔註 23〕方建軍：《中國音樂文物大系・陝西卷》，第 178 頁（表 8、10），大象出版社，1996 年。

四式	76FZH1：28	41.0	13.8
	76FZH1：31	33.8	12.6
	76FZH1：57	27.9	5.6

單位：釐米 千克

表 15　二式、四式瘺鍾（7 件）測音數據分析表 [註24]

器 型	標 本 號	正 鼓 音		側 鼓 音	
		音 高	階 名	音 高	階 名
二式	76FZH1：29	g-9	羽	^{b}b+133	宮↑
	76FZH1：10	^{b}b-12	宮	d^1-27	角
	76FZH1：9	d^1-24	角	f^1-8	徵
	76FZH1：32	g^1-20	羽	$^bb^1$+20	宮
四式	76FZH1：28	d^2+9	角	f^2+35	徵↑
	76FZH1：31	g^2+22	羽	$^bb^2$+54	宮↑
	76FZH1：57	d^3+57	角↑	f^3+161	徵↑

單位：音分

　　從這兩式瘺鍾的形制、紋飾、銘文來看，除了二式瘺鍾的前 2 件側鼓部沒有鳳鳥紋以及兩式銘文數量不同外，其餘均完全相同。因此，這 7 件瘺鍾屬於同組應該沒有問題。但是這兩式編鍾體量相差很大（見表 14），其中 32 號與 28 號的通高相差 20.2 釐米，重量更是相差 31 千克之多。僅從這兩件編鍾的體量差別來看，二鍾之間似乎像三式瘺鍾的 30 號和 16 號之間一樣，也缺二鍾，一肆應爲 9 件。但是作爲旋律性的實用樂器，能否構成有序的音列才是劃分編列的確鑿證據，而不應把一些表面特徵作爲定性的標準。從其測音數據分析來看（見表 15），這 7 件編鍾的正鼓音可以構成一個完整有序的音列：羽—

[註24] 方建軍：《中國音樂文物大系·陝西卷》，第 39、45，大象出版社，1996 年；說明：（1）、文中所有測音數據均出自《中國音樂文物大系》；（2）、測音分析以國際標準音 a^1=440 赫茲爲準，採用十二平均律，即半音爲 100 音分，八度爲 1200 音分；（3）、因爲筆者作的是音樂學方面的研究，所以又列「階名」一欄，並以符號↑、↓分別代表音高偏高和偏低，階名採用曾侯乙編鍾的命名體系；（4）、在研究過程中，爲了作不同調式的分析，筆者將對相關音名作等音轉換處理，所以一些音名會以不同於原始數據的音名出現。（5）、文中出現的所有測音數據表均同此說明，不再贅述。

宮－角－羽－角－羽－角。可見，32 號與 28 號之間並無缺環。從三式瘨鍾的
測音數據表來看（見表 12），此組編鍾應缺最後一鍾，推測應爲「g³」。果眞
如此的話，此組編鍾的正側鼓音音列應爲 G 羽四聲音階：羽－宮－角－徵－
羽－宮－角－徵－羽－宮－角－徵－羽－宮，音域達三個八度又一個小三
度。李純一通過對四式和二式瘨鍾的紋飾、大小和音列的考察，也認爲此組瘨
鍾爲一肆 8 件。對於這兩式編鍾的最大區別，即銘文的不同，李純一認爲四
式瘨鍾僅有 8 字銘文「瘨乍（作）𤔲（協）鍾萬年日鼓」，應是二式鍾銘 104
字的高度簡化，視爲同組沒有問題。〔註 25〕陳雙新從金文角度考察，也認爲
四式和二式應爲同組，並指出「其前四件爲相同的 104 字全銘，後三件爲相
同的 8 字簡略式全銘，這種同編之鍾銘文存在繁簡二式的現象並非僅見，又
如者減鍾、𦥑羌鍾等。」〔註 26〕

　　以上幾式瘨鍾的編列問題，因均有銘文故學者多有研究，爭議較小。而
對於另外 8 件瘨鍾（一式、五式、六式、七式）的編列問題，學界則少有涉及，
且分歧較大。關於一式瘨鍾，陳雙新認爲一式瘨鍾爲單件全銘，一肆幾件尚不
能確定。〔註 27〕李純一認爲「此鍾側鼓無第二基音標誌，銘文又似屬後半部
分，因知它當是編鍾的第二件，其後所缺恐怕有四或六件。」〔註 28〕也就是
說，李先生認爲一式瘨鍾可能是一肆 6 或 8 件。孔義龍則認爲一式與七式應爲
同組。理由是「一式與七式的不同僅在於鳳鳥紋上，按照兩者音位的排列，
第一件甬鍾的側鼓音『徵曾』不在四聲之內，推測西周中期是不用的。那麼，
從第 2 件鍾的側鼓部開始增飾鳳鳥紋正好說明一、七兩式本爲一組的事實。」
〔註 29〕而且「一式與七式接合可構成『宮－角－羽』結構的正鼓音列，加上
側鼓『徵音』構成『宮－角－徵－羽－宮』的四聲音階」。〔註 30〕也就是說，
一式與七式爲完整的一肆，共計 3 件。對於孔說，筆者有不同看法。

　　據筆者分析，其失誤之處有四：第一，一式與七式的區別很大，並非如

〔註 25〕李純一：《中國上古出土樂器綜論》，第 190～191 頁，文物出版社，1996 年。
〔註 26〕陳雙新：《兩周青銅樂器銘辭研究》，第 88 頁，河北大學出版社，2002 年。
〔註 27〕陳雙新：《兩周青銅樂器銘辭研究》，第 95 頁，河北大學出版社，2002 年。
〔註 28〕李純一：《中國上古出土樂器綜論》，第 190 頁，文物出版社，1996 年。
〔註 29〕孔義龍：《兩周編鍾音列研究》，第 17 頁，中國藝術研究院 2005 屆音樂學博
　　　　士學位論文。
〔註 30〕孔義龍：《兩周編鍾音列研究》，第 16 頁，中國藝術研究院 2005 屆音樂學博
　　　　士學位論文。

孔文所言「一式與七式的不同僅在於鳳鳥紋上」。通過查詢原始資料〔註31〕以及對比兩式的圖片（參見圖 34、42）就會發現：一式瘋鍾鉦間、兩銑有銘文103 字，七式則無；一式瘋鍾的鉦、篆四邊以細陽線夾連珠紋為界，七式鉦、篆四邊則以連綴小乳釘為界；兩式瘋鍾篆、鼓雖均飾細陽線雲紋，但圖案不同；最重要的是，2 件七式瘋鍾的鉦部均有明顯的族徽標記，一式則無。顯然，從形製紋飾方面來看一式與七式瘋鍾並非一組；孔文指出「一式與七式的不同僅在於鳳鳥紋上」，這是其第二個失誤，因為一式與七式均沒有鳳鳥紋，更不會是二者的惟一區別；孔文所言「從第 2 件鍾的側鼓部開始增飾鳳鳥紋正好說明一、七兩式本為一組的事實」則是其第三個失誤。李純一認為，「依照發展期編甬鍾的通例，只發單音（即正側鼓同音）的首、次二鍾側鼓沒有小鳥紋之類的第二基音標誌；有此標誌的是從發雙音的第三鍾開始。」〔註32〕陳荃有指出，「西周中晚期樂鍾的編列數目則已達到八件成套的規模，其編列是以一種固定模式來安排的，即兩件大鍾作為單音鍾使用，餘者六件為雙音鍾。」〔註33〕根據李說和陳說，西周中晚期的編甬鍾一般說來是前 2 件的側鼓部沒有鳳鳥紋，從第三件開始側鼓部增設鳳鳥紋，因此孔文所言「從第 2 件鍾的側鼓部開始增飾鳳鳥紋正好說明一、七兩式本為一組的事實」之說亦需商榷（筆者注：事實上一、七兩式均沒有鳳鳥紋）；第四，孔文認為，一式與七式接合可以構成有序的音列，是二者應為一組的另一力證。其實，一式與五式接合也可以構成有序的音列，所以這也不能作為一式與七式同組的確鑿證據。

那麼對剩餘的 8 件瘋鍾（一式、五式、六式、七式）到底如何分組才合理呢？

我們先把一式與五式瘋鍾進行一個比較：兩式瘋鍾均為絢紋幹，舞飾粗陰線雲紋，鉦篆四邊以細陽線夾連珠紋為界，篆、鼓飾細陽線雲紋，側鼓部都沒有鳳鳥紋，均有銘文。兩式瘋鍾不同之處僅在於一式瘋鍾的銘文清晰可見有103 字，五式瘋鍾的銘文磨損不清。可見，從形製紋飾來看，一式與五式應為同組是沒有問題的。下面再看看這兩式的通高、重量。現將這兩式瘋鍾的形制數據和測音分析數據分別製表（表16、17）。

〔註31〕方建軍：《中國音樂文物大系·陝西卷》，第 37、50 頁，大象出版社，1996 年。

〔註32〕李純一：《中國上古出土樂器綜論》，第 190 頁，文物出版社，1996 年。

〔註33〕陳荃有：《繁盛期青銅樂鍾的編列研究》（上），第 27 頁，《音樂藝術》2001 年第 2 期。

表 16　一式、五式、六式瘚鍾（6 件）形制數據表 [註34]

器　型	標　本　號	通　高	重　量
一式	76FZH1：64	46.1	46.1？
五式	76FZH1：61	48.0	13.8
	76FZH1：66	41.4	7.8
	76FZH1：63	38.0	8.0
六式	76FZH1：60	37.1	7.3
	76FZH1：58	35.7	7.1

單位：釐米　千克

　　既然一式與五式應為同組，那麼從其形制數據來看（見表16），一式瘚鍾應該位於五式瘚鍾第一件的後面。也就是說，一式瘚鍾在這4件瘚鍾中排行在二。正如李純一所言：「此鍾 [註35] 側鼓無第二基音標誌，銘文又似屬後半部分，因知它當是編鍾的第二件。」 [註36] 那麼這組瘚鍾是否就是一肆4件呢？筆者認為六式瘚鍾也應歸入此組。如果僅從六式瘚鍾的形製紋飾來看，這種觀點很難成立。因為，六式瘚鍾的形製紋飾與任何一組瘚鍾均差別較大。但是從五式與六式的通高、重量來看，兩式瘚鍾正好大小依次遞減。再從一式、五式與六式瘚鍾的音高來看（見表17），6件編鍾的正鼓音正好可以構成完整的有序音列：角－徵－羽－宮－角－羽，加上2件六式瘚鍾的側鼓音可以構成完整的A角四聲音階：角－徵－羽－宮－角－徵－羽－宮。這是把這6件瘚鍾歸為一組的重要證據。此外，從三式瘚鍾的音列（見表19）和二式與四式的音列來看（見表15），其後應還有2鍾，此組瘚鍾應為一肆8件。筆者推測，所缺2件編鍾的形製紋飾應與六式相同。因為一式與五式本同為一組，六式瘚鍾和所缺的2件編鍾應該是為了湊成完整的一肆（8件）一次補鑄而成。

〔註34〕方建軍：《中國音樂文物大系‧陝西卷》，第37、178頁（表11）、179頁（表12），大象出版社，1996年；一式瘚鍾的重量數據有誤，用問號標記暫時存疑。
〔註35〕李先生所言「此鍾」指一式瘚鍾。
〔註36〕李純一：《中國上古出土樂器綜論》，第190頁，文物出版社，1996年。

表17　一式、五式、六式瘇鍾（6件）測音數據分析表〔註37〕

器型	標本號	正鼓音		側鼓音	
		音高	階名	音高	階名
五式	76FZH1：61	a-49	角↓	c^1-20	徵
一式	76FZH1：64	c^1-77	徵↓	$^be^1$-81	商曾
五式	76FZH1：66	d^1+48	羽	f^1-17	宮
	76FZH1：63	f^1+28	宮	a^1-11	角
六式	76FZH1：60	a^1+49	角	c^2+96	徵↑
	76FZH1：58	d^2+24	羽	f^2+73	宮↑

單位：音分

　　最後來看看2件七式瘇鍾。從其形製紋飾來看，顯然與前六式均非一組，其側鼓部均無鳳鳥紋標記。李純一認爲「依照發展期編甬鍾的通例，只發單音（即正側鼓同音）的首、次二鍾側鼓沒有小鳥紋之類的第二基音標誌；有此標誌的是從發雙音的第三鍾開始。」〔註38〕陳荃有也指出「西周中晚期樂鍾的編列數目則已達到八件成套的規模，其編列是以一種固定模式來安排的，即兩件大鍾作爲單音鍾使用，餘者六件爲雙音鍾。」〔註39〕據此觀點，現存的2件七式瘇鍾應爲這組編鍾的第1、2件，其後應該還有6件。那麼七式瘇鍾的編列是否就屬於此種「固定模式」？還是存在其他可能？在探討這個問題之前，可先回過頭來再看看前邊19件瘇鍾的編列：一式（1件）、五式（3件）、六式（2件）爲第一組，一肆8件，應缺第七、八件；二式（4件）和四式（3件）爲第二組，一肆8件，應缺第八件；三式（6件）爲第三組，也是一肆8件，應缺第三、四件。從以上3組瘇鍾來看，第一組和第三組均缺2件編鍾。那麼，2件七式瘇鍾是否就是其中一組所缺的那兩件呢？前文說過，從形製紋飾來看，七式與其中任何一式均非一組。但是形製紋飾的不同並不能說明它們就不可能成爲一組，例如第一組就是由一式、五式、六式合成，著名的晉侯蘇編鍾也是如此。關鍵看它們在音高上是否可以構成完整有序的

〔註37〕方建軍：《中國音樂文物大系·陝西卷》，第37、47、49頁，大象出版社，1996年。

〔註38〕李純一：《中國上古出土樂器綜論》，第190頁，文物出版社，1996年。

〔註39〕陳荃有：《繁盛期青銅樂鍾的編列研究》（上），第27頁，《音樂藝術》2001年第2期。

音列，這是關於編鐘編列研究的核心問題。現將七式瘋鍾的形制和測音數據製表（表18）。

表18　七式瘋鍾（2件）形制和測音數據表 〔註40〕

器　型	標　本　號	通　高	重　量	正　鼓　音	側　鼓　音
七式	76FZH1：59	46.0	18.8	$^{\#}d^1$+14	$^{\#}f^1$+17
	76FZH1：67	44.0	19.0	$^{\#}g^1$+9	c^2-43

單位：釐米　千克　音分

下面來看七式瘋鍾與第一組。從表16、17、18來看，無論從通高、重量，還是從音高來看，七式瘋鍾絕非第一組的最後兩件。再看七式瘋鍾與第三組。通過表12、18中相關資料的比較不難發現，從通高和重量方面來看，2件七式瘋鍾正好可以補上第三組中第三、四件的缺環。那麼其音高是否可以構成完整有序的音列呢？這是二者是否同組的核心問題。下面把這8件瘋鍾的測音數據合為一表（表19）。

表19　三式、七式瘋鍾（8件）測音數據分析表〔註41〕

器　型	標　本　號	正　鼓　音		側　鼓　音	
		音　高	階　名	音　高	階　名
三式	76FZH1：8	$^{\#}g$+51	羽	b^1+85	宮
	76FZH1：30	b-100	宮↓	$^{\#}d^1$-157	角↓
七式	76FZH1：59	$^{\#}d^1$+14	角	$^{\#}f^1$+17	徵
	76FZH1：67	$^{\#}g^1$+9	羽	b^2+57	宮
三式	76FZH1：16	$^{\#}d^2$-58	角↓	$^{\#}f^2$-62	徵
	76FZH1：33	$^{\#}g^2$-83	羽	b^2-56	宮
	76FZH1：62	$^{\#}d^3$-40	角	$^{\#}f^3$+11	徵
	76FZH1：65	$^{\#}g^3$-22	羽	b^3-8	宮

單位：音分

從表19來看，2件七式瘋鍾的音列正如蔣定穗所推測的那樣，構成了角、

〔註40〕方建軍：《中國音樂文物大系・陝西卷》，第50、179頁〔表13〕，大象出版社，1996年。

〔註41〕方建軍：《中國音樂文物大系・陝西卷》，第42、50頁，大象出版社，1996年。

徵、羽、宮的關係，恰好填補了三式瘐鍾在音列上的缺環。〔註42〕從整體來看，這 8 件編鍾的正鼓音可以構成完整有序的音列：羽－宮－角－羽－角－羽－角－羽，加上側鼓音，可以構成完整的#G 羽四聲音階：羽－宮－角－徵－羽－宮－角－徵－羽－宮－角－徵－羽－宮，音域達三個八度又一個小三度，十分罕見。西周中期的音樂水平和編鍾鑄造水平之高，可見一斑。遺憾的是，76FZH1：30 和 76FZH1：16 兩件編鍾內壁光平，沒有經過調音銼磨，特別是 76FZH1：30，從而對該組編鍾的音列造成了一定的影響。

從對瘐鍾的測音數據分析可以看出，一些編鍾的音準情況是比較差的。究其原因有五：第一、古代的鍾師調音，是「以耳齊其聲」，即鍾師完全憑自己的聽覺為編鍾進行調音。鍾師聽覺的好壞，音準的習慣，以及調鍾的經驗豐富與否，直接決定了調音的質量；第二、人耳對音高的感受，並不與物理學上的音頻變化完全吻合。一般會希望高音稍高一些，低音稍低一些。這可以解釋一些編鍾何以會高音偏高、低音偏低的現象，因為這符合人耳的聽覺習慣，也是先秦編鍾的一種常見現象；第三、年代久遠，有的鍾體難免會有不同程度受損而導致音頻的改變；第四、西周時期的編鍾多為拼合而成，而非一次鑄就。後來鑄造的編鍾要完全符合原來編鍾的音律，即便是科技發達的今天，也是十分困難的事。可見，一肆編鍾當中個別編鍾的音準有些偏離，也在情理之中；第五、西周中晚期，編鍾的鑄造剛剛步入鑄調雙音的階段，調音技術尚未成熟。與後世曾侯乙編鍾的工匠相比，在編鍾鑄造和調音水平上還有較大距離。考慮到以上這些因素，就可以理解西周時期一些編鍾的音準偏差問題了。

綜上所述，21 件瘐鍾的編列歸屬應該為：一式（1 件）、五式（3 件）、六式（2 件）為一組，一肆 8 件，應缺第七、八件；二式（4 件）和四式（3 件）為一組，一肆 8 件，應缺第八件；三式（6 件）和七式（2 件）為一組，是完整的一肆 8 件。以此觀之，微伯瘐享用的樂懸編鍾至少有 3 肆 24 件。除此之外，微伯瘐之樂懸應該還有鎛（數量可能有 3 件）和編磬。身為上卿的膳夫克都可以享用鎛，〔註43〕按照西周樂懸制度位列三公的微伯瘐享用鎛應該是沒有問題的。微氏家族窖藏出土瘐簋 8 件，而 8 簋配 9 鼎，此窖藏只有鼎 1 件，

〔註42〕 蔣定穗：《試論陝西出土的西周鍾》，第 96 頁，《考古與文物》1984 年第 5 期。

〔註43〕 陳邦懷：《克鎛簡介》，第 14～16 頁，《文物》1972 年第 6 期；黃崇文：《中國音樂文物大系・天津卷》，第 205 頁，大象出版社，1996 年；高至喜：《論商周銅鎛》，第 38～43 頁，《商周青銅器與楚文化研究》，嶽麓書社，1999 年。

主人應該是將另外 8 鼎等最重要的禮器另藏一窖。〔註44〕既然如此，另一窖藏應該還埋有鑄和數件編甬鍾。把鑄與 8 鼎同藏一窖，這也正與鑄的高貴地位相符。至於編磬，西周中期的井叔夫人墓（M163）和其丈夫第一代井叔墓（M157）均出土有編磬數件〔註45〕。微伯瘨和第一代井叔均爲位列三公的高官，樂懸規格應該相同，享用編磬應該沒有問題。

　　用鼎制度與樂懸制度一樣，均爲西周禮樂制度中最核心的部分，對於樂懸制度的研究具有重要的參考價值。故還有必要探討一下微伯瘨的用鼎制度。微氏家族青銅窖藏出土瘨簋 8 件，8 簋是來配 9 鼎的，因此微伯瘨當用大牢 9 鼎。〔註46〕對於微伯瘨使用九鼎之制，一般多認爲其是僭越禮制的行爲。俞偉超指出，「微伯史瘨可用九鼎，是已知西周傳統鼎制發生破壞的最早一例。瘨的封爵是伯，官職爲尹氏即內史。內史在西周官制中占什麼地位，現在還說不準確，從《詩·小雅·十月之交》以卿士、司徒、冢宰、膳夫、內史、趣馬、師氏七職以次相列的情況看，很可能相當於六卿的地位。西周前期的伯只能用五鼎，內史如果是六卿之一，頂多也只能用七鼎，無論從哪一方面出發，微伯史瘨的用鼎規格，肯定是發生了僭越的。」〔註47〕對此，筆者認爲還可以討論。首先是關於微伯瘨的官職等級問題。他的官職爲尹氏不錯，但非俞所說的「內史」。「微氏這一族，從高祖起，到瘨，先後七代，都擔任史官之職。……瘨鍾二載『瘨不敢弗帥且（祖）考，秉明德匽夙夕。』值得重視的是，高祖、亞祖和文考的職司都是『疋尹』的，瘨繼承祖考而擔任的職司也是『左尹氏』。『疋尹』和『左尹氏』的意義相同。『尹氏』在西周就是史官之長『太史』，他是太史僚的長官，和作爲卿士僚長官的『太師』，同爲朝廷執政大臣，都是公爵。」〔註48〕許倬雲通過對先秦文獻的研究，也認爲尹氏與太師同是秉持國政的重臣，是太史僚的長官。〔註49〕也就是說，微伯瘨曾擔任西周太史僚的長官「太史」，爲三公之一。楊寬指出，「我

〔註44〕盧連成、胡智生：《寶雞強國墓地》，第 522 頁，文物出版社，1988 年。

〔註45〕中國社會科學院考古研究所灃西發掘隊：《長安張家坡西周井叔墓發掘簡報》，第 25～26 頁，《考古》1986 年第 1 期。

〔註46〕俞偉超、高明：《周代用鼎制度研究》（中），第 90 頁，《北京大學學報》1978 年第 2 期。

〔註47〕俞偉超、高明：《周代用鼎制度研究》（中），第 93 頁，《北京大學學報》1978 年第 2 期。

〔註48〕楊寬：《西周史》，第 369～371 頁，上海人民出版社，1999 年。

〔註49〕許倬云：《西周史》，第 205 頁，三聯書店，1994 年。

們依據大量西周金文所載『冊命禮』中『右』者官職及其與所屬受命者的官職關係，從而考定當時朝廷大臣的組織體系，可知當時執政大臣有公、卿兩級，早期公一級有太保、太師和太史，卿一級有司徒、司馬、司工、司寇、太宰、公族；中期以後公一級有太師和太史，沒有太保，卿一級沒有司寇，只有五卿。然而《周禮》所載周朝官制則大不相同，……沒有高於六卿的公一級。」〔註50〕原來多以為「周王室自有一套天子九鼎，卿七鼎，大夫五鼎，士三鼎或一鼎的制度，而又有另一套公、侯七鼎，伯五鼎，子、男三鼎或一鼎的制度。」〔註51〕而實際上，在文獻沒有記載的卿和諸侯之上還有一個等級，就是三公。三公是西周王室的最高長官，是僅次於周天子之下的權臣。既然卿或諸侯享用7鼎，那麼三公享用9鼎應該是合乎等級標準的。而且享用9鼎的微伯瘨，活動於孝、夷之時。《史記·齊太公世家》載：「紀侯譖之周，周烹哀公，而立其弟靜，是為胡公。」〔註52〕就因為紀侯在周夷王面前說了齊哀公的壞話，齊哀公就被周夷王烹殺，還直接安排胡公繼位，齊國卻不敢反抗，當時周天子權力之強大可見一斑。在這種社會背景下，微伯瘨作為周室太史，天天伴隨在周王左右，顯然不會是公然的僭越，否則下場可想而知。但是如果三公可以享用9鼎，那麼不是與周天子同制了嗎？這也是大多學者認為其為僭越行為的原因。上文已經探討過，根據先秦文獻，諸侯和三公是同一等級。楊寬指出這並不符合西周史實，三公是諸侯之上的另一個等級，是僅次於周天子的重臣，因此三公享用9鼎應該合乎用鼎制度的等級秩序。既然已經證實先秦文獻記載部分有誤，目前也沒有發掘出周王的墓葬，故對於周王享用9鼎抑或是12鼎，可待將來再作進一步探討。

二、編甬鍾與編磬共出的墓葬

目前所見西周中期編甬鍾與編磬共出的墓葬只有1例，即張家坡163號墓。

1984年，陝西長安張家坡163號墓出土編鍾3件，同出編磬殘件多塊，數量不明。〔註53〕根據編鍾銘文可知，其時代為西周中期懿王之世。〔註54〕

〔註50〕楊寬：《西周史》（前言），第2頁，上海人民出版社，1999年。

〔註51〕俞偉超、高明：《周代用鼎制度研究》（中），第89頁，《北京大學學報》1978年第2期。

〔註52〕司馬遷：《史記·齊太公世家》（卷三十二），第1481頁，中華書局，1959年。

〔註53〕中國社會科學院考古研究所灃西發掘隊：《長安張家坡西周井叔墓發掘簡

該墓是一座較大的豎穴墓，無墓道，曾被盜掘。在 3 件編甬鍾中，有 2 件完整（圖 43），出土於墓底；另 1 件僅存鍾甬，發現於盜洞之內。可知原來至少有 3 件。關於墓主人，通過骨骸鑒定，爲一位年齡在 25～30 歲的女性。此墓緊靠雙墓道大墓 M157 的東側，M157 墓主爲第一代井叔。據此推測該墓主人應爲 M157 墓主井叔的夫人。編鍾保存完好。平舞，上置圓柱形甬，有旋有幹。旋上飾竊曲紋，雙目突起，甬上飾環帶紋。鉦、篆間以粗陽線界隔，篆間飾環帶紋，正鼓部飾雲紋。右側鼓飾有作爲側鼓音演奏標記的鳳鳥紋。銘文分鑄於鉦、兩銑及左右鼓。于口內有調音銼磨痕迹。

　　張家坡墓地除了井叔夫人墓（M163）出土編鍾和編磬之外，其丈夫井叔墓（M157）也出土有編磬數件（圖 44）〔註55〕。該墓曾被盜掘，出土的編磬殘件比井叔夫人墓（M163）要多一些，經拼對至少有 5 件。墓葬時代應與井叔夫人墓（M163）相當，爲西周中期懿王之世。井叔爲周公後裔，歷代均爲西周王室重臣。〔註56〕那麼井叔到底官居何職呢？楊寬認爲：「曶壺和曶鼎是一人製作，曶壺上的『右』者井（邢）公，當即曶鼎上的井（邢）叔。井公是他的爵稱，井叔是他的字的簡稱。曶鼎銘說明作者在王所，接受了井叔的賞賜，井叔受理了作者和匡的訴訟，並由井叔作了判決。可知井叔確是執掌大權的執政大臣。金文冊命禮中由井叔作『右』者，還有下列四器……所有這些器，都屬於一個時期。免觶和免簋當是一人製作，他被冊名爲司工（見免觶），由被冊名爲司土，掌管一定地區的林、虞，自當爲卿一級的大臣。……可知作爲『右』者的井叔，當是井公無疑。」〔註 57〕也就是說，該井叔貴爲三公之一。西周初期的召公官爲太保，周公官爲太師，畢公官爲太史，他們都因有太保、太師、太史的官職而尊稱爲「公」，是位列於天子的朝廷重臣，位居六卿之上。而且井叔墓（M157）爲雙墓道大墓，墓主爲第一代井叔。所見雙墓道的西周墓只有衛侯及夫人墓、燕侯墓和第一代井叔墓（M157）；單墓道的爲晉侯墓及夫人墓、強伯夫婦墓、第二代以下井叔諸墓；沒有墓道的有虢

　　　　報》，第 25～26 頁，《考古》1986 年第 1 期；中國社會科學院考古研究所：《張
　　　　家坡西周墓地》，第 164～167 頁，中國大百科全書出版社，1999 年。
〔註54〕張長壽：《論井叔銅器——1983～1986 年澧西發掘資料之二》，《文物》1990
　　　　年第 7 期。
〔註55〕中國社會科學院考古研究所澧西發掘隊：《長安張家坡西周井叔墓發掘簡
　　　　報》，第 26 頁，《考古》1986 年第 1 期。
〔註56〕盧連成、胡智生：《寶雞強國墓地》，第 522 頁，文物出版社，1988 年。
〔註57〕楊寬：《西周史》，第 345～346 頁，上海人民出版社，1999 年。

國國君及虢太子墓、強季墓、井叔夫人等墓。其中井叔夫婦墓和強伯夫婦墓位於周王朝畿內或近畿之地，應不會是明目張膽的僭越現象，這應是西周中晚期的一種墓葬制度。〔註58〕由此可見，第一代井叔應該位居歷代晉侯和強伯之上，楊寬認為其為井公應是合理的。李純一認為，井叔墓（M157）除隨葬編磬外，「共存樂器有編甬鍾」。〔註59〕經筆者核實原發掘報告，井叔墓被盜嚴重，僅存編磬，並無編鍾。但是井叔夫人墓（M163）隨葬有編鍾和編磬。根據編鍾上的銘文可知，這3件編鍾就是為井叔所鑄，又名井叔鍾。因此，井叔的樂懸也應是鍾磬俱全。不僅如此，第一代井叔的樂懸應該還配有鎛，因為身為上卿的膳夫克都可以享用鎛。〔註60〕按照西周的樂懸制度，位列三公的井公享用鎛也是符合周代禮制的。同時，不帶墓道的井叔夫人和帶雙墓道的井叔都享用同樣的樂懸配置也是有悖西周禮制的，故井叔的用器等級也應該更高一些。

圖 43　井叔夫人墓編鍾之一拓片　　　　圖 44　井叔墓編磬線圖

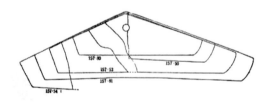

　　在西周樂懸制度中，不同等級在鍾磬樂懸種類的配置方面享有不同的待遇。《周禮·春官·小胥》鄭玄注：「諸侯之卿、大夫，半天子之卿、大夫，西懸鍾，東懸磬。」〔註61〕即周天子和諸侯之卿、大夫均可以享用鍾磬俱全

〔註58〕中國社會科學院考古研究所：《張家坡西周墓地》，第378頁，中國大百科全書出版社，1999年。

〔註59〕李純一：《中國上古出土樂器綜論》，第47頁，文物出版社，1996年。

〔註60〕陳邦懷：《克鎛簡介》，第14～16頁，《文物》1972年第6期；黃崇文：《中國音樂文物大系·天津卷》，第205頁，大象出版社，1996年；高至喜：《論商周銅鎛》，第38～43頁，《商周青銅器與楚文化研究》，嶽麓書社，1999年。

〔註61〕《周禮注疏》卷二十三，《十三經注疏》（上），第795頁，中華書局，1980年。

的樂懸配置。王國維《釋樂次》則認爲，只有周天子、諸侯可以享用編鍾，大夫有鼓無鍾，根據是《儀禮・鄉射禮》鄭玄注「陔夏者，天子諸侯以鐘鼓，大夫士鼓而已。」以及《儀禮・鄉飲酒禮》鄭玄注「鐘鼓者，天子諸侯備用之，大夫士鼓而已。」〔註62〕今人楊華仍然認爲「『金石之樂』是一種高規格等級標誌，大夫以下一般不配享有。」他的根據也是「《鄉射禮》和《鄉飲酒禮》注『鐘鼓者，天子諸侯備用之，大夫士鼓而已。』」〔註63〕今以井叔夫人墓（M163）〔註64〕所出樂懸來看，此兩說值得商榷。其丈夫井叔墓（M157）位列三公，爲雙墓道大墓，其夫人沒有墓道，其身份很可能屬於大夫一級，該墓出土編甬鍾和編磬各一套，可見西周天子之大夫應該有權享用鍾磬俱全的樂懸配置。此外，印群認爲從西周時期開始一直到春秋中期，隨葬金石之樂仍是男性高級貴族的專利，〔註65〕今以井叔夫人墓（M163）所出樂懸鍾磬俱全來看，此說也是不全面的。

三、鎛與特磬共出的墓葬

迄今所知西周中期鎛與特磬共出的墓葬只有 1 例，即湖北隨州毛家沖西周墓。1995 年，湖北省隨州市三里崗鎮毛家沖村農民犁田時發現鎛〔註66〕與特磬〔註67〕各 1 件，其時代爲西周中期。經考古工作者現場清理，確認出自一西周墓葬，墓葬形制爲長方形土坑豎穴。由於資料缺乏，墓主身份和地位均無從考證。但可說明西周中期的荊楚地區，鎛不僅僅是祭祀的法器，已經成爲貴族身份地位象徵的禮樂器。

鎛（圖 45）保存大致完整，一面有較長裂紋，部分扉棱及紐端略殘。青銅質，通體綠鏽。平舞，上置長方形環紐。體合瓦形，銑棱斜直，于口平齊。

〔註62〕 王國維：《釋樂次》，《觀堂集林》（卷二），第 101 頁，中華書局，1959 年。
〔註63〕 楊華：《先秦禮樂文化》，第 113 頁，湖北教育出版社，1997 年。
〔註64〕 中國社會科學院考古研究所灃西發掘隊：《長安張家坡西周井叔墓發掘簡報》，第 25～26 頁，《考古》1986 年第 1 期；中國社會科學院考古研究所：《張家坡西周墓地》，第 164～167 頁，中國大百科全書出版社，1999 年。
〔註65〕 印群：《黃河中下游地區的東周墓葬制度》，第 248 頁，社會科學文獻出版社，2001 年。
〔註66〕 王子初：《中國音樂文物大系・湖北卷》，第 41 頁，大象出版社，1996 年；隨州市博物館：《湖北隨州出土西周青銅鎛》，第 76～77 頁，《文物》1998 年第 10 期。
〔註67〕 王子初：《中國音樂文物大系・湖北卷》，第 75 頁，大象出版社，1996 年。

鏄腔兩面紋飾相同：整體為一獸面紋，鼻部突出為扉棱，獸面周緣塡飾雲紋，上下以目紋飾帶界隔。素紐素舞。鏄體兩側銑棱上飾有對稱扉棱，棱上端各有一鳳鳥。通高 29.0 釐米。特磬（圖 46）石灰岩質，已斷裂成 2 塊。打製，沒經細緻琢磨，製作比較粗糙。整體呈長條形，磬底平直，磬背略呈倨句。股、鼓比較分明，大致成股二鼓三之狀，有倨孔。通長 64.5 釐米。

圖 45　隨州毛家沖鏄　　　　圖 46　隨州毛家沖特磬

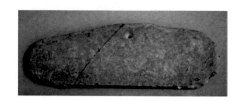

四、編甬鍾與鏄共出的窖藏

　　西周中期編甬鍾與鏄共出的墓葬目前沒有發現，只有 1 例窖藏資料，即陝西扶風法門寺任村窖藏。該窖藏出土的禮器和禮樂器墓主明確，時代清楚，是研究西周中期樂懸制度的珍貴資料。扶風法門寺任村窖藏編甬鍾與鏄於清光緒十六年（公元 1890 年）發現。通過對編鍾銘文的研究發現器主為克，因此編甬鍾與鏄又被分別稱之為克鍾、克鏄。此次共出各種器物 120 多件，除克鍾、克鏄外，還有小克鼎一肆 7 件以及大克鼎、克盨等。

　　克鍾傳世共 5 件，其中上海博物館藏 2 件，餘 3 件分別為天津藝術博物館、日本奈良寧樂美術館和京都藤井有鄰館所藏。〔註 68〕陳雙新通過對克鍾

〔註68〕羅振玉：《貞松堂集古遺文》卷一；羅振玉：《三代吉金文存》卷一，1937 年（影印本）；鄒安：《周金文存》卷一，1916 年；郭沫若：《兩周金文辭大系圖錄考釋》（七），第 112 頁，科學出版社，1957 年；馬承源：《商周青銅器銘文選》294，文物出版社，1988 年；馬承源：《中國音樂文物大系·上海卷》，第 41～43 頁，大象出版社，1996 年；黃崇文：《中國音樂文物大系·天津卷》，第 203 頁，大象出版社，1996 年。

銘文的考察，認爲克鍾前四鍾兩兩合爲全銘，後四鍾合爲全銘，原來應該一肆 8 件。〔註 69〕克鎛自成全銘，應爲特鎛。關於克器群的時代，目前主要有三種看法，分別以郭沫若、唐蘭、馬承源爲代表。郭沫若依據已出土的克的全部鑄器銘文中年月日的記載及西周時期各王在位的年限，推定爲周夷王十六年，即克鍾、克鎛是周夷王時期的器物；〔註 70〕唐蘭參照對銘文中「剌宮」的考證，認爲是周宣王十六年，克鎛、克鍾爲周宣王時期的器物；〔註 71〕馬承源根據克鍾銘文的紀年推以曆法，合孝王時曆朔。在大克鼎和恭王五年的衛鼎銘的銘文中云克之祖爲恭王時人，可證克所鑄之器應在孝王時期。〔註 72〕目前學術界多以馬說爲是。

克鍾（圖 47）均保存完好。平舞，上置圓柱形甬，不封衡，內存泥芯。舞底鑄平，與鍾腔不通。體合瓦形，直銑棱。于口無內唇。幹飾重環紋，舞部飾對稱龍紋，篆間爲 S 形雲紋，正鼓部爲對稱夔龍紋，側鼓部飾有作爲側鼓音演奏標誌的鳳鳥紋。鉦間及左鼓部均有銘文，共計 81 字，內容爲：周孝王十六年九月庚寅日，王在康烈宮召見克，親命克循涇水向東巡察，至於京師。克很圓滿地完成了任務，王因此賞賜給克車馬。克因作鍾，以追念祖宗，祈求福祐長命。國內藏三件（上海博物館 41525、8107；天津藝術博物館 59.3.151）的通高分別爲 53.9、38.5、50.6 釐米，重量分別爲 30.7、11.2、27.0 千克。克鎛〔註 73〕（圖 48）保存基本完整，僅棱部微殘，通體覆蓋淡綠色薄鏽。平舞，上置繁紐，旁作鏤空夔紋構成的扉棱，下連鎛側，正背兩面的中央各有一條鏤空夔紋扉棱。鎛體呈合瓦形，于口平齊。舞部飾竊曲紋，中央有一小圓孔。鎛體的正背面中央各有兩個相對的大夔紋，上下均有絆帶。銘文共計 81 字，與克鍾內容完全相同。該鎛通高 63.5 釐米，重 38.3千克。

〔註 69〕陳雙新：《兩周青銅樂器銘辭研究》，第 93～94 頁，河北大學出版社，2002年。

〔註 70〕郭沫若：《兩周金文辭大系圖錄考釋》（七），第 112 頁，科學出版社，1957 年。

〔註 71〕唐蘭：《西周銅器斷代中的「康宮」問題》，《考古學報》1962 年第 1 期。

〔註 72〕馬承源：《中國音樂文物大系・上海卷》，第 42 頁，大象出版社，1996 年。

〔註 73〕陳邦懷：《克鎛簡介》，第 14～16 頁，《文物》1972 年第 6 期；黃崇文：《中國音樂文物大系・天津卷》，第 205 頁，大象出版社，1996 年；高至喜：《論商周銅鎛》，第 38～43 頁，《商周青銅器與楚文化研究》，嶽麓書社，1999年。

圖 47　克鍾　　　　　　　圖 48　克鎛

　　關於器主克在孝王時的任職，同出大克鼎的銘文中即有記載。大克鼎銘文共計 290 字，內容分為兩段：第一段是克對祖父師華父的頌揚與懷念，讚美他有謙虛的品格、美好的德行，能輔協王室，仁愛萬民，管理國家。英明的周天子銘記著師華父的偉績，提拔他的孫子克擔任王室的重要職務膳夫，負責傳達周天子的命令；第二段是冊命辭，周天子重申對克官職的任命，還賞賜給克許多禮服、田地、男女奴隸、下層官吏和樂隊，即「錫（賜）女（汝）史小臣、靈、龠、鼓、鍾」。克跪拜叩首，愉快地接受了任命和賞賜，乃鑄造大鼎歌頌天子的美德，祭祀祖父的在天之靈。〔註 74〕可見，器主克當時被提拔擔任王室的重要職務膳夫，並賜予樂懸編鍾。那麼膳夫是何官職？級別如何？《周禮・天官・膳夫》載：「膳夫掌王之食飲膳羞，以養王及后、世子。」〔註 75〕《周禮・天官冢宰第一》載：「膳夫，上士二人、中士四人、下士八人、府二人、史四人、胥十有二人、徒百有二十人。」〔註 76〕從大克鼎銘文所言膳夫克可以「出納王命」來看，克所任膳夫非《周禮》所言之膳夫，其級別也非上士。根據西周金文來看，天子之膳夫，同時不止一人。郭沫若認為「宰夫、膳夫古均名膳夫，而職有上下之別」。〔註 77〕《周禮・天官冢宰第一》中的宰夫位居小宰之下，為下大夫，〔註 78〕未必是指西周的膳

〔註 74〕　俞靜安：《大克鼎銘文之研究》，《山西師範學院學報》1957 年第 1 期。
〔註 75〕　《周禮注疏》卷四，《十三經注疏》（上），第 659 頁，中華書局，1980 年。
〔註 76〕　《周禮注疏》卷一，《十三經注疏》（上），第 640 頁，中華書局，1980 年。
〔註 77〕　郭沫若：《金文叢考・周官質疑》，第 76 頁，人民出版社，1954 年。
〔註 78〕　《周禮注疏》卷一，《十三經注疏》（上），第 640 頁，中華書局，1980 年。

夫。唐蘭以爲大克鼎所載的膳夫克，可以「出納王命」，小克鼎載其「捨命與成周，遹正八師」，地位是很高的。並據《詩・小雅・十月之交》以卿士、司徒、冢宰、膳夫、內史、趣馬、師氏七職以次相列，推斷膳夫的級別在師氏之上。〔註79〕但是《詩・大雅・雲漢》中，又以庶正、冢宰、趣馬、師氏、膳夫並列而以膳夫居後，〔註80〕可見冢宰、趣馬、師氏、膳夫之間很可能等級相同。但是膳夫克到底屬於什麼級別仍然沒有說清楚。許倬雲指出：「大克鼎，膳夫克的職掌已是出納王命，性質與宰相同。」而且「膳夫常是錫命禮中奉王命召喚受錫臣工的人員，正符合『出入王命』的職務。」〔註81〕關於宰的級別，楊寬認爲「所有金文上作爲『右』者的宰，都是太宰，是很明顯的。太宰確是西周王朝『卿』一級的高官，……職位僅次於司徒。」〔註82〕可見，膳夫克在西周時期應是擔任上卿級別的高官。他所享用的樂懸不僅有編甬鍾，還有鎛，那麼這是否與其身份等級相符呢？從西周中期穆王之世的晉武侯墓（M9）〔註83〕一直到西周晚期的晉靖侯墓（M91）〔註84〕、晉獻侯（蘇）墓（M8）〔註85〕和晉侯邦父墓（M64）〔註86〕，歷代晉侯墓所出樂懸只有編甬鍾或者編甬鍾和編磬，均沒有鎛出土。由此可見，西周時期的諸侯還沒有資格享用鎛。而且在歷代晉侯墓中，除了晉靖侯墓（M91）〔註87〕

〔註79〕陝西省博物館、陝西省文物管理委員會：《陝西省博物館、陝西省文物管理委員會藏青銅器圖釋》（唐蘭《敔言》），第6頁，文物出版社，1960年。

〔註80〕《毛詩正義》卷十八－二，《十三經注疏》（上），第562頁，中華書局，1980年。

〔註81〕許倬雲：《西周史》，第207頁，三聯書店，1994年。

〔註82〕楊寬：《西周史》，第354頁，上海人民出版社，1999年。

〔註83〕北京大學考古學系、山西省考古研究所：《天馬——曲村遺址北趙晉侯墓地第二次發掘》，第4～28頁，《文物》1994年第1期；劉緒：《天馬——曲村遺址晉侯墓地及相關問題》，《三晉考古》第一輯，山西人民出版社，1994年；項陽、陶正剛：《中國音樂文物大系・山西卷》，第47頁，大象出版社，2000年。

〔註84〕北京大學考古學系、山西省考古研究所：《天馬——曲村遺址北趙晉侯墓地第五次發掘》，第10～11頁，《文物》1995年第7期；王世民、蔣定穗：《最近十多年來編鍾的發現與研究》，第4頁，《黃鍾》1999年第3期。

〔註85〕北京大學考古學系、山西省考古研究所：《天馬——曲村遺址北趙晉侯墓地第二次發掘》，第4～28頁，《文物》1994年第1期。

〔註86〕北京大學考古學系、山西省考古研究所：《天馬——曲村遺址北趙晉侯墓地第四次發掘》，第4～10頁，《文物》1994年第8期。

〔註87〕北京大學考古學系、山西省考古研究所：《天馬——曲村遺址北趙晉侯墓地第五次發掘》，第10～11頁，《文物》1995年第7期；王世民、蔣定穗：《最近

配置 7 鼎外，其餘晚於 M91 的墓葬均配置 5 鼎。也就是說，西周的晉侯一般享用 5 鼎之制。膳夫克配置大牢 7 鼎，其地位應高於一般諸侯。王世民認爲「大概只有國君及個別上卿（此間或有僭越）方能配置起和聲作用的大型低音鍾鎛，而其他有資格享用『金石之樂』的貴族（主要士大夫），則僅備中高音編鍾和編磬。」〔註 88〕所言甚當。而且大克鼎銘文說的也很明白：「錫（賜）女（汝）史小臣、靈、龠、鼓、鍾」。克鎛自銘爲鍾；克鍾和克鎛銘文完全相同，應爲同時鑄造。因此孝王賜給膳夫克的「鍾」應該包括編甬鍾和鎛。一言以蔽之，身爲上卿級別的膳夫克應該是有權享用鎛的。

第二節　西周樂懸制度的發展

一、樂懸的用器制度

從西周早期的樂懸制度可知，當時禮樂器的種類只有編甬鍾一種；鎛、特磬，在西周早期雖有出土，但均不見於墓葬，還只是周人以及江南諸多方國祭祀活動中的一種法器，而非身份地位象徵的禮樂器。到了西周中期，鎛和特磬作爲禮樂器重現於墓葬。特別是，殷商時期已經出現的編磬在這一時期得到西周統治者的重視，而且與編鍾共出，以編甬鍾、編磬爲基本組合的西周樂懸制度已經形成。禮樂器的配置由原來的一種增加到三種：單用編甬鍾、編甬鍾與編磬共用、鎛與特磬共用。從第一代井叔、膳夫克和微伯癲的樂懸配置來看，當時編甬鍾、編磬和鎛的完整配置很可能已經出現。這充分反映了西周中期樂懸配置開始細化，並基本定型。同時，大鐃和編鐃在這一時期已經徹底退出了西周樂懸制度的舞臺。這些都說明，西周樂懸制度在西周中期得到了進一步的發展與完善。

先說西周中期的穆王之世。穆王時期出土樂懸的墓葬資料有兩例：晉武侯墓和長由墓。晉武侯墓爲一槨兩棺。〔註 89〕《禮記・檀弓上》：「天子之

十多年來編鍾的發現與研究》，第 4 頁，《黃鍾》1999 年第 3 期。

〔註88〕王世民：《春秋戰國葬制中樂器和禮器的組合狀況》，《曾侯乙編鍾研究》，第 105 頁，湖北人民出版社，1992 年。

〔註89〕北京大學考古學系、山西省考古研究所：《天馬——曲村遺址北趙晉侯墓地第二次發掘》，第 4～28 頁，《文物》1994 年第 1 期；劉緒：《天馬——曲村遺址晉侯墓地及相關問題》，《三晉考古》第一輯，山西人民出版社，1994 年；項陽、陶正剛：《中國音樂文物大系・山西卷》，第 47 頁，大象出版社，2000 年。

棺四重」，鄭注：「尙深邃也，諸公三重，諸侯再重，大夫一重，士不重。」
〔註 90〕即天子一槨五棺，諸侯一槨三棺，大夫一槨二棺，士一槨一棺。可
見，晉武侯墓的棺槨制度非諸侯之制，而屬於大夫級別。列鼎制度方面，該
墓爲 5 鼎 4 簋。俞偉超、高明認爲：「周王室自有一套天子九鼎，卿七鼎，
大夫五鼎，士三鼎或一鼎的制度，而又有另一套公、侯七鼎，伯五鼎，子、
男三鼎或一鼎的制度。」〔註 91〕以此觀之，其列鼎制度也不符合諸侯之制，
而屬於大夫之制。在樂懸制度方面，該墓只配置編甬鍾一肆 4 件，也沒有發
展到文獻記載的諸侯樂懸配置爲編甬鍾、編鎛、編磬俱全的規模。車馬制度
方面，該墓殉車 7 輛。《禮記・檀弓下》：「國君七個，遣車七乘；大夫五個，
遣車五乘。」〔註 92〕殉車七乘，倒是符合諸侯之禮。特別需要指出的是，
此墓未被盜掘。因此，以上葬制應爲當時禮樂制度的眞實體現。

　　再看長由墓。遺憾的是，該墓出土器物很多，不少被農民挖掉，因此隨
葬器物可能會有缺失。現存器物中有鼎 4、簋 2 件等，俞偉超、高明認爲其屬
於士的 3 鼎 2 簋之制。但該墓隨葬器物組合食器、酒器、水器和樂器四類俱
全，這種禮器組合是西周穆王時期等級最高的，係中級或中級以上貴族方能
享用。〔註 93〕因此，不能排除該墓原來應是 5 鼎 4 簋的方伯之制。按俞偉超、
高明的說法，諸侯爲 7 鼎，方伯爲 5 鼎，相差一個等級。但是從西周時期的
考古發現來看，似乎並非如此。先看方伯之墓。從西周早期昭、穆之世的彊伯
㝬墓（BZM1）〔註 94〕到成、康之世的彊伯墓（BZM13）〔註 95〕，同爲彊伯，
均隨葬列鼎 5 件。再看晉侯墓。從西周晚期的晉獻侯（蘇）墓（M8）〔註 96〕、
晉侯邦父墓（M64）〔註 97〕，甚至到春秋初年的晉文侯（M93）〔註 98〕。在歷

〔註 90〕《禮記正義》卷八，《十三經注疏》，第 1293 頁，中華書局，1980 年。
〔註 91〕俞偉超、高明：《周代用鼎制度研究》（中），第 89 頁，《北京大學學報》1978
　　　　年第 2 期。
〔註 92〕《禮記正義》卷九，《十三經注疏》，第 1303 頁，中華書局，1980 年。
〔註 93〕盧連成、胡智生：《寶雞彊國墓地》，第 517 頁，文物出版社，1988 年。
〔註 94〕盧連成、胡智生：《寶雞彊國墓地》，第 428 頁，文物出版社，1988 年；方建
　　　　軍：《中國音樂文物大系・陝西卷》，第 31 頁，大象出版社，1996 年。
〔註 95〕盧連成、胡智生：《寶雞彊國墓地》，第 429 頁，文物出版社，1988 年。
〔註 96〕北京大學考古學系、山西省考古研究所：《天馬——曲村遺址北趙晉侯墓地第
　　　　二次發掘》，第 4～28 頁，《文物》1994 年第 1 期。
〔註 97〕北京大學考古學系、山西省考古研究所：《天馬——曲村遺址北趙晉侯墓地第
　　　　四次發掘》，第 4～10 頁，《文物》1994 年第 8 期。
〔註 98〕北京大學考古學系、山西省考古研究所：《天馬——曲村遺址北趙晉侯墓地第

代晉侯墓中，除了晉靖侯墓（M91）〔註99〕配置 7 鼎外，其餘晚於 M91 的墓葬均配置 5 鼎。楊寬云：「成康之際，公卿的官爵制度當以確立。太保、太師、太史等執政大臣稱『公』，其他朝廷大臣，由四方諸侯進入爲卿的稱爲『侯』，由畿內諸侯進入爲卿的稱『伯』，很是分明。」〔註100〕所言極是。可見，西周時期的侯與伯應屬同一級別，均爲卿級官職，而非侯爲卿級，伯低一級爲大夫。方伯長由與晉武侯級別相同，享用的樂懸配置也同爲編甬鍾，反映了當時樂懸制度的規範性。這些資料表明，在西周中期早段的穆王之時，西周樂懸制度仍然處於初級發展階段，還沒有發展到有鍾有磬的水平，更談不到諸侯樂懸編甬鍾、編鎛、編磬俱全的配置。西周禮樂制度的其他方面也是如此。特別需要指出的是，墓主長由爲長國的後裔。長國曾是一個與商朝關係密切的方國。該墓出土有西周中期墓葬中極爲少見的觚（2 件）和爵（2 件）；墓葬形式也與殷墓相似，有腰坑和殉狗，這些都是殷文化的典型特徵。但是唯獨沒有「殷禮」的典型禮樂器——編鐃（西周早期還有出土並見於墓葬），而是代之以編甬鍾。可見，在穆王之世西周樂懸制度已經完全確立。

再看看西周中期的恭、懿王之世。這一時期出土樂懸的墓葬有 2 例：井叔夫人墓（M163）〔註101〕和其丈夫井叔墓（M157）。井叔夫人墓的時代爲西周中期懿王之世〔註102〕，所配樂懸爲編甬鍾和編磬。其丈夫第一代井叔墓（M157）曾被盜掘，僅存編磬殘塊數件〔註103〕。從其夫人樂懸配置鍾磬俱全來看，以其位列三公的高貴身份，享用鍾磬俱全的樂懸配置應該也是沒有問題的。在西周樂懸制度中，各級貴族基本的樂懸配置爲編鍾、編磬俱全，如天子之卿、大夫、士以及諸侯之卿、大夫之樂懸均有鍾有磬。從康、昭之世

五次發掘》，第 22～28 頁，《文物》1995 年第 7 期。

〔註99〕 北京大學考古學系、山西省考古研究所：《天馬——曲村遺址北趙晉侯墓地第五次發掘》，第 10～11 頁，《文物》1995 年第 7 期；王世民、蔣定穗：《最近十多年來編鍾的發現與研究》，第 4 頁，《黃鍾》1999 年第 3 期。

〔註100〕 楊寬：《西周史》，第 341 頁，上海人民出版社，1999 年。

〔註101〕 中國社會科學院考古研究所灃西發掘隊：《長安張家坡西周井叔墓發掘簡報》，第 25～26 頁，《考古》1986 年第 1 期；中國社會科學院考古研究所：《張家坡西周墓地》，第 164～167 頁，中國大百科全書出版社，1999 年。

〔註102〕 張長壽：《論井叔銅器——1983～1986 年灃西發掘資料之二》，《文物》1990 年第 7 期。

〔註103〕 中國社會科學院考古研究所灃西發掘隊：《長安張家坡西周井叔墓發掘簡報》，第 26 頁，《考古》1986 年第 1 期。

的強伯各〔註104〕到昭、穆之世強伯桮〔註105〕，從穆王之世的晉武侯〔註106〕
到穆王後期的長由〔註107〕，這 4 位方君或諸侯的樂懸配置均只有編甬鍾而
已，並沒有出現編磬；而且前 3 位墓主的墓葬並沒有被盜，應該是當時樂懸
制度發展階段的眞實反映。可見一直到西周中期的穆王之世，西周樂懸制度
仍停留於西周早期的初創階段。到了懿王之世的井叔夫人墓（M163）出現了
鍾磬樂懸俱全（其丈夫井叔墓的樂懸配置亦應如此），表明樂懸制度在懿王之
世得到初步完善，樂懸配置由原來的僅用編甬鍾發展到編鍾、編磬俱全的模
式。自懿王以往，鍾磬俱全的基本樂懸配置終於確立。懿王之後的歷代晉侯
墓（沒盜掘的）均鍾磬俱全，正說明了這一點。

　　至於西周中期孝、夷之世的樂懸制度，這一時期雖未見有出土樂懸的墓
葬，但出土青銅樂懸的窖藏卻有數例，其中扶風法門寺任村窖藏和微氏家族
窖藏最爲重要。這兩例窖藏出土的禮器和禮樂器墓主明確，時代清楚，是研
究孝、夷之世樂懸制度的珍貴資料。扶風法門寺任村窖藏克鍾（5 件）與克鎛
於清光緒十六年（公元 1890 年）發現。陳雙新通過對克鍾銘文的考察，認爲
克鍾原來應該一肆 8 件。〔註108〕關於克器群的時代，目前學術界多以孝王說
爲是。關於膳夫克的身份與地位，前文已述，應屬有權享用編甬鍾和鎛的上
卿。從晉靖侯墓（M91）僅出編甬鍾來看，〔註109〕西周中期的一些諸侯尚無
此種待遇。

　　再看活動於孝、夷之時的微伯癲。微氏家族窖藏出土青銅器共計 103 件，

〔註104〕盧連成、胡智生：《寶雞強國墓地》，第 96 頁，文物出版社，1988 年；方建
　　　　軍：《中國音樂文物大系・陝西卷》，第 29 頁，大象出版社，1996 年。

〔註105〕盧連成、胡智生：《寶雞強國墓地》，第 281 頁，文物出版社，1988 年；方建
　　　　軍：《中國音樂文物大系・陝西卷》，第 31 頁，大象出版社，1996 年。

〔註106〕北京大學考古學系、山西省考古研究所：《天馬——曲村遺址北趙晉侯墓地第
　　　　二次發掘》，第 4～28 頁，《文物》1994 年第 1 期；劉緒：《天馬——曲村遺址
　　　　晉侯墓地及相關問題》，《三晉考古》第一輯，山西人民出版社，1994 年；項
　　　　陽、陶正剛：《中國音樂文物大系・山西卷》，第 47 頁，大象出版社，2000 年。

〔註107〕陝西省文物管理委員會：《長安普渡村西周墓的發掘》，第 75～86 頁，《考古
　　　　學報》1957 年第 1 期。

〔註108〕陳雙新：《兩周青銅樂器銘辭研究》，第 93～94 頁，河北大學出版社，2002
　　　　年。

〔註109〕北京大學考古學系、山西省考古研究所：《天馬——曲村遺址北趙晉侯墓地第
　　　　五次發掘》，第 10～11 頁，《文物》1995 年第 7 期；王世民、蔣定穗：《最近
　　　　十多年來編鍾的發現與研究》，第 4 頁，《黃鐘》1999 年第 3 期。

其中編甬鍾 21 件。〔註 110〕通過對青銅器銘文研究可知，微伯癲曾擔任西周太史僚的長官「太史」，位列三公之一，是僅次於周天子的權臣。前文已經論述，微伯癲享用的樂懸編鍾至少有 3 肆 24 件。除此之外，微伯癲之樂懸應該還有鎛，因爲三公之下的膳夫克可以享用鎛〔註 111〕。按照周代的樂懸制度，位列三公的微伯癲當然可以享用鎛。懿王之世的第一代井叔（位列三公）也是如此。前文已述，在懿王之後的樂懸制度中編磬已經成爲高級貴族的基本配置。故膳夫克和微伯癲的樂懸應該還有編磬。

《周禮·春官·小胥》賈公彥疏：「天子、諸侯懸皆有鎛。今以諸侯之卿、大夫、士，半天子之卿、大夫、士言之，則卿、大夫直有鍾磬，無鎛也；若有鎛，不得半之耳。」〔註 112〕《儀禮·燕禮》賈公彥又疏：「天子宮懸，諸侯軒懸，面皆鍾、磬、鎛各一虡，大夫判懸，士特懸，不得有鎛。」〔註 113〕也就是說，賈氏認爲天子、諸侯的樂懸配置爲編鍾、編磬、鎛俱全，而卿、大夫懸只有鍾磬。今從晉靖侯墓（M91）〔註 115〕的出土實物來看，西周中期的諸侯，其樂懸的配置僅爲編甬鍾而已，連鍾磬俱全都談不上，更不用說鎛了。身爲上卿的膳夫克、位列三公的微伯癲和第一代井叔的樂懸表明，在西周中期編鍾、編磬、鎛俱全應該是三公以及上卿的樂懸配置。「毋庸諱言，穆、共時期的青銅禮器在組合、器形、紋飾方面的變化，正體現了這一變革時期禮樂制度的變化。實際上，康、昭之際已經開始。穆、共時期基本完成。」〔註 115〕而樂懸用器制度的完成應該晚於穆、共時期，一直到孝、夷時期才確立完善。

綜上所述，關於樂懸的用器制度，在穆王之世仍處於西周早期的初創階

〔註 110〕陝西周原考古隊：《陝西扶風莊白一號西周青銅器窖藏發掘簡報》，第 1～18 頁，《文物》1978 年第 3 期；陝西省考古研究所等：《陝西出土商周青銅器（二）》，文物出版社，1980 年；方建軍：《中國音樂文物大系·陝西卷》，第 37～50 頁，大象出版社，1996 年。
〔註 111〕陳邦懷：《克鎛簡介》，第 14～16 頁，《文物》1972 年第 6 期；黃崇文：《中國音樂文物大系·天津卷》，第 205 頁，大象出版社，1996 年；高至喜：《論商周銅鎛》，第 38～43 頁，《商周青銅器與楚文化研究》，嶽麓書社，1999 年。
〔註 112〕《周禮注疏》卷二十三，《十三經注疏》（上），第 795 頁，中華書局，1980 年。
〔註 113〕《儀禮·燕禮》，《儀禮注疏》卷十四，《十三經注疏》（上），第 1014 頁，中華書局，1980 年。
〔註 115〕北京大學考古學系、山西省考古研究所：《天馬——曲村遺址北趙晉侯墓地第五次發掘》，第 10～11 頁，《文物》1995 年第 7 期；王世民、蔣定穗：《最近十多年來編鍾的發現與研究》，第 4 頁，《黃鍾》1999 年第 3 期。
〔註 115〕盧連成、胡智生：《寶雞強國墓地》，第 521 頁，文物出版社，1988 年。

段；懿王之世鍾磬俱全，用器制度得到進一步完善；到孝、夷之世，編鍾、編磬和鎛俱全已成爲三公以及上卿級別王室重臣的禮樂重器，用器制度臻於完備。

二、樂懸的擺列制度

根據《周禮·春官·小胥》的記載，周代樂懸的擺列方式可分爲四種：周天子爲宮懸，擺列四面；諸侯爲軒懸，擺列三面；卿、大夫判懸，擺列兩面；士特懸，擺列於東面或階間。從出土實物來看，情況如何呢？先看穆王之世的晉武侯墓〔註11〕和長由墓〔註117〕，前者出土編鍾 4 件，後者出土編鍾 3 件。如果擺放的話，只能擺放一面，屬特懸而已。而西周早期的弼伯各墓〔註118〕和弼伯冎墓〔註119〕也是如此。可見，穆王之世的樂懸擺列制度與西周早期並無多少變化。

再看恭王、懿王之世，可以井叔夫人墓爲例。墓中出土了編甬鍾（3 件）和編磬數件，〔註120〕應該是編鍾、編磬各一虡，分兩面擺放，應屬判懸之制。前文已述，其夫人應該相當於大夫級別；說明懿王之世的大夫已可享用判懸之制。

最後看看孝、夷時期。前面亦已論及，上卿膳夫克、位列三公的微伯瘋和第一代井叔，都可享用編鍾、編磬、鎛俱全的樂懸配置。但是擺列方式和規格卻有不同。因第一代井叔墓（M157）編甬鍾、編磬和鎛的數量均不清楚，其擺列方式暫且不論。這裏僅談其他兩例。第一例是膳夫克，其樂懸只出土

〔註11〕 北京大學考古學系、山西省考古研究所：《天馬——曲村遺址北趙晉侯墓地第二次發掘》，第 4～28 頁，《文物》1994 年第 1 期；劉緒：《天馬——曲村遺址晉侯墓地及相關問題》，《三晉考古》第一輯，山西人民出版社，1994 年；項陽、陶正剛：《中國音樂文物大系·山西卷》，第 47 頁，大象出版社，2000年。

〔註117〕陝西省文物管理委員會：《長安普渡村西周墓的發掘》，第 75～86 頁，《考古學報》1957 年第 1 期。

〔註118〕盧連成、胡智生：《寶雞弼國墓地》，第 96 頁，文物出版社，1988 年；方建軍：《中國音樂文物大系·陝西卷》，第 29 頁，大象出版社，1996 年。

〔註119〕盧連成、胡智生：《寶雞弼國墓地》第 281 頁，文物出版社，1988 年；方建軍：《中國音樂文物大系·陝西卷》，第 31 頁，大象出版社，1996 年。

〔註120〕中國社會科學院考古研究所灃西發掘隊：《長安張家坡西周井叔墓發掘簡報》，第 25～26 頁，《考古》1986 年第 1 期；中國社會科學院考古研究所：《張家坡西周墓地》，第 164～167 頁，中國大百科全書出版社，1999 年。

編甬鍾 5 件，特鎛 1 件。克鍾原來應該一肆 8 件，〔註121〕與之相配的應有一肆編磬。因為這一時期編磬已經成為樂懸中的必備成員，只是克鍾、克鎛出自青銅器窖藏，非為其樂懸配置的全貌。根據膳夫克僅有編甬鍾一肆 8 件來看，鍾和鎛應懸一架，擺列一面，編磬則擺列另一面，那麼膳夫克的樂懸應該是判懸之制，與其卿級身份的禮制相合。

第二例微伯瘨，前文已述其所用的編甬鍾應該是 3 肆，每肆 8 件，共計 24 件；編磬沒有出土，但是根據所出編甬鍾的數量來看，其數量至少為 2 肆 16 件；鎛雖然也沒有出土，根據膳夫克享用鎛的情況來看，位列三公的微伯瘨應該有鎛。如果此種推測屬實的話，微伯瘨的樂懸就比較複雜了。這 24 件編鍾加上數件編鎛和 16 件以上的編磬應該如何懸掛呢？西周時期的鍾磬簨虡〔註122〕尚未見出土，春秋戰國時期的編鍾簨虡已有數例。從這些考古發現來看，編鍾簨虡主要有兩種排列形式：一字形和曲尺形。一字形簨虡又可分單簨和雙簨兩種。一字形單簨式就是整架鍾磬只有一層，懸掛一肆編鍾，即一堵一肆，例如春秋時期的驫鍾（9 件）〔註123〕、驫鎛（圖49）〔註124〕等；一字形雙簨式分兩層懸掛，即一堵兩肆以上，如春秋晚期的王孫誥編鍾（26 件）（圖50）〔註125〕。曲尺形簨虡可分單簨和多簨。曲尺形單簨式懸掛一（或二）肆編鍾，即一堵一（或二）肆，例如春秋時期的鄱子成周編鎛（8 件）就是一堵一肆（圖51）〔註126〕；曲尺形多簨式以曾侯乙編鍾（圖52）為代表，規模達一堵 8 肆 65 件之多。〔註127〕從以上出土的編鍾簨虡來看，瘨鍾的簨虡應為曲尺形多簨式，分上下兩層懸掛，也就是把曾侯乙編鍾的第三層 3 組紐鍾去掉之後的擺列形式。目前瘨鍾共計出土 21 件，尚缺 3 件。筆者根據所缺編鍾的正鼓音音高與其他兩肆編鍾當中與之音高相同或者相近編鍾的高度，對所缺編鍾的高度進行推定並製表（表20），其中所缺編鍾的數據均用斜體以示區

〔註121〕陳雙新：《兩周青銅樂器銘辭研究》，第 93～94 頁，河北大學出版社，2002年。

〔註122〕簨虡指懸掛鍾磬的架子。簨（或筍）即橫梁，虡（或簴）即立柱。

〔註123〕趙世綱：《中國音樂文物大系・河南卷》，第 118 頁，大象出版社，1996 年。

〔註124〕趙世綱：《中國音樂文物大系・河南卷》，第 100 頁，大象出版社，1996 年。

〔註125〕趙世綱：《中國音樂文物大系・河南卷》，第 87 頁，大象出版社，1996 年。

〔註126〕固始侯古堆一號墓發掘組：《河南固始侯古堆一號墓發掘簡報》，第 1～8 頁，《文物》1981 年第 1 期；趙世綱：《中國音樂文物大系・河南卷》，第 103 頁，大象出版社，1996 年。

〔註127〕王子初：《中國音樂文物大系・湖北卷》，第 202 頁，大象出版社，1996 年。

別。第一組（二式與四式）缺最後一件，根據這一組前 7 件編鍾正鼓音所構成的音列：羽－宮－角－羽－角－羽－角－羽－角，推定第八件正鼓音應爲羽，因此其音高應爲 g^3。與之音高最爲接近的是第二組的第 8 號，其音高爲 $^\#g^3$-22 音分，通高爲 24.1 釐米。第一組所缺最後一件的音高爲 g^3，比第二組的第 8 號低半音，所以體量應該稍大些，推定爲 24.5 釐米。第三組應缺最後 2 件。根據前 6 件的音列來看，前 4 鍾均無鳳鳥紋的側鼓音標記，正鼓音音列爲角－徵－羽－宮，第 5、6 件均有鳳鳥紋標記，正、側鼓音音列爲角－徵－羽－宮。所缺最後兩件也應爲雙音鍾。根據西周編鍾的音列規律，其音列應與第 5、6 件相同，也爲角－徵－羽－宮，整組編鍾的正鼓音音列應爲：角－徵－羽－宮－角－羽－角－羽。因此，最後兩件編鍾的正鼓音音高應爲 a^2、d^3。參照第一組中與之音高最爲接近或相同的第 6、7 件，推定這兩件編鍾的通高分別爲 32、28 釐米。

圖 49　虢鎛

圖 50　王孫誥編鍾

圖 51　鄴子成周編鎛

圖 52　曾侯乙編鍾

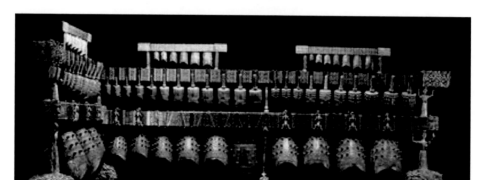

表 20　瘨鍾（24 件）形制數據表 [註 128]

編 列	器 型	序 號	標 本 號	通 高	正 鼓 音	
					音 高	階 名
第一組	二式	1	76FZH1：29	70.6	g-9	羽
		2	76FZH1：10	64.0	^{b}b-12	宮
		3	76FZH1：9	63.0	d^1-24	角
		4	76FZH1：32	61.2	g^1-20	羽
	四式	5	76FZH1：28	41.0	d^2+9	角
		6	76FZH1：31	33.8	g^2+22	羽
		7	76FZH1：57	27.9	d^3+57	角↑
		8	—	24.5	*g^3*	*羽*
第二組	三式	1	76FZH1：8	68.4	$^\#$g+51	羽
		2	76FZH1：30	65.5	b-100	宮↓
	七式	3	76FZH1：59	46.0	$^\#d^1$+14	角
		4	76FZH1：67	44.0	$^\#g^1$+9	羽
	三式	5	76FZH1：16	41.6	$^\#d^2$-58	角↓
		6	76FZH1：33	39.2	$^\#g^2$-83	羽
		7	76FZH1：62	28.8	$^\#d^3$-40	角
		8	76FZH1：65	24.1	$^\#g^3$-22	羽

〔註 128〕表中斜體數據，是所缺編鍾的模擬數據，使用斜體以示區別。

	五式	1	76FZH1：61	48.0	a-49	角↓
	一式	2	76FZH1：64	46.1	c^1-77	徵↓
	五式	3	76FZH1：66	41.4	d^1+48	羽
第三組		4	76FZH1：63	38.0	f^1+28	宮
	六式	5	76FZH1：60	37.1	a^1+49	角
		6	76FZH1：58	35.7	d^2+24	羽
		7	—	*32*	*a^2*	*角*
		8	—	*28*	*d^3*	*羽*

單位：釐米　音分

　　從表 20，可以分析一下這三組編甬鍾的懸掛問題。第一組和第二組兩組
體量接近，最大一件均在 70 釐米左右，把這兩組分兩層懸掛在正面比較合適：
左側為第一組，上層 5 件小鍾，下面 3 件大鍾；右側為第二組，也是上層 5
件小鍾，下層 3 件大鍾。第三組編鍾體量較小，最大一件僅為 48 釐米，把這
一組 8 件均懸掛在左面上層，下層則是 3 件編鎛。根據最大一件瘣鍾的體量推
測，這三件編鎛的通高應該在 75～65 釐米之間，懸掛在下面一層比較合適。
而右面，應該是一堵編磬，分上下兩層懸掛，每層 8 件。如此而成「軒懸」
之制（圖 53 微伯瘣樂懸圖）。

　　從微伯瘣的樂懸來看，當時三公的樂懸規格可見一斑。

圖 53　微伯瘣樂懸圖

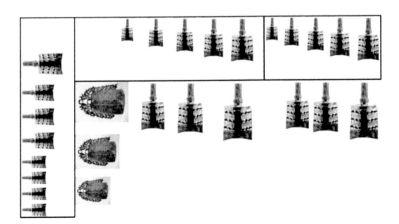

三、樂懸的音列制度

　　據前文的統計，西周早期編甬鍾僅有 13 例 24 件；但到了西周中期猛增至 48 例 121 件，翻了數倍。其編列和規模也由西周早期的一堵一肆 2 或 3 件，迅速擴充到一堵三肆 24 件，每肆 8 件、甚至 10 件之多。當然，樂懸編列和規模的擴大只是樂懸制度發展與完善的一個方面。作為一種樂器，其音樂性能方面的發展進步，更是值得關注的重要內容。下面筆者就對其中兩組保存較好，編列比較完整、音列比較齊全的編甬鍾的音樂性能進行分析，以探究西周中期樂懸音列制度的原貌。

1・瘋鍾

　　1976 年出土，共計 21 件。〔註 129〕通過對其形制、紋飾、銘文、音列的分析可知，編甬鍾原來應該是 3 肆，每肆 8 件，共計 24 件。現將這 3 肆 24 件瘋鍾的測音數據進行分析並列表（參見表 21）。

表 21　瘋鍾（24 件）測音數據分析表〔註 130〕

編組	序號	器型	標　本　號	正　鼓　音 音高	正　鼓　音 階名	側　鼓　音 音高	側　鼓　音 階名	備　註
第一肆	1	二式	76FZH1：29	g-9	羽	^{b}b+133	宮↑	－
	2		76FZH1：10	^{b}b-12	宮	d^1-27	角	－
	3		76FZH1：9	d^1-24	角	f^1-8	徵	側鼓有鳳鳥紋
	4		76FZH1：32	g^1-20	羽	^{b}b^1+20	宮	側鼓有鳳鳥紋
	5	四式	76FZH1：28	d^2+9	角	f^2+35	徵↑	側鼓有鳳鳥紋
	6		76FZH1：31	g^2+22	羽	^{b}b^2+54	宮↑	側鼓有鳳鳥紋
	7		76FZH1：57	d^3+57	角↑	f^3+161	徵↑	側鼓有鳳鳥紋
	8	缺	－	g^3	羽	^{b}b^3	宮	－

〔註 129〕陝西周原考古隊：《陝西扶風莊白一號西周青銅器窖藏發掘簡報》，第 1～18 頁，《文物》1978 年第 3 期；陝西省考古研究所等：《陝西出土商周青銅器（二）》，文物出版社，1980 年；方建軍：《中國音樂文物大系・陝西卷》，第 37～50 頁，大象出版社，1996 年。

〔註 130〕方建軍：《中國音樂文物大系・陝西卷》，第 37、39、42、45、47、49、50 頁，大象出版社，1996 年；表中斜體部分是所缺編鍾的模擬數據，用斜體以示區別，關於模擬數據的來源參見本節「二、樂懸的擺列制度」中微伯瘋的樂懸分析部分。

第二肆	1	五式	76FZH1：61	a-49	角↓	c¹-20	徵	—
	2	一式	76FZH1：64	c¹-77	徵↓	ᵇe¹-81	商曾	—
	3	五式	76FZH1：66	d¹+48	羽	f¹-17	宮	—
	4		76FZH1：63	f¹+28	宮	a¹-11	角	—
	5	六式	76FZH1：60	a¹+49	角	c²+96	徵↑	側鼓有鳳鳥紋
	6		76FZH1：58	d²+24	羽	f²+73	宮↑	側鼓有鳳鳥紋
	7	缺	—	a²	角	c³	徵	—
	8	缺	—	d³	羽	f³	宮	—
第三肆	1	三式	76FZH1：8	#g+51	羽	b¹+85	宮	—
	2		76FZH1：30	b-100	宮↓	#d¹-157	角↓	—
	3	七式	76FZH1：59	#d¹+14	角	#f¹+17	徵	—
	4		76FZH1：67	#g¹+9	羽	b²+57	宮	—
	5	三式	76FZH1：16	#d²-58	角↓	#f²-62	徵	側鼓有鳳鳥紋
	6		76FZH1：33	#g²-83	羽	b²-56	宮	側鼓有鳳鳥紋
	7		76FZH1：62	#d³-40	角	#f³+11	徵	側鼓有鳳鳥紋
	8		76FZH1：65	#g³-22	羽	b³-8	宮	側鼓有鳳鳥紋

單位：音分

　　從表 21 來看，第一肆編鍾出土僅 7 件，第 1、2 件編鍾的側鼓部沒有鳳鳥紋標記，應爲單音鍾；第 3～7 件的側鼓部均有鳳鳥紋，應爲雙音鍾。從第三肆編鍾的測音數據和音列來看，第一肆所缺第 8 件的音高應爲「g³」，且應爲雙音鍾。由此可見，第一肆編鍾的正鼓音音列應爲：羽－宮－角－羽－角－羽－角－羽，正、側鼓音音列應爲 G 羽四聲音階：羽－宮－角－徵－羽－宮－角－徵－羽－宮－角－徵－羽－宮，音域達三個八度又一個小三度。

　　第二肆編鍾出土僅 6 件，前四件編鍾的側鼓部沒有鳳鳥紋標記，可看作爲單音鍾；第 5、6 件的側鼓部均有鳳鳥紋，應爲雙音鍾。根據第一肆和第三肆編鍾的測音數據和音列來看，所缺最後兩鍾的正鼓音音列應爲角－羽，音高分別爲「a²」、「d³」，而且這二鍾均應爲雙音鍾。由此可見，第二肆編鍾的正鼓音音列應爲：角－徵－羽－宮－角－羽－角－羽，正、側鼓音音列應爲 A 角四聲音階：角－徵－羽－宮－角－徵－羽－宮－角－徵－羽－宮，音域達兩個八度又一個小六度。

　　第三肆編鍾出土 8 件，前四件編鍾的側鼓部沒有鳳鳥紋標記，似應作爲

單音鍾看待。但從測音數據與整組編鍾的音列來看，第3、4件也應該是雙音鍾。此組編鍾的正鼓音音列爲：羽－宮－角－羽－角－羽－角－羽，正、側鼓音音列應爲#G 羽四聲音階：羽－宮－角－徵－羽－宮－角－徵－羽－宮－角－徵－羽－宮，音域達三個八度又一個小三度。遺憾的是，第2和第5兩件編鍾內壁光平，沒有經過調音銼磨。特別是第 2 件的音高偏差很大，對此組編鍾的音樂性能造成了一定的影響。從以上三肆編鍾的測音數據分析來看，第一肆和第三肆編鍾的音域均爲三個八度又一個小三度，這在當時是非常罕見的。

2．長安馬王村編甬鍾〔註131〕

1973 年陝西長安縣馬王村西周銅器窖藏出土，共計 10 件，另有鼎 3、甗1、簋等銅器 25 件，其時代爲西周中期。編甬鍾器形均較完整，銹蝕較嚴重。按照其形制紋飾的不同，10 件編鍾可分爲五式（圖 54）：一式 4 件，二式 2件，三式 2 件，四式 1 件，五式 1 件。可見，這組編鍾應爲拼湊而成。而且這 10 件編甬鍾的于口內壁均沒有調音銼磨痕，據此推測其音樂性能也應該不會好到哪裏去，故研究西周編鍾音列的諸多學者都將其忽略了。但是，筆者通過對其測音數據分析後發現，結果令人震驚！在這 10 件編鍾當中，第1～8件的正鼓音，加上第 4、5 兩件雙音鍾的側鼓音，僅差變宮、徵曾、徵 3 個音就可以在一個八度內構成完整的半音階（參見表22），在目前所見的西周編鍾中尚屬僅見。

圖54　長安馬王村編鍾線圖

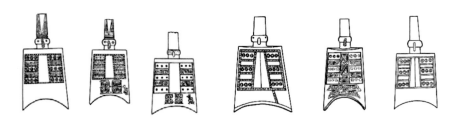

〔註131〕西安市文物管理處：《陝西長安新旺村、馬王村出土的西周銅器》，第 1～5頁，《考古》1974 年第 1 期；方建軍：《中國音樂文物大系·陝西卷》，第80～83 頁，大象出版社，1996 年。

表22　長安馬王村編甬鍾（10件）正、側鼓音音列分析表

序號	器型	標本號	正 鼓 音		側 鼓 音		備 註
			音 高	階 名	音 高	階 名	—
1	三式	馬王 20	$^bb+7$	商曾	$^bd^1+7$	變商	—
2	一式	馬王 15	c^1+36	宮	$^bd^1+67$	變商	—
3	三式	馬王 21	$^bd^1+43$	變商	$^bg^1+1$	變徵	—
4	一式	馬王 16	d^1+12	商	f^1+57	和	側鼓有鳳鳥紋
5	二式	馬王 19	e^1+74	角	$^bg^1+17$	變徵	側鼓有鳳鳥紋
6		馬王 18	$^ba^1±0$	變羽	c^2+24	宮	側鼓有鳳鳥紋
7	一式	馬王 14	a^1-9	羽	a^1-9	羽	—
8		馬王 17	$^bb^1-13$	商曾	$^bd^2+49$	變商	側鼓有鳳鳥紋
9	四式	馬王 22	殘破	—	—	—	—
10	五式	馬王 23	$^bb^2-125$	商曾↓	$^bd^3-51$	變商	—

單位：音分

　　筆者通過進一步分析發現，長安馬王村編甬鍾的音列還存在多種可能，而非如一般西周編鍾僅僅可以構成一種調式、一種四聲音階，詳見如下：

　　（1）從表23的測音數據分析來看，將第1、3、5、6、8、10六件的正鼓音，加上第8件雙音鍾的側鼓音，可以構成^bB羽四聲音階：羽－宮－角－徵－羽－宮－羽。第3、5、6、8、10五件的正鼓音，加上第5、6、8三件雙音鍾的側鼓音，可以構成缺「商」的^bD宮六聲下徵音階：宮－角－和－徵－羽－變宮－宮－羽。

表23　長安馬王村編甬鍾（10件）測音數據分析表一

序號	器型	標本號	正 鼓 音		側 鼓 音		備 註
			音 高	階 名	音 高	階名	
1	三式	馬王 20	$^bb+7$	羽	$^bd^1+7$	宮	—
2	一式	馬王 15	c^1+36	—	d^1-33	—	—
3	三式	馬王 21	$^bd^1+43$	宮	$^bg^1+1$	和	—
4	一式	馬王 16	d^1+12	—	f^1+57	—	側鼓有鳳鳥紋
5	二式	馬王 19	f^1-26	角↓	$^bg^1+17$	和	側鼓有鳳鳥紋

6		馬王 18	$^{b}a^{1}$±0	徵	c^{2}+24	變宮	側鼓有鳳鳥紋
7	一式	馬王 14	a^{1}-9	—	a^{1}-9	—	—
8		馬王 17	$^{b}b^{1}$-13	羽	$^{b}d^{2}$+49	宮	側鼓有鳳鳥紋
9	四式	馬王 22	—	—	—	—	殘破
10	五式	馬王 23	$^{b}b^{2}$-125	羽↓	$^{b}d^{3}$-51	宮	—

單位：音分

（2）從表 24 的測音數據分析來看，將第 2、4、5、6、8、10 六件的正鼓音，加上第 4、6、8 三件雙音鍾的側鼓音，竟然可以構成 C 宮七聲下徵音階：宮－商－角－和－徵－羽－變宮－宮－羽。

表 24　長安馬王村編甬鍾（10 件）測音數據分析表二

序號	器型	標本號	正 鼓 音		側 鼓 音		備 註
			音高	階名	音高	階名	
1	三式	馬王 20	^{b}b+7	—	$^{b}d^{1}$+7	—	—
2	一式	馬王 15	c^{1}+36	宮	d^{1}-33	商	—
3	三式	馬王 21	$^{b}d^{1}$+43	—	$^{b}g^{1}$+1	—	—
4	一式	馬王 16	d^{1}+12	商	f^{1}+57	和	側鼓有鳳鳥紋
5	二式	馬王 19	e^{1}+74	角	f^{1}+117	和	側鼓有鳳鳥紋
6		馬王 18	g^{1}+100	徵↑	b^{1}+124	變宮↑	側鼓有鳳鳥紋
7	一式	馬王 14	a^{1}-9	—	a^{1}-9	—	—
8		馬王 17	a^{1}+87	羽↑	c^{2}+149	宮↑	側鼓有鳳鳥紋
9	四式	馬王 22	—	—	—	—	殘破
10	五式	馬王 23	a^{2}-25	羽	c^{3}+49	宮	—

單位：音分

（3）從表 25 的測音數據分析來看，將第 1、2、4～6、8、10 七件的正鼓音，加上第 5、6、8 三件雙音鍾的側鼓音，可以構成 ^{b}B 宮六聲俗樂音階：宮－商－角－徵－羽－商曾－宮－商－角－宮。將第 1、2、4、5、7、8、10 七件的正鼓音，加上第 5、6、8 三件雙音鍾的側鼓音，可以構成 ^{b}B 宮六聲正聲音階（或下徵音階）：宮－商－角－徵－羽－變宮－宮－商－角－宮。

－116－

表 25　長安馬王村編甬鍾（10 件）測音數據分析表三

序號	器型	標 本 號	正 鼓 音		側 鼓 音		備　註
			音 高	階 名	音 高	階 名	
1	三式	馬王 20	^{b}b+7	宮	d^1-107	角↓	—
2	一式	馬王 15	c^1+36	商	d^1-33	角	—
3	三式	馬王 21	^{b}d^1+43	—	^{b}g^1+1	—	—
4	一式	馬王 16	d^1+12	角	f^1+57	徵	側鼓有鳳鳥紋
5	二式	馬王 19	f^1-26	徵	g^1-83	羽	側鼓有鳳鳥紋
6		馬王 18	^{b}a^1±0	商曾	c^2+24	商	側鼓有鳳鳥紋
7	一式	馬王 14	a^1-9	變宮	a^1-9	變宮	—
8		馬王 17	^{b}b^1-13	宮	d^2-51	角	側鼓有鳳鳥紋
9	四式	馬王 22	—	—	—	—	殘破
10	五式	馬王 23	^{b}b^2-125	宮↓	c^3+49	商	—

單位：音分

（4）從表 26 的測音數據分析來看，將第 1、2、4、5、7、10 七件的正鼓音，加上第 5、6、8 三件雙音鍾的側鼓音，可以構成 A 角五聲音階：角－徵－羽－宮－商－角－徵－羽－角。若將第 2、4、5、7、8、10 七件的正鼓音，加上第 5、6、8 三件雙音鍾的側鼓音，可以構成 C 徵六聲俗樂音階（或下徵音階）：徵－羽－宮－商－角－和－徵－羽－角。

表 26　長安馬王村編甬鍾（10 件）測音數據分析表四

序號	器型	標 本 號	正 鼓 音		側 鼓 音		備　註
			音 高	階 名	音 高	階名	
1	三式	馬王 20	a+107	角↑	c^1+107	徵	—
2	一式	馬王 15	c^1+36	徵	d^1-33	羽	—
3	三式	馬王 21	^{b}d^1+43	—	^{b}g^1+1	—	—
4	一式	馬王 16	d^1+12	羽	f^1+57	宮	側鼓有鳳鳥紋
5	二式	馬王 19	f^1-26	宮	g^1-83	商	側鼓有鳳鳥紋
6		馬王 18	^{b}a^1±0	徵曾	c^2+24	徵	側鼓有鳳鳥紋
7	一式	馬王 14	a^1-9	角	a^1-9	—	—
8		馬王 17	^{b}b^1-13	和	d^2-51	羽	側鼓有鳳鳥紋
9	四式	馬王 22	—	—	—	—	殘破
10	五式	馬王 23	a^2-25	角	c^3+49	徵	—

單位：音分

從以上分析可知，馬王村編鍾可以在不同調高上構成四聲、五聲、六聲、甚至七聲音階。關於西周編鍾的音列，以往學者均認爲只有宮、角、徵、羽四聲。〔註132〕今以馬王村編甬鍾的音列來看，這種觀點值得商榷。

關於西周編鍾的調式與旋宮轉調，《周禮·春官·大司樂》載：「凡樂，圜鍾爲宮，黃鍾爲角，太簇爲徵，姑洗爲羽……凡樂，函鍾爲宮，太簇爲角，姑洗爲徵，南呂爲羽……凡樂，黃鍾爲宮，大呂爲角，太簇爲徵，應鍾爲羽……」。〔註133〕也就是說，西周不用商音作爲調式主音，當然也就沒有商調。黃翔鵬曾如是解：「西周的宮廷音樂中不用商音作爲調式主音，不等於宮廷音樂的音階中沒有商音。前人認爲西周禮樂是只用五聲音階的（其實，在反映西周制度的有關典籍中，也找不出宮廷中不用『二變』的證據，這也不過是後人的說法）。我們只能說，宮廷中至少已用全五聲；不過，商聲卻不在骨幹音之列。也就是說，西周宮廷音樂，無論其爲五聲或七聲音階，其可用於不同調式作爲主音的音節骨幹音卻是：『宮－角－徵－羽』的結構。」〔註134〕也就是說，黃先生認爲編鍾只是用於演奏骨幹音，而「骨幹音卻是：『宮－角－徵－羽』的結構」，沒有商音，所以西周編鍾上才沒有商音。黃翔鵬還指出，在西周時期「並不存在在同一套編鍾內完成旋宮的可能性」〔註135〕。但馬王村編甬鍾的音列齊全，至少已具備四宮：^{b}D、C、^{b}B、F，並能在這幾種不同的調高上構成多種調式，如^{b}B羽、^{b}D宮、C宮、^{b}B宮、A角、C徵等；在C宮上竟然可以轉五個調，演奏商調式當然沒有問題。可見，黃先生所言並不全面，在西周時期「並不存在在同一套編鍾內完成旋宮的可能性」〔註136〕的

〔註132〕黃翔鵬：《新石器和青銅時代的已知音響資料與我國音階發展史問題》，《溯流探源——中國傳統音樂研究》，人民音樂出版社，1992年；陳荃有：《西周樂鍾的編列探討》，第29～42頁，《中國音樂學》2001年第3期；王清雷：《從山東音樂考古發現看西周樂懸制度的演變》，中國藝術研究院2002屆音樂學碩士學位論文；孔義龍：《兩周編鍾音列研究》（第一章），中國藝術研究院2005屆音樂學博士學位論文。

〔註133〕《周禮注疏》卷二十二，《十三經注疏》（上），第789～790頁，中華書局，1980年。

〔註134〕黃翔鵬：《新石器和青銅時代的已知音響資料與我國音階發展史問題》，第24頁，《溯流探源——中國傳統音樂研究》，人民音樂出版社，1992年。

〔註135〕黃翔鵬：《新石器和青銅時代的已知音響資料與我國音階發展史問題》，第52頁，《溯流探源——中國傳統音樂研究》，人民音樂出版社，1992年。

〔註136〕黃翔鵬：《新石器和青銅時代的已知音響資料與我國音階發展史問題》，第52頁，《溯流探源——中國傳統音樂研究》，人民音樂出版社，1992年。

結論也尚需修正。馬王村編甬鍾所具有極強的音樂性能表明，早在紐鍾誕生之前的西周中期，個別貴族已經開始注重並挖掘鍾磬的音樂性能，以便充分發揮鍾磬樂懸的娛人功能。從而使西周鍾磬樂懸不僅可以用於各種祭祀和儀禮場合，還可以使自己獲得身心感官上的娛樂與享受。

有的學者可能會對馬王村編鍾的音樂性能提出質疑，因爲這 10 件編鍾均沒有經過調音銼磨。對於編鍾的雙音問題，學界諸多學者已有研究，如馬承源〔註137〕、秦序〔註138〕、陳荃有〔註139〕、馮光生等。其中，馮光生認爲周代編鍾的雙音經過了三個發展階段：原生雙音→鑄生雙音→鑄調雙音。原生雙音指商鐃所發雙音，但是其沒有調音銼磨，應爲單音樂鍾；鑄生雙音指西周早期的編甬鍾，仍然沒有調音銼磨，也沒有側鼓部的鳳鳥紋標記，仍然只用正鼓音；鑄調雙音指西周中晚期的編甬鍾，大部分已有調音銼磨，側鼓部出現鳳鳥紋標記，正、側鼓音均已使用，編鍾開始進入雙音鍾階段。〔註140〕既然如此，那麼這 10 件編甬鍾的正鼓音能夠使用是沒有疑問的。其中 4、5、6、8 號編鍾的側鼓部均有鳳鳥紋，即這 4 件編鍾均爲雙音鍾，那麼對於使用這 4 件編鍾的側鼓音也是沒有問題的。而以上筆者分析使用的所有數據均在此範圍之內，因此馬王村編鍾的音樂水平之高應該是毋庸置疑的。

〔註137〕馬承源：《商周青銅雙音鍾》，第 131 頁，《考古學報》1981 年第 1 期。
〔註138〕秦序：《先秦編鍾「雙音」規律的發現與研究》，《中國音樂學》1990 年第 3 期。
〔註139〕陳荃有：《懸鍾的發生及雙音鍾的鑒定》，《交響》2000 年第 4 期。
〔註140〕馮光生：《周代編鍾的雙音技術及應用》，第 40～54 頁，《中國音樂學》2002 年第 1 期。

第四章　西周樂懸制度的完善與成熟

　　關於西周樂懸制度何時得以完善與成熟，學術界探討由來已久。但由於缺乏可靠的考古材料爲依據，對這一問題一直聚訟未決。如李純一曾提出，《周禮・春官・小胥》所載的「正樂懸之位，王宮懸，諸侯軒懸，卿、大夫判懸，士特懸，辨其聲」，[註1]「當是已經發展到定制的東周後期的情況。」[註2]也就是說，李先生認爲西周時期的樂懸制度還處於草創期而已。李先生的這種觀點在當時看來確有一定道理。因爲當時儘管所見西周鍾磬樂懸爲數眾多，但是出土於墓葬的屈指可數，而墓葬時代和墓主明確的更是少得可憐。天馬——曲村遺址，即晉侯墓地的發掘，對西周樂懸制度的研究掀開了嶄新的一頁。目前，總共清理晉侯及其夫人的墓葬9組19座[註3]，大多未被盜掘，許多墓葬均出土鍾磬樂懸，彌足珍貴。從西周到春秋初年代代相傳的9代諸侯墓葬，全國僅此一例。晉侯墓地在目前同時期、同規格的墓地中保存最完整、排列最清楚、隨葬品最豐富，是研究西周樂懸制度最爲重要、最爲可靠的考古資料。

〔註1〕　《周禮注疏》卷二十三，《十三經注疏》（上），第795頁，中華書局，1980年。

〔註2〕　李純一：《先秦音樂史研究的兩種基本史料》，第36頁，《音樂研究》1994年第3期。

〔註3〕　劉緒：《晉侯邦父墓與楚公逆編鍾》，第56頁，《長江流域青銅文化研究》，科學出版社，2002年。

第一節　西周晚期鍾磬樂懸及其考古資料分析

在目前所見西周晚期〔註4〕的鍾磬樂懸中，數量最多的仍為編甬鍾，編鎛也有少量出土。從晉侯墓地出土的鍾磬樂懸來看，編甬鍾和編磬的樂懸配置已成定制。

一、僅出編甬鍾的墓葬

目前，西周晚期的甬鍾實物有 71 例 192 件之多（見附表 7）。在這 71 例甬鍾實物中，出土於墓葬的有 7 例 66 件，其中僅出編甬鍾的墓葬有如下 2 例。

1．臨沂花園村西周墓〔註5〕

1966 年 4 月，山東省臨沂市蘭山棗溝頭花園村一座西周墓葬出土編甬鍾 9 件（圖 55），同出青銅器有鼎（3 件）、匜、盤等。該墓最早係當地村民發現，其中包括編鍾在內的隨葬品陸續被供銷社收集，後由文物部門收存。該墓隨葬列鼎 3 件，根據周代的列鼎制度，墓主應為士一級。該墓隨葬編甬鍾一肆 9 件，為特懸之制，與其身份正好相符。

圖 55　臨沂花園村編鍾

2．洛陽西工周墓〔註6〕

1986 年，河南省洛陽西工航空工業部 612 研究所一座周墓中出土一些禮樂器，其中編甬鍾僅存 4 件（圖 56），可能有缺失。墓主身份地位不明，對其樂懸之制只能存疑。

〔註 4〕　包括厲、共和、宣、幽四個時期。
〔註 5〕　周昌福、溫增源：《中國音樂文物大系·山東卷》，第 60 頁，大象出版社，2001年。
〔註 6〕　趙世綱：《中國音樂文物大系·河南卷》，第 80 頁，大象出版社，1996 年。

圖 56　洛陽西工編鍾

二、編甬鍾與編磬共出的墓葬

西周晚期編甬鍾與編磬共出的墓葬共有 4 例，其中三例爲晉侯墓，一例爲應侯墓，詳見如下。

1・晉侯 91 號墓〔註7〕

1994 年 5～10 月，山西省曲沃縣天馬——曲村遺址 91 號墓出土編甬鍾 7 件、編磬近 20 件，同出鼎 7、簋 5 件等隨葬品。關於鍾磬樂懸的擺放位置，發掘報告稱：其中一件編鍾置於槨室東側，餘均出於西、南兩側；編磬近 20 件，位於槨室西、南兩側。有關專家指出，墓主應爲晉靖侯喜父，屬王之時在位。〔註8〕至於鍾磬樂懸的形製紋飾等方面，發掘報告沒有公佈詳細資料。

2・晉侯 8 號墓〔註9〕

此墓由北京大學考古系與山西省考古研究所在 1992 年聯合發掘。該墓爲「甲」字形大墓，一棺一槨。據專家鑒定，墓主爲晉獻侯蘇。〔註10〕據《晉世家》及《十二諸侯年表》的記載，晉獻侯蘇在位的時間爲周宣王 6 年到 16 年（前 822～前 812 年）。該墓雖經盜擾，仍出土隨葬品 239 件。其中有 14 件編甬鍾流失香港，後被上海博物館購回入藏，另外 2 件編甬鍾爲墓中出土。

〔註7〕　北京大學考古學系、山西省考古研究所：《天馬——曲村遺址北趙晉侯墓地第五次發掘》，第 10～11 頁，《文物》1995 年第 7 期：王世民、蔣定穗：《最近十多年來編鍾的發現與研究》，第 4 頁，《黃鍾》1999 年第 3 期。

〔註8〕　北京大學考古學系、山西省考古研究所：《天馬——曲村遺址北趙晉侯墓地第五次發掘》，第 37～38 頁，《文物》1995 年第 7 期。

〔註9〕　北京大學考古學系、山西省考古研究所：《天馬——曲村遺址北趙晉侯墓地第二次發掘》，第 4～28 頁，《文物》1994 年第 1 期。

〔註10〕　北京大學考古學系、山西省考古研究所：《天馬——曲村遺址北趙晉侯墓地第五次發掘》，第 37～38 頁，《文物》1995 年第 7 期。

編磬共計 18 件。關於鍾磬的位置，發掘報告稱留存在墓中的 2 件編鍾在槨室的東南角，編磬在東側，估計被盜掘的另外 14 件編鍾更多的應在南側。另有列鼎 5 件、簋 4 件。〔註11〕關於晉侯蘇編鍾的時代爭議頗多。其中，李學勤認爲鍾銘的「王三十又三年」就是屬王 33 年。〔註12〕新近公佈了 M8 的碳^{14}C 測定結果，經由高精度樹輪校正曲線校正的年代爲前 808±8 年。依仇士華、張長壽先生之意見，此結果恰與晉獻侯的卒年（宣王 16 年，前 812 年）相合，由此證明晉侯蘇確爲晉獻侯，《史記》所載晉獻侯的卒年是可信的。鍾銘的「王三十又三年」就肯定不是宣王 33 年，而只能是屬王 33 年了。〔註13〕可見，李先生的觀點還是比較可信的。

關於編鍾的來源也有不同看法。李學勤「猜想編鍾的一部分原是他隨屬王作戰的勝利品，因此將其配成全套，」並加鑴文字，故稱號也依刻字時的身份而改變，銘文中的晉侯蘇係他即位後追稱。〔註14〕陳雙新進一步闡明，晉侯蘇的一、二式鍾共計 4 件是晉侯蘇隨周王出征的戰利品，三式 12 件則是他根據原爲每式兩件的一、二式鍾的發音規律而重新補鑄的。〔註15〕高至喜從合金成分、銘文的銘刻方式、器型學三方面分析，認爲「這套編鍾不是在晉地鑄造的，而是來自江南」。在西周時，晉侯從南方獲取編鍾並不是孤證，如山西曲沃縣北趙村 64 號墓出土的 6 件楚公逆編鍾就是來自南方的楚國。〔註16〕

王子初指出，晉侯蘇編鍾的與音樂演奏方式有關的形制結構、調音銼磨手法和其留存至今的音響所體現出來的音列清楚地表明，其並非爲同一個時期的產品，它們很可能是在自西周初期至恭王前後的百餘年間逐步發展增擴形成的。晉侯蘇鍾產生的時代，正是西周甬鍾重要的變革時代。它們的形制

〔註11〕 曲沃縣博物館：《天馬一曲村遺址青銅器介紹》，第 53～55 頁，《文物季刊》1996 年第 3 期。

〔註12〕 李學勤：《晉侯蘇編鍾的時、地、人》，《中國文物報》1996 年 12 月 1 日第三版。

〔註13〕 仇士華、張長壽：《晉侯墓地 M8 的碳十四年代測定和晉侯蘇鍾》，《考古》1999 年第 5 期。

〔註14〕 李學勤：《晉侯蘇編鍾的時、地、人》，《中國文物報》1996 年 12 月 1 日第三版。

〔註15〕 陳雙新：《兩周青銅樂器銘辭研究》，第 91～92 頁，河北大學出版社，2002 年。

〔註16〕 王世民、李學勤、陳久金、張聞玉、張培瑜、高至喜、裘錫圭：《晉侯蘇鍾筆談》，第 63 頁，《文物》1997 年第 3 期。

特徵，生動地展示了一條西周甬鍾演變成形的典型軌跡。16 件編鍾可分三式。
I 式 2 件，鍾 73627 與 73628（圖 57）。圓柱形長甬，中空與腔體相通，錐度
極微，不封衡，有旋無幹。于口內有三棱狀內唇，枚端呈圓形。枚、篆、鉦
間以圓圈紋帶分隔，鼓部、篆間、旋上有纖細陽線構成的雲紋，舞素麵，正
面有銘文數十字；II 式 2 件，鍾 73629 與 73630（圖 58）。甬、內唇、銘文部
位、鍾體紋飾均同 I 式。不同之處在於：其一、旋上有幹；其二、舞面有紋飾；
其三、枚端爲平面；III 式 12 件，鍾 73631～73640（圖 59）以及 M8：33、
M8：32。圓柱形長甬，中空與腔體相通，錐度較明顯，不封衡；但大多數甬
內留有泥芯；甬與腔體相通之處口有大小，個別鍾幾乎鑄沒。鍾甬錐度較大，
幹、旋俱備。于口無內唇。關於這三式編鍾的時代，I 式鍾的年代最早，應在
西周初年；II 式鍾應在西周初期康王之世前後；III 式鍾的年代稍晚，但不會
晚於厲王三十三年。〔註 17〕

圖 57　晉侯蘇編鍾・　　圖 58　晉侯蘇編鍾・　　圖 59　晉侯蘇編鍾・
　　　　I 式（73628）　　　　　　II 式（73630）　　　　　　III 式（73635）

　　根據編鍾的形制和測音數據表（參見表 27、28）可以看出，鍾 73631 與
73632 的尺寸及音高基本一致，應爲重複鍾。同樣的情況又可見於鍾 73633 和
鍾 73634、鍾 73635 和鍾 73636、鍾 73637 和鍾 73638；若加上現存侯馬工作
站的 2 鍾，還可看到鍾 73639 和 M8：33、鍾 73640 和 M8：32、鍾 73627 和

〔註 17〕 王子初：《晉侯蘇鍾的音樂學研究》，第 23～30 頁，《文物》1998 年第 5 期。

鍾 73630 較爲接近的現象。鍾 73629 已啞，但其側鼓音尙能出聲，音高也與鍾 73628 相同。由此可見，這套編鍾應爲音列相同的兩肆構成，每肆 8 件。根據銘文語義的相承關係，將 16 鍾分爲如下 2 組：

第一肆

　　73629　　73630　　73632　　73634　　73636　　73638　　73639　　73640

第二肆

　　73628　　73627　　73631　　73633　　73635　　73637　　M8：33　　M8：32

這與音律分析的結果完全吻合。兩肆編鍾正、側鼓音均可以構成羽、宮、角、徵的四聲音階，第一肆爲 A 羽，第二肆爲 #G 羽，音域均爲三個八度又一個小三度（參見表 28）。

表 27　晉侯蘇編鍾形制數據表〔註18〕

藏號	73629	73630	73632	73634	73636	73638	73639	73640
通高	50.1	49.8	49.8	45.1	34.7	30.2	26.2	22.4
藏號	73628	73627	73631	73633	73635	73637	M8：33	M8：32
通高	51.9	50.0	50.4	47.2	34.7	30.6	26.0	22.5

單位：釐米

表 28　晉侯蘇編鍾測音數據分析表〔註19〕

藏　號		*73629*	73630	73632	73634	73636	73638	73639	73640
正鼓音	音高	—	c^1-133	e^1-95	a^1-65	e^2-20	a^2+11	e^3+0	a^3+36
	階名	*羽*	宮↓	角↓	羽↓	角	羽	角	羽
側鼓音	音高	—	e^1-100	g^1-38	c^2-2	g^2+22	c^3+39	g^3+41	c^4+53↑
	階名	*宮*	角	徵	宮	徵	宮	徵	宮

〔註18〕馬承源：《中國音樂文物大系・上海卷》，第 31 頁，大象出版社，1996 年；項陽、陶正剛：《中國音樂文物大系・山西卷》，第 46 頁，大象出版社，2000 年。

〔註19〕馬承源：《中國音樂文物大系・上海卷》，第 32 頁，大象出版社，1996 年；項陽、陶正剛：《中國音樂文物大系・山西卷》，第 46 頁，大象出版社，2000 年；説明：（1）根據編鍾的頻率與音高相對照可知，編鍾的原始測音數據失誤有二：一是 73633 號側鼓音頻率爲 525.88 赫茲，音高應由原來的 g^2+9 音分改爲 c^2+9 音分；二是 73637 號正鼓音頻率爲 868.16 赫茲，音高應由原來的 e^2-20 音分改爲 a^2-20 音分。在此更正。（2）73629 號破裂失聲，根據第二組以及西周編鍾的音列規律，推定其正、側鼓音分別爲羽、宮，用斜體以示區別。

藏　　號		73628	73627	73631	73633	73635	73637	M8：33	M8：32
正鼓音	音高	$^\#g+3$	b^1+76	$^\#d^1-19$	$^\#g^1+45$	$^\#d^2+34$	$^\#g^2+80$	$^\#d^3-28$	$^\#g^3+32$
	階名	羽↓	宮	角↓	羽	角	羽	角↓	羽
側鼓音	音高	$b+45$	$^\#d^1+37$	$^\#f^1+23$	b^1+109	$^\#f^2+71$	b^2+90	$^\#f^3+24$	b^3+46
	階名	宮	角	徵	宮↑	徵	宮	徵	宮

單位：音分

　　晉侯蘇墓編磬均爲實用器，共計 18 件（圖 60）。其中，晉侯蘇墓出土編磬 10 件，有 4 件已經殘破斷裂；曲沃縣公安局在打擊文物走私時收繳編磬 2 件，也爲晉侯 8 號墓中之物；侯馬市打擊文物走私收繳編磬 6 件，據查亦爲該墓所出。編磬製作精細，音色優美。形制和測音數據參見表 29、30。從表中數據來看，這 18 件編磬爲兩肆的可能性較大。

圖 60　晉侯蘇墓編磬之一

表 29　晉侯蘇墓編磬（18 件）形制數據表 [註20]

藏號	M8：11	M8：12	M8：13	M8：14	M8：15	無號	M8：16	M8：53	M8：54
通高	殘	49.0	45.9	45.0	50.9	殘	殘 35.5	26.5	30.5
藏號	M8：57	侯馬 1	侯馬 2	侯馬 3	侯馬 4	侯馬 5	侯馬 6	公安 1	公安 2
通高	45.0	46.0	44.0	40.8	32.6	26.5	25.4	76.0	殘 51.0

單位：釐米

〔註20〕項陽、陶正剛：《中國音樂文物大系・山西卷》，第 349（表 1）、354（表 17）、44 頁，大象出版社，2000 年；說明：M8 指出土的 10 件，「侯馬」指藏於侯馬工作站的 6 件，「公安」指藏於曲沃縣公安局的 2 件。

表30　晉侯蘇墓編磬（18件）測音數據表〔註21〕

藏號	M8：11	M8：12	M8：13	M8：14	M8：15	無號	M8：16	M8：53	M8：54
通高	殘	g^2+35	b^2+22	b^2-28	f^2-16	殘	殘	a^3+43	斷裂
藏號	M8：57	侯馬1	侯馬2	侯馬3	侯馬4	侯馬5	侯馬6	公安1	公安2
通高	$^\#a^2$-15	$^\#g^2$+35	$^\#c^3$+0	c^3-7	b^3-5	c^4+6	f^4+19	$^\#g^1$-29	殘

單位：音分

3．晉侯64號墓〔註22〕

　　該墓保存完好，於1993年下半年發掘，出土樂器有編甬鍾8件，編磬18件，鉦1件；銅禮器有鼎5件、簋4件等。經專家鑒定，墓主爲晉侯邦父（費王）（晉穆侯），時代爲西周末期。〔註23〕關於鍾磬樂懸的出土位置，編鍾和一套編磬置於槨室的東側，另一套編磬置於南側。根據甬鍾上的銘文來看，其中6件爲「楚公逆」鍾，楚公逆即楚之熊咢，其時代相當西周晚期宣王之世。楚公逆編鍾出於晉侯邦父墓內，可能是當時饋贈，也可能是戰事所得。〔註24〕

　　編甬鍾共計8件（圖61），其中一件殘破較甚。形制相同，大小相次，均有銘文。從其形製紋飾來看，其中6件爲楚公逆鍾，另兩件無論紋飾還是銘文均與楚公逆鍾有別，顯然這套編鍾爲拼湊而成。「編鍾一套8件是西周晚期前後諸侯級墓習用之數，晉侯邦父墓用兩種編鍾湊成8件，顯屬有意而爲。」〔註25〕鍾體的鉦、枚、篆各部均以雙陰線界格，雙陰線之間排列乳釘。舞部飾寬陰線卷雲紋，旋飾雲目紋，篆帶飾蟬紋，鼓部中央飾龍、鳳、虎紋，左側鼓以穿山甲紋爲敲擊點，地方特色濃鬱。其中M64：93號鉦及鼓部右側有鑄銘68字。其中一句爲「楚公逆用自作和□錫鍾百□」。李學勤指出「『百』

〔註21〕項陽、陶正剛：《中國音樂文物大系‧山西卷》，第22、42、44頁，大象出版社，2000年。

〔註22〕山西省考古研究所、北京大學考古系：《天馬——曲村遺址北趙晉侯墓地第四次發掘》，第4～10頁，《文物》1994年第8期；項陽、陶正剛：《中國音樂文物大系‧山西卷》，第27、48頁，大象出版社，2000年。

〔註23〕北京大學考古學系、山西省考古研究所：《天馬——曲村遺址北趙晉侯墓地第五次發掘》，第37～38頁，《文物》1995年第7期。

〔註24〕李學勤：《試論楚公逆編鍾》，第71頁，《文物》1995年第2期。

〔註25〕劉緒：《晉侯邦父墓與楚公逆編鍾》，第56頁，《長江流域青銅文化研究》，科學出版社，2002年。

下面的字，左牛從『食』，是鍾的單位。」〔註26〕黃錫全、于柄文認爲其中的「食」即「肆」，「百食」就是「百肆」。此句的意思就是「楚公逆用四方首領所獻之銅作了和諧美好的編鍾一百組」。〔註27〕如果按照晉侯墓地的常數一肆8件來看，數量就達800件，非常可觀。當然『百肆』不一定就是一百組。『百』也可能泛指多數」。編磬兩組18件（圖62）。第1組8件，出於槨室東側，每4件疊放在一起；第2組10件出於槨室南側，放置錯亂，破損嚴重，無法測音。兩組編磬的形制基本相同，各組大小相次成列。

圖61　晉侯邦父墓編鍾

圖62　晉侯邦父墓編磬之一

4．平頂山滍陽95號墓〔註28〕

河南平頂山滍陽第95號墓於1986年發掘。該墓爲「甲」字形大墓，出土青銅禮器、樂器、車馬器、玉石器等400餘件。其中，樂器有編甬鍾7件，編磬4件和編鈴9件。3件編鍾在墓室西壁墳土中發現，4件出土於墓底；禮器有鼎5件，簋6件等。王龍正指出，該墓墓主爲應侯，其時代爲西周晚期

〔註26〕李學勤：《試論楚公逆編鍾》，第69頁，《文物》1995年第2期。

〔註27〕黃錫全、于柄文：《山西晉侯墓地所出楚公逆鍾銘文初釋》，第175頁，《考古》1995年第2期。

〔註28〕河南省文物考古研究所等：《平頂山應國墓地九十五號墓的發掘》，《華夏考古》1992年第3期；趙世綱：《中國音樂文物大系·河南卷》，第81頁，大象出版社，1996年。

厲王之世。〔註29〕

　　7件甬鍾（圖63）雖有大小遞減趨勢，但不很明顯。除標本 M95：1 外，其餘每兩件的形制、紋飾、顏色相同。體呈合瓦形，舞上置長甬，有旋有幹，旋部一周飾 4 個凸出的小乳釘。鉦部兩側有枚 18 個，兩面共 36 個。篆部與正鼓部均飾以纖細陽線構成的雲紋，舞部飾竊曲紋。除第 1 號鍾外，右側鼓均鑄鳳鳥紋。無論從形製紋飾，還是從編鍾的形制和測音數據來看（見表31、32），此 7 件甬鍾均非一組，應爲數組編鍾拼合而成。

圖 63　平頂山滍陽 95 號墓編鍾

表 31　平頂山滍陽 95 號墓編甬鍾形制數據表 〔註30〕

序　號	1	2	3	4	5	6	7
標本號	M95：1	M95：2	M95：3	M95：4	M95：5	M95：6	M95：7
通　高	32.9	32.2	殘 23.0	29.5	34.1	36.8	36.7

單位：釐米

表 32　平頂山滍陽 95 號墓編甬鍾測音數據表 〔註31〕

序　號	1	2	3	4	5	6	7
標本號	M95：1	M95：2	M95：3	M95：7	M95：6	M95：4	M95：5
正鼓音	g^1-38	破裂	c^2-43	c^2+21	c^2+49	f^3+46	不測
側鼓音	a^1-20	破裂	d^3+11	f^2-24	e^2-15	$^{\#}g^3$+48	不測

單位：音分

〔註29〕 王龍正：《平頂山應國墓地九十五號墓年代、墓主及相關問題》，《華夏考古》1995 年第 4 期。

〔註30〕 趙世綱：《中國音樂文物大系·河南卷》，第 310 頁（表 26），大象出版社，1996 年。

〔註31〕 趙世綱：《中國音樂文物大系·河南卷》，第 81 頁，大象出版社，1996 年。

三、編甬鍾與鎛共出的墓葬

目前所見西周晚期編甬鍾與鎛共出的資料只有 1 例，即陝西眉縣楊家村窖藏。雖然不是出於墓葬，但是該窖藏出土的禮器和禮樂器墓主明確，時代清楚，是研究西周晚期樂懸制度的珍貴資料。

此窖藏係 1985 年發現，共出甬鍾 15 件（其中 5 件已丟失）（圖 64）〔註 32〕，編鎛 3 件〔註 33〕。這些樂器原斷代爲西周中期，〔註 34〕現據 2003 年出土的逨鍾和逨盤等西周晚期宣王之世的標準器來看，這些編甬鍾和編鎛也爲西周晚期宣王之器，器主爲單氏家族的逨。逨的官職從管理四方虞林再到官司曆人，相當於卿、大夫級別，爲西周王室重臣。〔註 35〕

圖 64　眉縣楊家村編鍾線圖

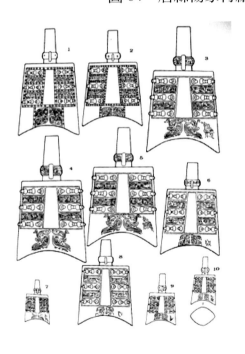

1. 甲組 I 號：
2. 甲組 II 號：
3. 乙組 I 號：
4. 乙組 II 號：
5. 乙組 III 號：
6. 丙組 I 號：
7. 乙組 IV 號：
8. 丙組 II 號：
9. 丙組 III 號：
10. 丙組 IV 號：

〔註 32〕 劉懷君：《眉縣出土一批西周窖藏青銅樂器》，《文博》1987 年第 2 期；方建軍：《中國音樂文物大系·陝西卷》，第 60～67 頁，大象出版社，1996 年。

〔註 33〕 劉懷君：《眉縣出土一批西周窖藏青銅樂器》，《文博》1987 年第 2 期；方建軍：《中國音樂文物大系·陝西卷》，第 101 頁，大象出版社，1996 年。

〔註 34〕 方建軍：《中國音樂文物大系·陝西卷》，第 60、63、65 頁，大象出版社，1996 年。

〔註 35〕 劉懷君：《眉縣楊家村西周窖藏青銅器的初步認識》，第 35～38 頁，《考古與文物》2003 年第 3 期。

關於單逑的樂懸配置，現存編甬鍾 10 件，分爲甲、乙、丙三式。爲了研究的需要，筆者按照乙、丙、甲的順序論述。乙組甬鍾共計 4 件（圖 65）。其中 I 號鍾保存完好。甬中空與體腔相通，內壁有隧 7 條。旋飾雲紋，舞飾陰線雲紋，篆間飾雲紋，鼓飾顧夔紋，右側鼓飾鳳鳥紋爲側鼓音的演奏標記。右側鼓、左側鼓和鉦間鑄銘文 117 字，重文 11 字；II 號鍾內壁有隧 2 條，紋飾、銘文位置及內容與 I 號鍾相同，惟右側鼓無鳳鳥紋；III 號鍾內壁有隧 8 條，紋飾和銘文均與 I 號鍾相同；IV 號鍾內壁有隧 8 條，紋飾與 I 號鍾相同，銘文爲 I 號鍾的最後 17 字及重文 2 個。形制數據參見表 33。陳雙新從銘文入手進行考證，認爲此組編鍾應爲 1 肆 8 件。〔註36〕從乙組編鍾的測音數據來看（參見表 33），II 號鍾在順序上應排在 I 號鍾之前。通過對現存 4 件乙組甬鍾的測音數據進行分析（參見表 34），並結合西周編鍾的音列規律推定，乙組編鍾應爲 1 肆 8 件，其正鼓音構成的音列應爲：羽－宮－角－羽－角－羽－角－羽。因此，應缺少第一、五、六、七鍾；加上側鼓音，乙組 8 件編鍾可以構成完整的 G 羽四聲音階：羽－宮－角－徵－羽－宮－角－徵－羽－宮－角－徵－羽－宮，音域達三個八度又一個小三度，與西周晚期多達 16 件一套的晉侯蘇編鍾的音域相同〔註37〕。

圖 65　眉縣楊家村乙組編鍾

表 33　眉縣楊家村乙組甬鍾形制數據表〔註38〕

序　號	標　本　號	通　高	重　量
1	乙組 II 號	65.0	44.0

〔註36〕陳雙新：《兩周青銅樂器銘辭研究》，第 88 頁，河北大學出版社，2002 年。
〔註37〕王子初：《晉侯蘇鍾的音樂學研究》，第 29 頁，《文物》1998 年第 5 期。
〔註38〕方建軍：《中國音樂文物大系·陝西卷》，第 180（表 17）頁，大象出版社，1996 年。

2	乙組 I 號	65.0	50.5
3	乙組 III 號	61.0	50.0
4	乙組 IV 號	23.2	5.0

單位：釐米 千克

表 34　眉縣楊家村乙組甬鍾測音數據分析表〔註39〕

序　號	標　本　號	正　鼓　音		側　鼓　音	
		音　高	階　名	音　高	階　名
1	—	g	羽	^{b}b	宮
2	乙組 II 號	$^{b}b+34$	宮	$d^{1}-14$	角
3	乙組 I 號	$d^{1}-3$	角	$f^{1}+37$	徵
4	乙組 III 號	$g^{1}-13$	羽↓	$^{b}b^{1}+35$	宮
5	—	d^{2}	角	f^{2}	徵
6	—	g^{3}	羽	$^{b}b^{3}$	宮
7	—	d^{3}	角	f^{3}	徵
8	乙組 IV 號	$g^{3}+96$	羽↑	$^{b}b^{3}+133$	宮↑

單位：音分

　　丙組甬鍾共計 4 件（圖 66）。I 號鍾保存完好，甬中空與體相通，內壁有隧 4 條。舞部素麵，鉦、篆四邊以陰線弦紋爲界，篆、鼓皆飾雲紋。右側鼓飾鳳鳥紋，爲側鼓音的演奏標記；II 號鍾內壁有隧 2 條，紋飾與 I 號鍾相同；III 號鍾甬封衡，中空與體相通。內壁有隧 5 條，舞部飾雲紋，餘部紋飾同 I 號鍾；IV 號鍾內壁有隧 8 條，紋飾同 III 號鍾。形制數據參見表 35。通過對現存 4 件丙組甬鍾的測音數據進行分析（表 36），並結合西周編鍾的音列規律推定，丙組編鍾也應爲 1 肆 8 件，其正鼓音構成的音列應爲：羽－宮－角－羽－角－羽－角－羽。因此，應缺少第一、二、五、六鍾。加上側鼓音，可以構成完整的 B 羽四聲音階：羽－宮－角－徵－羽－宮－角－徵－羽－宮－角－徵－羽－宮，音域達三個八度又一個小三度。

〔註39〕方建軍：《中國音樂文物大系·陝西卷》，第 64 頁，大象出版社，1996 年；表中的 1、5、6、7 號爲所缺之鍾，所有模擬數據均爲斜體以示區別。

圖 66　眉縣楊家村丙組編鍾之一

表 35　眉縣楊家村丙組甬鍾形制數據表〔註40〕

序　號	標　本　號	通　高	重　量
1	丙組 I 號	44.3	25.5
2	丙組 II 號	44.0	23.0
3	丙組 III 號	27.0	6.5
4	丙組 IV 號	24.5	5.0

單位：釐米　千克

表 36　眉縣楊家村丙組甬鍾測音數據分析表〔註41〕

序　號	標　本　號	正　鼓　音		側　鼓　音	
		音高	階名	音高	階名
1	*—*	*b*	*羽*	*d¹*	*宮*
2	*—*	*d¹*	*宮*	*#f¹*	*角*
3	乙組 I 號	#f¹-120	角↓	a¹-47	徵
4	乙組 II 號	b¹-95	羽↓	d²-55	宮
5	*—*	*f²*	*角*	*a²*	*徵*
6	*—*	*b²*	*羽*	*d³*	*宮*
7	乙組 III 號	#f³-70	角	a³-38	徵
8	乙組 IV 號	b³+8	羽↑	d⁴-22	宮

單位：音分

〔註40〕方建軍：《中國音樂文物大系・陝西卷》，第 180（表 18）頁，大象出版社，1996 年。
〔註41〕方建軍：《中國音樂文物大系・陝西卷》，第 65 頁，大象出版社，1996 年；表中的 1、2、5、6 號爲所缺之鍾，所有模擬數據均爲斜體以示區別。

再看甲組。甲組甬鍾共計 2 件（圖 67），形製紋飾相同，舞部素麵，鉦、篆四邊以連珠紋爲界，篆、鼓皆飾細陽線雲紋。均有調音銼磨，側鼓部無鳳鳥紋標記。李純一認爲「依照發展期編甬鍾的通例，只發單音（即正側鼓同音）的首、次二鍾側鼓沒有小鳥紋之類的第二基音標誌；有此標誌的是從發雙音的第三鍾開始。」〔註 42〕按照李先生的觀點，這二鍾應爲一組中的第 1、2 件。那麼這 2 件編鍾是甲組編鍾的前兩件？還是前述丙組所缺的前兩件？從其測音數據（表 37）與丙組編鍾的測音數據（表 36）相對照不難發現，其正好是丙組所缺的第一、第二鍾。也就是說，丙組與甲組應爲一肆，僅缺第五、六鍾而已。如此看來，逨鍾應該是兩肆 16 件，尚缺 6 件。但是逨鍾出土時共計 15 件，有 5 件丟失。現已證實這 5 件被隱匿盜賣出境，現藏美國俄亥俄州的克利弗蘭博物館。〔註 43〕如果丟失的這 5 件就是以上兩肆中所缺的，那麼逨鍾兩肆 16 件，尚缺 1 件；如果丟失的這 5 件並不屬於以上兩肆，那麼逨鍾很可能就是三肆 24 件，可能還有其他逨鍾窖藏沒有發現。

圖 67　眉縣楊家村甲組編鍾之一

〔註 42〕李純一：《中國上古出土樂器綜論》，第 190 頁，文物出版社，1996 年。
〔註 43〕劉懷君：《眉縣楊家村西周窖藏青銅器的初步認識》，第 37 頁，《考古與文物》2003 年第 3 期。

表 37　眉縣楊家村甲組甬鍾形制和測音數據表〔註44〕

序　號	標　　本　　號	通　高	重　量	正　鼓　音	側　鼓　音
1	甲組 I 號	57.0	27.0	b-44	模糊
2	甲組 II 號	50.0	22.5	d¹-42	f¹+40

單位：釐米　千克　音分

編鎛共計 3 件（圖 68），形制、紋飾均相同。體為合瓦形，較圓。于口平齊。內唇上與正、側鼓部相對應的地方有 4 個小缺口。環紐，以對鳥連接。鎛體前、後、正中及兩側各有一個棱脊，側脊飾二虎，虎頭向下，卷尾；中脊飾以鳳鳥。舞部飾卷雲紋，舞頂中央有一小圓孔。體飾獸面紋，鼓部素麵。從其測音數據（表 38）來看，可以構成 A 羽三音列：羽－宮－角。

圖 68　眉縣楊家村編鎛之一

表 38　眉縣楊家村編鎛形制和測音數據分析表〔註45〕

序　號	標　　本　　號	通　高	重　量	正　鼓　音	
				音　高	階　名
1	眉總 1306	63.5	32.5	a¹+36	羽
2	眉總 1307	57.5？	22.5	c²+34	宮
3	眉總 1308	51.5	21.0	e²-90	角

單位：釐米　千克　音分

〔註44〕　方建軍：《中國音樂文物大系・陝西卷》，第 60、179（表 16）頁，大象出版
　　　　社，1996 年。

〔註45〕　方建軍：《中國音樂文物大系・陝西卷》，第 101、182（表 26）頁，大象出版
　　　　社，1996 年；表中第 2 件鎛的原始通高數據僅為 37.5 釐米，應該有誤，可能
　　　　為 57.5 釐米，特此用問號標出。

器主逨的官職從管理四方虞林再到官司曆人,相當於卿、大夫級別。〔註46〕從金文和文獻的記載來看,其等級還夠不上六卿,最高不過是下卿。但是他的樂懸卻有編甬鍾兩肆16件(或三肆24件),鎛一肆3件,已經僭用了三公的禮制。再看逨的用鼎規格。發現的逨器不可能是逨器的全部,但是僅四十三年鼎就有10件。根據文獻記載,西周天子使用九鼎。從考古發現來看,三公也可享用九鼎之制。按照周禮,官司曆人的逨應該享用五鼎,最高七鼎的待遇,但是他在宣王43年一次就鑄造了10件鼎,這是對西周禮制的明顯僭越。〔註47〕可見,孔子所謂的「禮崩樂壞」在西周晚期已經出現。

第二節　西周樂懸制度的完善與成熟

一、樂懸的用器制度

前文已述,我國的禮樂制度在龍山文化時期已經形成。如陶寺5座甲種大墓的墓主均爲陶寺文化早期的方國首領,其禮樂器的配置爲鼓(鼉鼓、土鼓)與特磬。〔註48〕到了商代,這種鼓與特磬的配置又分化成鼉鼓與特磬、編鐃與特磬、編鐃與編磬三種配置模式,史前禮樂制度中常見的土鼓已退出禮樂器的行列。

西周初年,對於如何「損」「益」殷禮,建立屬於周人自己的禮樂制度,當時的統治者確實煞費苦心。周公興正禮樂,當務之急首先就是要建立一個不同於殷禮的新的禮樂制度。那就是,採用殷人沒有使用過的新型禮樂器——編甬鍾,用來取代殷禮的標誌性禮樂器——編鐃,西周樂懸制度得以初步確立。在西周早期的成、康之世(前1042~前996年),商鐃還見於弢伯墓(BZM13)。至康、昭時(前1020~前977年)的弢伯各墓(BZM7),編鐃爲編甬鍾徹底取代,這正是「興正禮樂,度制於是改」的生動體現。而殷禮中使用的另外

〔註46〕劉懷君:《眉縣楊家村西周窖藏青銅器的初步認識》,第37頁,《考古與文物》2003年第3期。

〔註47〕劉懷君:《眉縣楊家村西周窖藏青銅器的初步認識》,第38頁,《考古與文物》2003年第3期。

〔註48〕中國社會科學院考古研究所山西工作隊等:《山西襄汾縣陶寺遺址發掘簡報》,第18頁,《考古》1980年第1期;中國社會科學院考古研究所山西工作隊、臨汾地區文化局:《1978~1980年山西襄汾陶寺墓地發掘簡報》,第30頁,《考古》1983年第1期。

幾種禮樂器，鼉鼓、編磬和特磬，均不見於西周早期的墓葬，更說明周公「製禮作樂」時改造殷禮態度的堅決，以至於到了西周中期的穆王之世，晉武侯仍然只配置 4 件編甬鍾。但是西周早期的編甬鍾均為 3 件一組，與殷商編鐃的編列完全一致，至穆王時的長甶墓仍是如此。這說明西周樂懸制度還是繼承了殷禮的某些因素，只不過已是細枝末節罷了。

一直到西周中期，當時的統治者才把編磬和鎛納入樂懸的編制之中。鎛是源於南方百越之地的一種青銅樂器，殷禮中並無使用，周人似用它取代了殷禮中的禮樂重器鼉鼓，成為周王、三公以及上卿等高級權貴專用的禮樂器。編磬出現於殷商時期，在殷禮中使用極少。西周中期的編磬與殷商時期已有較大差別。周人把這兩種禮樂器納入樂懸制度的編制，從而使西周樂懸的用器制度得到進一步的發展與完善。可見，西周統治者對樂懸制度中的三種禮樂器：編甬鍾、編磬、鎛的使用，經歷了深刻的社會實踐和觀念上的變革。「殷人尊神，率民以事神，先鬼而後禮。周人尊禮尚施，事鬼敬神而遠之。」〔註49〕殷禮中禮樂器的配置與西周樂懸制度禮樂器的配置之間存在的巨大差別，也與商、周兩代統治者這種思想觀念的不同有著密切的關係。從恭、懿之世開始，編甬鍾與編磬的樂懸配置模式開始確立，至西周晚期已經成為定制。樂懸的三種配置，即單用編甬鍾、編甬鍾與編磬的合用或編甬鍾、編磬和鎛的組合使用，層次清楚，等級分明。西周晚期的樂懸制度已經完全成熟。

先談西周時期諸侯的樂懸配置。從文獻記載來看，《周禮·春官·小胥》賈公彥疏：「天子、諸侯懸皆有鎛。今以諸侯之卿、大夫、士半天子之卿、大夫、士言之，則卿、大夫直有鍾、磬，無鎛也；若有鎛，不得半之耳。」〔註50〕《儀禮·燕禮》賈疏：「天子宮懸，諸侯軒懸，面皆鍾、磬、鎛各一虡；大夫判懸，士特懸，不得有鎛。」〔註51〕可見，賈氏認為天子、諸侯的樂懸配置為編鍾、編磬、鎛俱全。史實是否如此呢？筆者把目前所見西周時期諸侯級別所有隨葬鍾磬樂懸的墓葬作了統計（表39）。

〔註49〕《禮記·表記》，《禮記正義》卷五十四，《十三經注疏》（下），第 1642 頁，中華書局，1980 年。

〔註50〕《周禮注疏》卷二十三，《十三經注疏》（上），第 795 頁，中華書局，1980 年。

〔註51〕《儀禮·燕禮》，《儀禮注疏》卷十四，《十三經注疏》（上），第 1014 頁，中華書局，1980 年。

表 39　西周時期諸侯級別墓葬樂懸配置一覽表

墓　葬　號	墓　　主	時　　代	樂懸配置及墓葬保存情況	禮　器	夫人墓及禮器、樂懸
寶雞竹園溝 7 號墓〔註 52〕	弓魚伯各	康、昭之世	保存完好，編甬鍾 3 件。	3 鼎 2 簋	不清。
寶雞茹家莊 1 號墓〔註 53〕	弓魚伯䧹	昭、穆之世	保存完好，編甬鍾 3 件。	8 鼎 5 簋	BRM2，6 鼎 5 簋。
晉侯 9 號墓〔註 54〕	?武侯（寧族）	穆王之世	保存完好，編甬鍾 4 件。	不清。	M13，5 鼎 4 簋。〔註 55〕
晉侯 7 號墓〔註 56〕	?成侯（服人）	恭、懿之世	被盜嚴重。	被盜，不清。	M6，被盜嚴重，不清。
晉侯 33 號墓〔註 57〕	厲侯（福）	孝夷之世	被盜，僅編磬 10 餘件。	被盜，不清。	M32，不清。
晉侯 91 號墓〔註 58〕	（喜父）靖侯（宜臼）	厲王之世	編甬鍾 7 件，編磬近 20 件。	7 鼎 5 簋	M92，不清。
晉侯 1 號墓〔註 59〕	釐侯（司徒）	厲王之世	被盜嚴重，僅編磬 1 件。	被盜，不清。	M2，被盜，不清。

〔註 52〕 盧連成、胡智生：《寶雞弓魚國墓地》，第 96 頁，文物出版社，1988 年；方建軍：《中國音樂文物大系・陝西卷》，第 29 頁，大象出版社，1996 年。

〔註 53〕 盧連成、胡智生：《寶雞弓魚國墓地》，第 281 頁，文物出版社，1988 年；方建軍：《中國音樂文物大系・陝西卷》，第 31 頁，大象出版社，1996 年。

〔註 54〕 北京大學考古學系、山西省考古研究所：《天馬——曲村遺址北趙晉侯墓地第二次發掘》，第 4～28 頁，《文物》1994 年第 1 期；劉緒：《天馬——曲村遺址晉侯墓地及相關問題》，《三晉考古》第一輯，山西人民出版社，1994 年；項陽、陶正剛：《中國音樂文物大系・山西卷》，第 47 頁，大象出版社，2000 年。

〔註 55〕 北京大學考古學系、山西省考古研究所：《天馬——曲村遺址北趙晉侯墓地第二次發掘》，第 8 頁，《文物》1994 年第 1 期。

〔註 56〕 北京大學考古學系、山西省考古研究所：《天馬——曲村遺址北趙晉侯墓地第二次發掘》，第 4～28 頁，《文物》1994 年第 1 期。

〔註 57〕 北京大學考古學系、山西省考古研究所：《天馬——曲村遺址北趙晉侯墓地第五次發掘》，第 10～11 頁，《文物》1995 年第 7 期；王世民、蔣定穗：《最近十多年來編鍾的發現與研究》，第 4 頁，《黃鍾》1999 年第 3 期。

〔註 58〕 北京大學考古學系、山西省考古研究所：《天馬——曲村遺址北趙晉侯墓地第五次發掘》，第 10～11 頁，《文物》1995 年第 7 期；王世民、蔣定穗：《最近十多年來編鍾的發現與研究》，第 4 頁，《黃鍾》1999 年第 3 期。

〔註 59〕 北京大學考古系、山西省考古研究所：《1992 年春天馬——曲村遺址墓葬發掘報告》，第 11～30 頁，《文物》1993 年第 3 期；王世民、蔣定穗：《最近十多年來編鍾的發現與研究》，第 4 頁，《黃鍾》1999 年第 3 期。

晉侯 8 號墓〔註 60〕	獻侯（蘇）	宣王之世	被盜，編甬鍾 16 件，編磬 18 件。	5 鼎 4 簋	M31，3 鼎 2 簋。
晉侯 64 號墓〔註 61〕	穆侯（費王）（晉侯邦父）	西周末期	保存完好，編甬鍾 8 件，編磬 18。	5 鼎 4 簋	M62，3 鼎 4 簋；M63，不清。
晉侯 93 號墓〔註 62〕	?晉文侯（仇）	春秋初年	保存完好，編甬鍾 16、編磬 10 件。	5 鼎 6 簋	M102，3 鼎 4 簋。
平頂山滍陽 95 號墓〔註 63〕	應侯	厲王之世	保存完好，編甬鍾 7、編磬 4 件。	5 鼎 6 簋	不清。

　　從表 39 來看，從西周早期的強伯各墓（BZM7）〔註 64〕、強伯赭墓（BRM1）〔註 65〕，到西周中期穆王之世的晉武侯墓，同為諸侯，所享用的樂懸也相同，只有一肆編鍾，既無磬又無鎛。從西周晚期的厲王開始，一直到東周初年，歷代晉侯（如靖侯、獻侯、穆侯、文侯）的樂懸配置均為編甬鍾和編磬各一堵。孝、夷之世的晉厲侯墓和厲王之世的晉釐侯墓均被盜嚴重，僅存編磬。根據同期其他幾座晉侯墓鍾磬俱全來看，這兩位晉侯的樂懸配置也應該有鍾有磬。恭、懿之世的晉成侯墓被盜嚴重，不見鍾磬出土，根據同為懿王之世的井叔夫人墓（M163）鍾磬俱全來看〔註 66〕，晉成侯的樂懸配置應該與之相同。再看厲王之世的平頂山滍陽 95 號墓，墓主為應侯〔註 67〕，儘管其封國不

〔註 60〕 北京大學考古學系、山西省考古研究所：《天馬──曲村遺址北趙晉侯墓地第二次發掘》，第 4～28 頁，《文物》1994 年第 1 期；孫華：《晉侯檢／斷組墓的幾個問題》，《文物》1997 年第 8 期。

〔註 61〕 山西省考古研究所、北京大學考古系：《天馬──曲村遺址北趙晉侯墓地第四次發掘》，第 4～10 頁，《文物》1994 年第 8 期；項陽、陶正剛：《中國音樂文物大系·山西卷》，第 27、48 頁，大象出版社，2000 年。

〔註 62〕 北京大學考古學系、山西省考古研究所：《天馬──曲村遺址北趙晉侯墓地第五次發掘》，第 22～28 頁，《文物》1995 年第 7 期。

〔註 63〕 河南省文物考古研究所等：《平頂山應國墓地九十五號墓的發掘》，《華夏考古》1992 年 3 期；趙世綱：《中國音樂文物大系·河南卷》，第 81 頁，大象出版社，1996 年。

〔註 64〕 盧連成、胡智生：《寶雞強國墓地》，第 96 頁，文物出版社，1988 年；方建軍：《中國音樂文物大系·陝西卷》，第 29 頁，大象出版社，1996 年。

〔註 65〕 盧連成、胡智生：《寶雞強國墓地》，第 281 頁，文物出版社，1988 年；方建軍：《中國音樂文物大系·陝西卷》，第 31 頁，大象出版社，1996 年。

〔註 66〕 中國社會科學院考古研究所灃西發掘隊：《長安張家坡西周井叔墓發掘簡報》，第 25～26 頁，《考古》1986 年第 1 期；中國社會科學院考古研究所：《張家坡西周墓地》，第 164～167 頁，中國大百科全書出版社，1999 年。

〔註 67〕 王龍正：《平頂山應國墓地九十五號墓年代、墓主及相關問題》，《華夏考古》

在王畿附近，但其樂懸也是編甬鍾和編磬。可見，從西周中期後段一直到春秋早期，編鍾和編磬已經成爲諸侯級別樂懸用器制度的定規，但始終未見鎛。可見，西周時期的諸侯並非如賈公彥諸人所言，編甬鍾、編磬和鎛俱全。從考古發現來看，諸侯的樂懸鍾、磬、鎛俱備，應是春秋初期以後的樂懸制度了。王世民指出，在東周時期只有國君及個別上卿（此間或有僭越）方能配置起和聲作用的大型低音鍾鎛，而其他有資格享用金石之樂的貴族（主要是大夫），則僅備中高音編鍾和編磬。〔註68〕所言甚是。

　　西周時期諸侯的樂懸配置既是如此，那麼卿、大夫的樂懸配置如何呢？《周禮‧春官‧小胥》鄭玄注〔註69〕、賈公彥疏〔註70〕認爲天子、諸侯之卿、大夫的樂懸有鍾有磬。王國維《釋樂次》的意見則與其相左，認爲只有天子、諸侯可以享用編鍾，大夫有鼓無鍾。根據是《儀禮‧鄉射禮》鄭玄注「陔夏者，天子、諸侯以鍾、鼓，大夫士鼓而已。」以及《儀禮‧鄉飲酒禮》鄭玄注「鍾、鼓者，天子、諸侯備用之，大夫士鼓而已。」〔註71〕今人楊華也認爲：「『金石之樂』是一種高規格等級標誌，大夫以下一般不配享有。」他的根據也是「《鄉射禮》和《鄉飲酒禮》注『鐘鼓者，天子、諸侯備用之，大夫士鼓而已。』」〔註72〕如果對一些相關文獻仔細分析，並加以比較就會發現，鄭玄自己就是前後矛盾。如《周禮‧春官‧小胥》鄭玄注：「諸侯之卿、大夫，半天子之卿、大夫，西懸鍾，東懸磬」〔註73〕，而非自己所言「大夫士鼓而已」。顯然，鄭玄之注不足爲證。到底事實如何？是如王國維所言編鍾是西周天子和諸侯的專利？還是卿、大夫也可享用編鍾樂懸？

　　先看兩例金文材料。第一，據周厲王時期師𣪊簋銘文記載，伯龢父賜師𣪊「鍾一，磬五」。〔註74〕既然伯龢父在等級森嚴的西周時期可以賜師𣪊鍾磬，也就是說伯龢父和師𣪊均有權力享用鍾磬樂懸。郭沫若考證：伯龢父即共伯和，曾任司馬之職，後爲三公（太師、太保、太史），「本銘當是入爲三公以

　　　　1995 年第 4 期。
〔註68〕 王世民：《春秋戰國葬制中樂器和禮器的組合狀況》，《曾侯乙編鍾研究》，第105 頁，湖北人民出版社，1992 年。
〔註69〕 《周禮注疏》卷二十三，《十三經注疏》（上），第 795 頁，中華書局，1980 年。
〔註70〕 《周禮注疏》卷二十三，《十三經注疏》（上），第 795 頁，中華書局，1980 年。
〔註71〕 王國維：《釋樂次》，《觀堂集林》（卷二），第 101 頁，中華書局，1959 年。
〔註72〕 楊華：《先秦禮樂文化》，第 113 頁，湖北教育出版社，1997 年。
〔註73〕 《周禮注疏》卷二十三，《十三經注疏》（上），第 795 頁，中華書局，1980 年。
〔註74〕 郭沫若：《兩周金文辭大系圖錄考釋》（七），第 114 頁，科學出版社，1957 年。

前事」。〔註75〕即伯龢父賜師毀鍾磬時應任司馬，屬於天子之卿級別。〔註76〕師毀的級別顯然低於伯龢父，應該是天子之大夫或士一級。此爲西周天子之卿、大夫或士有權享用編鍾樂懸之一證；第二，據1975年出土於陝西岐山縣董家村一號窖藏的西周公臣簋銘文：「虢中令公臣：『司朕百工。賜女（汝）馬乘、鍾五、金，用事。』公臣拜稽首，敢揚天尹丕顯休。用作尊簋，公臣其萬年用寶茲休。」其意爲：虢仲命令公臣管理百工，並賞其四匹馬、五件鍾和銅。虢仲是周厲王時的大臣，他的官職是天尹，爲天子之卿。〔註77〕公臣的級別應該是天子之大夫或士一級。此爲西周天子之大夫或士有權享用編鍾樂懸之二證。

再看看西周時期的幾例考古資料。第一、張家坡井叔夫人墓（M163）〔註78〕，其時代爲懿王之世〔註79〕，該墓被盜掘，但是仍出土了3件編甬鍾和數件編磬，可見井叔夫人有權享用鍾磬樂懸。前文已有論述，其相當於大夫級別。這是西周時期天子之大夫有權享用編鍾樂懸之三證。第二、扶風法門寺任村窖藏所出克鍾、克鎛。關於其時代，馬承源認爲是孝王時期。〔註80〕目前，學術界多贊同此說。器主克的身份應爲上卿。克鍾與克鎛共出，說明西周中期卿級高官的樂懸不僅有編甬鍾，個別高官還可以享用鎛。這是西周時期天子之卿有權享用編鍾樂懸之四證。第三、眉縣楊家村窖藏所出編甬鍾和編鎛，均爲西周晚期宣王之器，器主逑的官職從管理四方虞林再到官司曆人，爲西周王室重臣，相當於卿、大夫級別。〔註81〕從金文和文獻來看，其等級顯然不是六卿之一，最高是下卿而已。他的樂懸配置有兩肆16件編甬鍾，還有一肆鎛3件。這是西周時期天子之卿有權享用編鍾樂懸之五證。而逑身爲下卿或大夫之級別卻享用3件鎛卻是僭越禮制的。可見，西周時期的天子之卿、大夫樂懸均有鍾

〔註75〕 郭沫若：《兩周金文辭大系圖錄考釋》（七），第114頁，科學出版社，1957年。

〔註76〕 楊寬：《西周史》（前言），第2頁，上海人民出版社，1999年。

〔註77〕 唐蘭：《陝西省岐山縣董家村新出西周重要銅器銘辭的譯文和注釋》，《文物》1976年第5期。

〔註78〕 中國社會科學院考古研究所灃西發掘隊：《長安張家坡西周井叔墓發掘簡報》，第25～26頁，《考古》1986年第1期；中國社會科學院考古研究所：《張家坡西周墓地》，第164～167頁，中國大百科全書出版社，1999年。

〔註79〕 張長壽：《論井叔銅器——1983～1986年灃西發掘資料之二》，《文物》1990年第7期。

〔註80〕 馬承源：《中國音樂文物大系·上海卷》，第42頁，大象出版社，1996年。

〔註81〕 劉懷君：《眉縣楊家村西周窖藏青銅器的初步認識》，第35～38頁，《考古與文物》2003年第3期。

有磬，並非如王國維等人所言編鍾爲天子、諸侯的專利，「大夫士鼓而已」。

關於天子或諸侯之士的樂懸配置，《周禮‧春官‧小胥》鄭玄注〔註82〕、賈公彥疏〔註83〕認爲天子之士的樂懸有鍾有磬，而諸侯之士有磬無鍾。王國維則有不同看法，認爲天子或諸侯之士不能享用編鍾，根據是《儀禮‧鄉射禮》鄭玄注「陔夏者，天子、諸侯以鍾、鼓，大夫士鼓而已。」以及《儀禮‧鄉飲酒禮》鄭玄注「鍾、鼓者，天子、諸侯備用之，大夫士鼓而已。」〔註84〕今人楊華也認爲：「『金石之樂』是一種高規格等級標誌，大夫以下一般不配享有。」他的根據也是「《鄉射禮》和《鄉飲酒禮》鄭玄注。〔註85〕前文已述，鄭玄自己就前後矛盾，他的注釋不足爲證。今從出土實物觀之，諸說均值得商榷。目前士一級的考古資料僅有 2 例：臨沂花園村西周墓（編甬鍾 9件）〔註86〕和長安馬王村西周青銅器窖藏（編甬鍾 10 件）〔註87〕，二者均出土列鼎 3 件，器主應爲士一級。而他們配置的樂懸均爲編鍾一肆。從這兩例考古資料的地域來看，前者應爲諸侯之士，後者應爲周王之士。如果推測不誤，那麼西周時期天子和諸侯之士的樂懸均應只有一肆編鍾，並非如鄭、賈二氏所言天子之士的樂懸有鍾有磬，諸侯之士有磬無鍾，也非王國維等人所言鍾磬均無。

最後談談西周天子樂懸的配置。《周禮‧春官‧小胥》賈公彥疏：「天子、諸侯懸，皆有鎛。」〔註88〕《儀禮‧燕禮》賈疏：「天子宮懸，諸侯軒懸，面皆鍾、磬、鎛各一虡。」〔註89〕可見，賈氏認爲周王的樂懸配置爲編鍾、編磬、鎛俱全。除此之外，周天子所用之磬也非一般石料製成。《禮記‧郊特牲》載：「諸侯之宮懸而祭以白牡，擊玉磬，朱干設錫，冕而舞大武，乘大路，諸侯之僭禮也。」〔註90〕鄭玄注：「玉磬，天子樂器。」以此觀之，

〔註82〕　《周禮注疏》卷二十三，《十三經注疏》（上），第 795 頁，中華書局，1980 年。
〔註83〕　《周禮注疏》卷二十三，《十三經注疏》（上），第 795 頁，中華書局，1980 年。
〔註84〕　王國維：《釋樂次》，《觀堂集林》（卷二），第 101 頁，中華書局，1959 年。
〔註85〕　楊華：《先秦禮樂文化》，第 113 頁，湖北教育出版社，1997 年。
〔註86〕　周昌福、溫增源：《中國音樂文物大系‧山東卷》，第 60 頁，大象出版社，2001年。
〔註87〕　西安市文物管理處：《陝西長安新旺村、馬王村出土的西周銅器》，第 1～5 頁，《考古》1974 年第 1 期；方建軍：《中國音樂文物大系‧陝西卷》，第 80～83頁，大象出版社，1996 年。
〔註88〕　《周禮注疏》卷二十三，《十三經注疏》（上），第 795 頁，中華書局，1980 年。
〔註89〕　《儀禮注疏》卷十四，《十三經注疏》（上），第 1014 頁，中華書局，1980 年。
〔註90〕　《禮記正義》卷二十五，《十三經注疏》（下），第 1448 頁，中華書局，1980 年。

周天子所用的乃爲玉磬。目前，周王墓一直沒有發現，事實如何難以確定。但從三公的樂懸配置爲編鍾、編磬、鎛俱全來看，周王的樂懸配置爲編鍾、編磬、鎛俱備是沒有問題。關於玉磬，即墨古城琉璃磬是目前周代惟——件有關玉磬的實物標本，已是戰國時期的產物。〔註 91〕雖然周代玉磬出土極少，但是從考古發現可知，玉器一直頗受歷代統治者重視，周代也不例外。所以《禮記》所載，玉磬是一種只有周天子方可享用的禮樂重器，應該是有其可信性的。目前出土實物極少是否與此有關，還有待於周王墓發現之後再作探討。

綜上所述，從音樂考古發現來看，西周樂懸的用器制度等級分明，層次清楚，但與鄭注、賈疏出入很大。如西周諸侯的樂懸配置只有編甬鍾和編磬，並非如鄭、賈二氏所言鍾、磬、鎛俱全；卿、大夫的樂懸配置一般是編鍾和編磬，個別上卿可以享用特鎛，與鄭、賈二氏所言只有鍾、磬不完全相符；天子和諸侯之士的樂懸只有一肆編鍾，並非如鄭、賈二氏所言天子之士的樂懸有鍾有磬，而諸侯之士有磬無鍾；至於周王的樂懸，目前尚沒有發現周王墓，暫時存疑。需要指出的是，西周時期卿、大夫與諸侯的樂懸配置相同，一般看來似有矛盾，因爲按照文獻記載諸侯應在卿、大夫之上。實際非也。楊寬云：「成康之際，公卿的官爵制度當以確立。太保、太師、太史等執政大臣稱『公』，其他朝廷大臣，由四方諸侯進入爲卿的稱爲『侯』，由畿內諸侯進入爲卿的稱『伯』，很是分明。」〔註 92〕也就是說，西周時期的侯、伯、卿應屬同一級別。孫華通過對晉侯鞦組銅禮器組合的復原，認爲晉侯墓地的用鼎制度屬於少牢五鼎之制。其規格爲卿、大夫或下大夫的等級，因爲晉之始封僅爲「爵卑而貢重」的甸服偏侯。〔註 93〕由此可知，西周諸侯屬於卿或大夫級別，當然所用樂懸配置只有編鍾和編磬。而鍾、磬、鎛俱全應是西周時期三公以及上卿的樂懸配置。楊寬通過對西周金文的研究指出「《周禮》所載周朝官制則大不相同，……沒有高於六卿的公一級。」〔註 94〕既然《周禮》官制沒有三公一級，鄭、賈二氏也就不會涉及三公的樂懸配置，從而彌補了歷代文獻有關西周三公樂懸用器制度的失載。至於諸侯可以享用鍾、磬、鎛俱

〔註91〕周昌福、溫增源：《中國音樂文物大系·山東卷》，第 168 頁，大象出版社，2001 年。

〔註92〕楊寬：《西周史》，第 341 頁，上海人民出版社，1999 年。

〔註93〕孫華：《關於晉侯鞦組墓的幾個問題》，《文物》1995 年第 9 期。

〔註94〕楊寬：《西周史》（前言），第 2 頁，上海人民出版社，1999 年。

全的樂懸配置，應是春秋時期的事情了。因爲春秋時期，諸侯都升級爲公，如晉文公，齊桓公等等。同爲諸侯，級別升爲公爵，所以樂懸的規格也要相應提高，這與西周樂懸制度仍然相符。

二、樂懸的擺列制度

在西周的樂懸制度中，有關擺列制度的問題探討最多。《周禮・春官・小胥》載：「正樂懸之位，王宮懸，諸侯軒懸，卿、大夫判懸，士特懸，辨其聲」〔註95〕，這是先秦典籍中關於周代樂懸擺列制度的惟一記載，但語焉不詳。鄭玄注云：「樂懸，謂鍾磬之屬懸於簨簴者。鄭司農云：『宮懸四面懸，軒懸去其一面，判懸又去其一面，特懸又去其一面。四面象宮室四面有牆，故謂之宮懸。軒懸三面其形曲，故《春秋傳》曰：『請曲懸，繁纓以朝，』諸侯禮也。故曰：『惟器與名不可以假人』。』玄謂軒懸，去南面辟王也。判懸左右之合，又空北面，特懸懸於東方或於階間而已。」〔註96〕經過鄭玄的注解，我們對周代樂懸的擺列方式比較清楚了。根據等級的不同，周代樂懸的擺列方式分爲四種：周天子爲宮懸，擺列於四面；諸侯爲軒懸，擺列於東、西、北三面，空南面；卿、大夫判懸，擺列於東、西兩面，空南、北兩面；士特懸，擺列於東面或階間。對於樂懸每面的規格，不同等級又有不同。《周禮・春官・小胥》鄭玄注：「鍾磬者，編懸之，二八十六枚而在一簴謂之堵。鍾一堵，磬一堵，謂之肆。半之者，謂諸侯之卿、大夫、士也。諸侯之卿、大夫，半天子之卿、大夫，西懸鍾，東懸磬。士亦半天子之士，懸磬而已。」〔註97〕按照鄭說，我們能確定的只有諸侯之卿、大夫的樂懸爲西面一簴編鍾，東面一簴編磬，諸侯之士只有一簴編磬，而天子、諸侯以及天子之卿、大夫、士之樂懸每面的規格則不甚明瞭。對此，賈公彥在《儀禮・燕禮》中有詳細闡述：「天子宮懸，諸侯軒懸，面皆鍾、磬、鎛各一簴；大夫判懸，士特懸，不得有鎛。」〔註98〕賈公彥此處所言的「大夫」、「士」應爲天子之大夫、士。按照賈氏所言，天子、諸侯之樂懸每面都由編鍾、編磬、編鎛各一簴組成，天子之大夫和士的樂懸沒有鎛，每面由編鍾、編磬各一簴組成。按照賈說：

〔註95〕　《周禮注疏》卷二十三，《十三經注疏》（上），第795頁，中華書局，1980年。
〔註96〕　《周禮注疏》卷二十三，《十三經注疏》（上），第795頁，中華書局，1980年。
〔註97〕　《周禮注疏》卷二十三，《十三經注疏》（上），第795頁，中華書局，1980年。
〔註98〕　《儀禮注疏》卷十四，《十三經注疏》（上），第1014頁，中華書局，1980年。

諸侯之卿、大夫半天子之卿、大夫，士半天子之士，則諸侯之卿、大夫、士的樂懸規格恰與鄭說吻合：諸侯之卿、大夫的樂懸爲西面一虡編鍾，東面一虡編磬，諸侯之士只有一虡編磬。

　　從以上這些文獻記載和分析來看，關於西周樂懸的擺列制度似乎已經明瞭。但從出土實物來看，事實並非如此。西周早期的強伯各墓（BZM7）〔註99〕和強伯䰧墓（BRM1）〔註100〕的墓主均爲強國國君，屬諸侯級別，所用樂懸只有編甬鍾 3 件；西周中期穆王之世的晉武侯墓〔註101〕和長由墓〔註102〕，前者出土編鍾 4 件，後者出土編鍾 3 件。如果擺放的話，以上四位墓主的樂懸只能擺放一面，屬特懸而已，遠沒有達到「諸侯軒懸，卿、大夫判懸」的規模。

　　再看西周中期的恭、懿王之世，井叔夫人墓出土編甬鍾 3 件和編磬數件〔註103〕，應該是編鍾、編磬各一虡，分兩面擺放，應屬判懸之制。關於井叔夫人的等級，前文已有論述，其相當於大夫級別。可見，懿王之世的大夫已可享用判懸之制。

　　到了西周中期孝、夷之世，樂懸制度獲得重大發展。這一時期的上卿膳夫克、位列三公的微伯癲和第一代井叔都已享用編鍾、編磬、鎛俱全的樂懸配置。但是他們的擺列方式卻有不同。因爲第一代井叔（M157）樂懸的具體數量還不清楚，其擺列方式不便妄談。這裏僅探討其他兩例。第一例是孝王時的膳夫克，其樂懸只出土編甬鍾 5 件，特鎛 1 件。陳雙新認爲克鍾原來應該一肆 8 件。〔註104〕雖然沒有編磬出土，但是這一時期編磬已經成爲樂懸中的必備成員。估計是因爲克鍾、克鎛出自青銅器窖藏，所以沒有石質樂器編磬

〔註99〕盧連成、胡智生：《寶雞強國墓地》，第 96 頁，文物出版社，1988 年；方建軍：《中國音樂文物大系·陝西卷》，第 29 頁，大象出版社，1996 年。

〔註100〕盧連成、胡智生：《寶雞強國墓地》，第 281 頁，文物出版社，1988 年；方建軍：《中國音樂文物大系·陝西卷》，第 31 頁，大象出版社，1996 年。

〔註101〕北京大學考古學系、山西省考古研究所：《天馬——曲村遺址北趙晉侯墓地第二次發掘》，第 4～28 頁，《文物》1994 年第 1 期；劉緒：《天馬——曲村遺址晉侯墓地及相關問題》，《三晉考古》第一輯，山西人民出版社，1994 年；項陽、陶正剛：《中國音樂文物大系·山西卷》，第 47 頁，大象出版社，2000 年。

〔註102〕陝西省文物管理委員會：《長安普渡村西周墓的發掘》，第 75～86 頁，《考古學報》1957 年第 1 期。

〔註103〕中國社會科學院考古研究所灃西發掘隊：《長安張家坡西周井叔墓發掘簡報》，第 25～26 頁，《考古》1986 年第 1 期；中國社會科學院考古研究所：《張家坡西周墓地》，第 164～167 頁，中國大百科全書出版社，1999 年。

〔註104〕陳雙新：《兩周青銅樂器銘辭研究》，第 93～94 頁，河北大學出版社，2002 年。

而已。根據膳夫克僅有編甬鍾一肆 8 件來看，與之相配的編磬也應是一肆 8 件。如是這樣，8 件克鍾和 1 件克鎛應懸一虡，擺列一面，8 件編磬應懸一虡，擺列另一面。可見，上卿級別的膳夫克之樂懸應該是判懸之制。第二例是微伯㽞，活動於孝、夷之時。其所用的編甬鍾應該是 3 肆，每肆 8 件，共計 24 件；編磬雖然沒有出土，但根據所出編甬鍾的數量來看，其數量至少為 2 肆 16 件；鎛雖然也沒有出土，根據膳夫克享用鎛 1 件來看，位列三公的微伯㽞之樂懸也應配有鎛，很可能為 3 件。如果此種推測屬實的話，這 24 件編鍾、3 件編鎛和 16 件編磬應該如何懸掛擺放呢？前文已經論述，筆者認為曲尺形多簨式比較合理，也就是把曾侯乙編鍾的第三層紐鍾去掉之後的擺列形式。把三肆編甬鍾當中體量接近的兩肆大鍾，分兩層懸掛在正面簨虡之上：左側為第一組，上層 5 件小鍾，下面 3 件大鍾；右側為第二組，也是上層 5 件小鍾，下層 3 件大鍾。把體量較小的第三肆懸掛在左面簨虡的上層，下層則是 3 件編鎛。而右面，應該是一堵編磬，分上下兩層懸掛，每層 8 件。如此而成「軒懸」之制（見 53）。但此種「軒懸」每面的規格並非如賈公彥所言「面皆鍾、磬、鎛各一虡」，而是每面只有一虡。

　　最後看看西周晚期的樂懸擺列制度。從表 39 來看，從西周晚期的厲王開始，一直到春秋初年，歷代晉侯（如靖侯、獻侯、穆侯、文侯）的樂懸配置均為編甬鍾和編磬各一虡（一肆或兩肆），只不過是數量不同而已。孝夷之世的晉厲侯墓和厲王之世的晉釐侯墓均被盜嚴重，僅存編磬。根據同期其他幾座晉侯墓均隨葬鍾磬來看，這兩位晉侯的樂懸配置也應該有鍾有磬。恭懿之世的晉成侯墓被盜嚴重，不見鍾磬出土。根據同為懿王之世的井叔夫人墓（M163）鍾磬俱全來看，[註105] 晉成侯的樂懸配置應該與之相同。以此觀之，當時諸侯的樂懸擺列方式應為：一虡編甬鍾擺列一面，一虡編磬擺列另一面，如此而成「判懸」之制。此外，厲王之世的平頂山應侯 95 號墓，儘管其封國不在王畿附近，但其樂懸也是編甬鍾和編磬各一堵，亦為「判懸」之制。由此可見，從西周中期後段一直到春秋早期，「判懸」乃是諸侯的樂懸定制，而非「軒懸」。而且，每面樂懸的規格也非賈公彥所言「面皆鍾、磬、鎛各一虡」，而是每面只有一虡。至於「特懸」，西周中期和晚期各有一

〔註105〕中國社會科學院考古研究所灃西發掘隊：《長安張家坡西周井叔墓發掘簡
　　　　報》，第 25～26 頁，《考古》1986 年第 1 期；中國社會科學院考古研究所：《張
　　　　家坡西周墓地》，第 164～167 頁，中國大百科全書出版社，1999 年。

例，臨沂花園村西周墓（編甬鍾 9 件）〔註106〕和長安馬王村西周青銅器窖藏（編甬鍾 10 件）〔註107〕，二者均出土列鼎 3 件，墓主應為士一級。他們配置的樂懸均為編鍾一虡，為「特懸」，確與《周禮》相合。從這兩例考古資料的地域來看，前者應為諸侯之士，後者應為周王之士。如果推測不誤，那麼西周時期天子和諸侯之士的「特懸」均應為編鍾一虡，並非如鄭、賈二氏所言天子之士的「特懸」編鍾、編磬各一虡，而諸侯之士只有編磬一虡。西周晚期還有一例「軒懸」之制，那就是單氏家族逨的樂懸。單逨所出樂懸有編甬鍾 15 件（其中 5 件已丟失）〔註108〕、編鎛 3 件〔註109〕，均為西周晚期宣王之器。逨的官職從管理四方虞林再到官司曆人，為西周王室重臣，相當於卿、大夫級別。〔註110〕前文已經論述，其樂懸配置應為編甬鍾兩肆 16 件（或三肆 24 件），鎛一肆 3 件。編磬雖然沒有出土，但是編磬已是當時各級貴族樂懸的必備之器。根據其編鍾有兩肆 16 件（或三肆 24 件）來看，其所用編磬至少有兩肆 16 件。由此觀之，其樂懸應為「軒懸」之制。如果編甬鍾為三肆 24 件，那麼其樂懸則與微伯癲完全相同（參見圖 53）；如果編甬鍾為兩肆 16 件，那麼其樂懸的左面就只有一肆編鎛了（參見圖 69）。不過，微伯癲之「軒懸」合於禮制，而單逨則是僭禮而為。

目前，周王之墓尚沒有發現，不知其樂懸是否如文獻所載為擺列四面的「宮懸」。不過從微伯癲和單逨的樂懸之制來看，周天子之樂懸數量構成「宮懸」是完全沒有問題的。此外，晉侯邦父 64 號墓〔註111〕隨葬的楚公逆編鍾銘文載：「楚公逆用自作和□錫鍾百□」。李學勤指出「『百』下面的字，左半

〔註106〕周昌福、溫增源：《中國音樂文物大系‧山東卷》，第 60 頁，大象出版社，2001年。

〔註107〕西安市文物管理處：《陝西長安新旺村、馬王村出土的西周銅器》，第 1～5頁，《考古》1974 年第 1 期；方建軍：《中國音樂文物大系‧陝西卷》，第 80～83 頁，大象出版社，1996 年。

〔註108〕劉懷君：《眉縣出土一批西周窖藏青銅樂器》，《文博》1987 年第 2 期；方建軍：《中國音樂文物大系‧陝西卷》，第 60～67 頁，大象出版社，1996 年。

〔註109〕劉懷君：《眉縣出土一批西周窖藏青銅樂器》，《文博》1987 年第 2 期；方建軍：《中國音樂文物大系‧陝西卷》，第 101 頁，大象出版社，1996 年。

〔註110〕劉懷君：《眉縣楊家村西周窖藏青銅器的初步認識》，第 35～38 頁，《考古與文物》2003 年第 3 期。

〔註111〕山西省考古研究所、北京大學考古系：《天馬──曲村遺址北趙晉侯墓地第四次發掘》，第 4～10 頁，《文物》1994 年第 8 期；項陽、陶正剛：《中國音樂文物大系‧山西卷》，第 27、48 頁，大象出版社，2000 年。

從『食』，是鍾的單位。」〔註112〕黃錫全、于柄文認為其中的「食」即「肆」，「百食」就是「百肆」。此句的意思就是「楚公逆用四方首領所獻之銅作了和諧美好的編鍾一百組」。〔註113〕如果按照晉侯墓地的常數一肆8件來看，數量就達800件，非常可觀。當然「『百肆』不一定就是一百組。『百』也可能泛指多數」。不過，從戰國初期的曾侯乙編鍾來推測，一個小小的曾國國君都可以隨葬編鍾65件、編磬32件，樂懸總數達97件。那麼一個堂堂大國之君楚公逆所用樂懸比曾侯乙多數倍，也就是數百件應該沒有問題。一位楚王尚且如此，周天子的樂懸數量就可想而知了。

圖 69　單逨樂懸圖

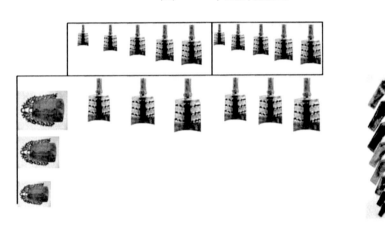

綜上所述，從音樂考古發現來看，西周樂懸的擺列制度與文獻記載有其相合之處。如所謂的「軒懸」、「判懸」、「特懸」等樂懸之制在西周時期確已存在，卿、大夫、士的樂懸之制也與《周禮》相合。但也有的等級並不能完全對應。如卿、大夫與諸侯同為「判懸」，三公應為「軒懸」。楊寬通過對西周金文的研究指出「《周禮》所載周朝官制則大不相同，……沒有高於六卿的公一級。」〔註114〕既然《周禮》官制沒有三公一級，當然就不會有關於三公一級樂懸制度的記載。因此三公應為「軒懸」之制，彌補了先秦文獻有關樂懸制度的失載。對於另一個不能相合之處，即卿、大夫與諸侯同為「判懸」

〔註112〕李學勤：《試論楚公逆編鍾》，第69頁，《文物》1995年第2期。
〔註113〕黃錫全、于柄文：《山西晉侯墓地所出楚公逆鍾銘文初釋》，第175頁，《考古》1995年第2期。
〔註114〕楊寬：《西周史》（前言），第2頁，上海人民出版社，1999年。

一般看來確有矛盾，因爲根據文獻記載諸侯應在卿、大夫之上。實際非也。前文已經論述，西周時期的侯、伯、卿、大夫應屬同一級別。既然如此，西周諸侯當然該用「判懸」之制，這與《周禮》所載「卿、大夫判懸」是相符的。所以，筆者認爲西周的樂懸擺列制度應爲：王宮懸，三公軒懸，諸侯、卿、大夫判懸，士特懸。至於諸侯享用「軒懸」之制應是春秋時期的事情了。但這與《周禮》記載也不矛盾。因爲西周時期的諸侯爲卿，當用「判懸」之制；到了春秋時期，諸侯都升級爲公，如晉文公，齊桓公等等。同爲諸侯，級別升爲公爵，所以其樂懸規格也應該由「判懸」升爲「軒懸」，這與《周禮》所載的樂懸制度仍然相符。正如楊寬所言：「《周禮》一書編輯之際，確有不少眞實的史料爲其素材，並非全出『嚮壁虛造』」。〔註115〕李純一認爲《周禮·春官·小胥》所載的「正樂懸之位……」云云，「當是已經發展到定制的東周後期的情況」〔註116〕的觀點，需要重新審視。至少在時間的判斷上顯得晚了些。

有關周代樂懸堵與肆的問題，筆者在第二章中已有論及。編鍾、編磬應該均可以單獨稱肆；一肆編鍾或編磬，應該是指一組編鍾或編磬。所謂一「堵」，應指一虡編鍾或者一虡編磬，一堵可懸鍾、磬一或數層，每層可懸一或兩肆。關於堵、肆的分組標準以及組成件數，歷代學者雖多有考證，但至今聚訟紛紜。

對於編鍾堵、肆的分組，考古界原來多以銘文作爲分組的標準。容庚《彝器通考·樂器章》認爲，克鍾、刑人鍾、子璋鍾皆合兩鍾而成全文，則兩鍾即爲一肆；虢叔編鍾合四鍾而成全文，則四鍾爲一肆；沪編鍾第一組合七鍾而成全文，則七鍾爲一肆。楊伯峻對此說提出異議，指出容庚以銘文之長短爲肆的說法值得商榷。根據出土實物，「似可論斷音調音階完備能演奏而成樂曲者始得爲一肆。」〔註117〕陳雙新對於容庚之說也予以否定，「從出土實物看，堵、肆與編鍾全銘的組合形式無多大關係，如子犯鍾兩組十六件，每組八件合爲全銘；晉侯蘇鍾兩組十六件，合爲一篇全銘；新出楚公逆鍾一組八件，每鍾全銘。」〔註118〕筆者以爲，楊伯峻雖然認識到單純依靠編鍾的

〔註115〕楊寬：《西周史》，第362頁，上海人民出版社，1999年。
〔註116〕李純一：《先秦音樂史研究的兩種基本史料》，第36頁，《音樂研究》1994年第3期。
〔註117〕楊伯峻：《春秋左傳注》，第991～993頁，中華書局，1990年。
〔註118〕陳雙新：《兩周青銅樂器銘辭研究》，第27頁，河北大學出版社，2002年。

銘文以及形製紋飾來作爲編鍾分組標準的不足，但「音調音階完備能演奏而成樂曲者始得爲一肆」〔註119〕的說法還不夠全面。從出土實物來看，西周早期的一些編甬鍾均爲 3 件一組，如強伯各墓編鍾〔註120〕、強伯㿖墓編鍾〔註121〕、平頂山魏莊編甬鍾〔註122〕等等，音律尚不完備，均未達到楊氏所言「音調音階完備能演奏而成樂曲者」的標準，但似也應作爲一肆看待。因此，對於編鍾的分組標準，除了要考慮其器形特徵和銘文之外，還應注意它們的音列特點，更要全面考察編鍾音列在其發展過程中各個階段的特徵。

關於鍾磬樂懸堵、肆的組成件數，《周禮・春官・小胥》鄭玄注：「鍾磬者，編懸之，二八十六枚而在一簴謂之堵。」〔註123〕《左傳・襄公十一年》杜預注：「懸鍾十六爲一肆。」〔註124〕對此，歷代學者多有異議。王國維從簴虡的容量出發，對鄭、杜之說提出質疑。以爲「鍾磬虡之高，以擊者爲度，高廣亦不能逾丈。一丈之廣，不能容鍾磬十六枚或十九枚，此亦事理也。」〔註125〕也就是說，王國維認爲一堵不會有 16 或 19 件之多。那麼一架簴虡是否能夠懸掛鍾磬 16 件或 19 件呢？今從考古發現觀之，王說值得商榷。如春秋晚期的王孫誥編鍾，一副簴虡懸掛編鍾 26 件；〔註126〕曾侯乙墓編磬，一副簴虡懸掛編磬 32 件；〔註127〕而曾侯乙編鍾，一副簴虡懸掛編鍾多達 65 件。〔註128〕可見王說不足爲憑。

今人楊伯峻、李純一、黃翔鵬也不同意鄭、杜懸鍾十六爲一堵之說。楊伯峻認爲「鄭玄等所注，以出土實物證之，皆不甚切合。」〔註129〕李純一指

〔註119〕 楊伯峻：《春秋左傳注》，第 991～993 頁，中華書局，1990 年。
〔註120〕 盧連成、胡智生：《寶雞強國墓地》，第 96 頁，文物出版社，1988 年；方建軍：《中國音樂文物大系・陝西卷》，第 29 頁，大象出版社，1996 年。
〔註121〕 盧連成、胡智生：《寶雞強國墓地》，第 281 頁，文物出版社，1988 年；方建軍：《中國音樂文物大系・陝西卷》，第 31 頁，大象出版社，1996 年。
〔註122〕 平頂山市文管會、孫清遠、廖佳行：《河南平頂山發現西周甬鍾》，第 466 頁，《考古》1988 年第 5 期。
〔註123〕 《周禮注疏》卷二十三，《十三經注疏》（上），第 795 頁，中華書局，1980 年。
〔註124〕 《春秋左傳正義》卷三十一，《十三經注疏》（下），第 1951 頁，中華書局，1980 年；此「肆」應改爲堵。
〔註125〕 王國維：《漢南呂編磬跋》，《觀堂集林》（別集卷二），第 1217 頁，中華書局，1959 年。
〔註126〕 趙世綱：《中國音樂文物大系・河南卷》，第 87 頁，大象出版社，1996 年。
〔註127〕 王子初：《中國音樂文物大系・湖北卷》，第 250 頁，大象出版社，1996 年。
〔註128〕 王子初：《中國音樂文物大系・湖北卷》，第 202 頁，大象出版社，1996 年。
〔註129〕 楊伯峻：《春秋左傳注》，第 993 頁，中華書局，1990 年。

出「迄今考古發現先秦實物無一例與之相合，足見鄭、杜這些解釋都不足為據。」〔註130〕黃翔鵬也認為「這些說法對於西周從三件一套到八件一套，春秋的九件一套、十三件一套，竟然到了無一數字相合的程度。說明它們並無多少實際根據，既非西周制度，也不是春秋制度。」〔註131〕筆者對於以上諸說有不同見解。從今天的出土實物來看，鄭玄、杜預之說是有一定根據的。目前所見周代編鍾以 16 件為一堵的非止一套。如西周早中期的晉侯蘇編甬鍾，16 件一堵，每肆 8 件；〔註132〕兩周之際的聞喜晉國子范編甬鍾為 16 件一堵，每肆 8 件；〔註133〕春秋早期的虢仲編鍾為 16 件一堵，其中編甬鍾 8 件 1 肆、編紐鍾 8 件 1 肆；〔註134〕其他還有春秋早期的曲村晉侯 93 號墓編甬鍾〔註135〕、戰國初期的潞城潞河 7 號墓編甬鍾〔註136〕、戰國早期的易縣燕下都 16 號墓陶甬鍾〔註137〕、戰國中期或稍晚的洛陽西工 131 號墓編紐鍾〔註138〕等等，皆為 2 肆 16 件一堵。以此觀之，鄭、杜之說在一定程度上反映了周代樂懸堵、肆組合的真實情況，但此絕非周代樂懸堵、肆的定制。因為至春秋戰國時期，9 件一肆的編鍾也不少見。從《後漢書‧禮儀志‧大喪》所載：「鍾十六，無虡；鎛四，無虡；磬十六，無虡」〔註139〕來看，鄭玄之說更可能為

〔註130〕李純一：《中國上古出土樂器綜論》，第 288 頁，文物出版社，1996 年。

〔註131〕黃翔鵬：《新石器和青銅時代的已知音響資料與我國音階發展史問題》，《溯流探源——中國傳統音樂研究》，第 57 頁，人民音樂出版社，1992 年。

〔註132〕北京大學考古學系、山西省考古研究所：《天馬——曲村遺址北趙晉侯墓地第二次發掘》，第 4～28 頁，《文物》1994 年第 1 期；王子初：《晉侯蘇編鍾的音樂學研究》，《文物》1998 年第 5 期。

〔註133〕張光遠：《故宮新藏春秋晉文稱霸「子范和鍾」初釋》，臺灣《故宮文物月刊》第 145 期（1995 年 4 月）；李學勤：《補論子范編鍾》，《中國文物報》1995 年 5 月 28 日第三版。

〔註134〕姜濤：《虢國墓地的再發掘與認識》，《中國文物報》1991 年 12 月 8 日；《虢國墓地發掘又獲重大發現》，《中國文物報》1992 年 2 月 2 日。

〔註135〕北京大學考古學系、山西省考古研究所：《天馬——曲村遺址北趙晉侯墓地第五次發掘》，第 22～28 頁，《文物》1995 年第 7 期。

〔註136〕山西省考古研究所、山西省晉東南地區文化局：《山西潞城縣潞河戰國墓》，第 9 頁，《文物》1986 年第 6 期。

〔註137〕河北省文化局文物工作隊：《河北易縣燕下都第十六號墓發掘》，第 93～94 頁，《考古學報》1965 年第 2 期。

〔註138〕蔡運章、梁曉景、張長森：《洛陽西工 131 號戰國墓》，第 4～15 頁，《文物》1994 年第 7 期。

〔註139〕〔南朝宋〕范曄：《後漢書‧禮儀下‧大喪》（志第六），第 3146 頁，中華書局，1965 年。

局部傳承於先秦的漢代樂懸堵、肆之制。

　　此外，陳雙新認為「前人提出過諸如『樂生於風』，故樂懸之法取數於八音八風；一懸十九鍾，十二鍾當一月，十二月十二辰，辰加七律之鍾則十九鍾；鍾磬參懸之，正聲十二倍聲十二而懸二十四鍾等許多牽強附會的說法，皆不可取。」〔註140〕筆者認為，此觀點尚可探討。從出土實物來看，河南新鄭鄭韓故城遺址曾出土編鍾 206 件，其時代均為春秋中期。編鍾共 9 套，其中 8 套均為一堵 24 件（編鎛 4 件，編紐鍾 20 件）。〔註141〕一堵 19 件的周代樂懸例子有太原趙卿墓編鎛（春秋晚期，19 件）〔註142〕、新鄭李家樓編甬鍾（春秋中期，19 件）〔註143〕，而西漢初期的山東章丘洛莊編鍾〔註144〕和廣州南越王墓編鍾〔註145〕也均為一堵 19 件。以此觀之，前人所言懸鍾一堵 19 件或 24 件之說，應該也是有其所本的。堵、肆之數很可能帶有一定的時代性和地域性。但是一堵 19 件或 24 鍾是否真的源於「十二鍾當一月，十二月十二辰，辰加七律之鍾則十九鍾；鍾磬參懸之，正聲十二倍聲十二而懸二十四鍾」則難以深究了。

　　對於如何看待堵、肆的編組問題，李純一指出：「先秦堵肆的件數並不是一開始出現就固定下來而永久不變，而是經歷過一個形成和發展的過程。」〔註146〕先看周代編鍾的一肆之數：西周早期的編鍾為一肆 3 件（如弡伯各墓編鍾〔註147〕、弡伯姞墓編鍾〔註148〕等）或 2 件（如晉侯蘇編鍾 I 式），到

〔註140〕陳雙新：《兩周青銅樂器銘辭研究》，第 24 頁，河北大學出版社，2002 年。
〔註141〕河南省文物考古研究所：《河南新鄭市鄭韓故城鄭國祭祀遺址發掘簡報》，第 73～77 頁，《考古》2000 年第 2 期。
〔註142〕山西省考古研究所、太原市文物管理委員會：《太原金勝村 251 號春秋大墓及車馬坑發掘簡報》，《文物》1989 年第 9 期。
〔註143〕許敬參：《編鍾編磬說》，《河南省博物館館刊》第九集，中華民國二十六年；河南博物院、臺北國立歷史博物館：《新鄭鄭公大墓青銅器》，大象出版社，2001 年。
〔註144〕濟南市考古研究所等：《山東章丘市洛莊漢墓陪葬坑的清理》，《考古》2004 年第 8 期；王清雷：《章丘洛莊編鍾芻議》，《文物》2005 年第 1 期。
〔註145〕蕭亢達：《南越王墓出土的樂器》，第 37 頁，《西漢南越王墓文物特展圖錄》，（臺灣）國立歷史博物館，1998 年。
〔註146〕李純一：《中國上古出土樂器綜論》，第 289 頁，文物出版社，1996 年。
〔註147〕盧連成、胡智生：《寶雞弡國墓地》，第 96 頁，文物出版社，1988 年；方建軍：《中國音樂文物大系・陝西卷》，第 29 頁，大象出版社，1996 年。
〔註148〕盧連成、胡智生：《寶雞弡國墓地》，第 281 頁，文物出版社，1988 年；方建軍：《中國音樂文物大系・陝西卷》，第 31 頁，大象出版社，1996 年。

西周中期發展爲一肆 4 件（如曲村晉侯 9 號墓編甬鍾〔註 149〕）、5 件（如扶風弔莊甬鍾〔註 150〕）、8 件（如㝬鍾三肆 24 件〔註 151〕）、10 件（如長安馬王村甬鍾〔註 152〕），到西周晚期一肆 8 件幾乎成爲這一時期的定制。但是也有一肆 7 件（如平頂山滍陽 95 號墓編甬鍾〔註 153〕、晉侯 91 號墓編甬鍾〔註 154〕、大悟雷家山編甬鍾〔註 155〕）、9 件（如臨沂花園村編鍾〔註 156〕）、13 件（如臨潼零口甬鍾〔註 157〕）等等。到春秋戰國時期，9 件一肆的編鍾大量出現，幾乎成爲春秋時期的定制；後來一肆又由 8 件、9 件增擴爲 11 件、13 件、14 件。再看周代編鍾的一堵之數：西周早期的編鍾均爲一堵一肆 2 或 3 件，到西周中期迅速擴展到 3 肆 24 件，一直發展到戰國初期曾侯乙編鍾的一堵 8 肆 65 件。可見，在不同時代、不同地域，樂懸的堵、肆編組均不相同。因此，在作相關研究時更應從相應的考古發現中獲取第一手資料。此外，對於樂懸的堵、肆編組問題，不應局限於音列上是否成編。因爲它們在商周禮樂制度中，其身份首先是禮器，其次才是樂器。陳夢家說：「或是大小相次的一類銅器，或是大小相等的一類銅器，或是數類相關銅器的組合」都可稱「肆」。〔註 158〕因此，器型上成編就可以構成一肆或一堵。否則春秋戰國時

〔註 149〕北京大學考古學系、山西省考古研究所：《天馬——曲村遺址北趙晉侯墓地第二次發掘》，《文物》1994 年第 1 期。

〔註 150〕高西省：《扶風發現一銅器窖藏》，《文博》1985 年第 1 期；方建軍：《中國音樂文物大系·陝西卷》，第 78～79 頁，大象出版社，1996 年。

〔註 151〕方建軍：《中國音樂文物大系·陝西卷》，第 37～50 頁，大象出版社，1996 年。

〔註 152〕西安市文物管理處：《陝西長安新旺村、馬王村出土的西周銅器》，第 1～5 頁，《考古》1974 年第 1 期；方建軍：《中國音樂文物大系·陝西卷》，第 80～83 頁，大象出版社，1996 年。

〔註 153〕河南省文物考古研究所等：《平頂山應國墓地九十五號墓的發掘》，《華夏考古》1992 年第 3 期。

〔註 154〕北京大學考古學系、山西省考古研究所：《天馬——曲村遺址北趙晉侯墓地第五次發掘》，第 10～11 頁，《文物》1995 年第 7 期；王世民、蔣定穗：《最近十多年來編鍾的發現與研究》，第 4 頁，《黃鍾》1999 年第 3 期。

〔註 155〕熊卜發、劉志升：《大悟發現編鍾等銅器》，《江漢考古》1980 年第 2 期；王子初：《中國音樂文物大系·湖北卷》，第 21 頁，大象出版社，1996 年。

〔註 156〕周昌福、溫增源：《中國音樂文物大系·山東卷》，第 60 頁，大象出版社，2001 年。

〔註 157〕臨潼縣文化館：《陝西臨潼發現武王征商簋》，第 1～7 頁，《文物》1977 年第 8 期；方建軍：《中國音樂文物大系·陝西卷》，第 89～91 頁，大象出版社，1996 年。

〔註 158〕陳夢家：《西周銅器斷代》（三），第 73 頁，《考古學報》1956 年第 1 期。

期出現的大量鍾磬明器的堵、肆，將如何劃分？

三、樂懸的音列制度

　　西周晚期，樂懸制度得到進一步的發展完善。西周中期編甬鍾有 48 例 121 件，到了西周晚期增至 71 例 192 件。其編列和規模與西周中期相比，並無多大提高。這一時期，編列完整的編鍾大多爲一肆 8 件，幾乎成爲西周晚期樂懸編列的定制，這是西周樂懸制度發展成熟的標誌之一。下面筆者就對其中幾組保存較好、編列比較完整、音列比較齊全的編甬鍾的測音數據進行分析，以探究西周樂懸音列制度的原貌。

1·晉侯蘇編鍾

　　1992 年，出土於山西晉侯墓地 8 號墓〔註159〕，共計 16 件，分爲 2 肆。有關專家指出，墓主晉獻侯蘇在位的時間爲周宣王 6 年到 16 年。〔註160〕前文已述，兩肆編鍾的正鼓音音列均爲：羽－宮－角－羽－角－羽－角－羽，加上側鼓音，可以構成完整的四聲音階：羽－宮－角－徵－羽－宮－角－徵－羽－宮－角－徵－羽－宮，音域達三個八度又一個小三度。只不過兩肆編鍾的調高不同，第一肆爲 A 羽，第二肆爲#G 羽（參見表 28）。

2·眉縣楊家村編甬鍾

　　1985 年，出土於陝西眉縣楊家村窖藏，共計 15 件（其中 5 件已丟失）〔註161〕，同出編鎛 3 件〔註162〕，屬西周晚期宣王時器，器主爲西周王室重臣單氏家族的逨。〔註163〕前文已述，現存的 10 件編甬鍾分爲甲、乙、丙三式。根據其形制、紋飾、銘文和音列來看，每式原來均應爲 8 件一肆，共計 16 件。乙組甬鍾僅出 4 件，加上所缺的 4 件編鍾，其正鼓音音列應爲：羽－

〔註159〕北京大學考古學系、山西省考古研究所：《天馬——曲村遺址北趙晉侯墓地第二次發掘》，第 4～28 頁，《文物》1994 年第 1 期。

〔註160〕北京大學考古學系、山西省考古研究所：《天馬——曲村遺址北趙晉侯墓地第五次發掘》，第 37～38 頁，《文物》1995 年第 7 期。

〔註161〕劉懷君：《眉縣出土一批西周窖藏青銅樂器》，《文博》1987 年第 2 期；方建軍：《中國音樂文物大系·陝西卷》，第 60～67 頁，大象出版社，1996 年。

〔註162〕劉懷君：《眉縣出土一批西周窖藏青銅樂器》，《文博》1987 年第 2 期；方建軍：《中國音樂文物大系·陝西卷》，第 101 頁，大象出版社，1996 年。

〔註163〕劉懷君：《眉縣楊家村西周窖藏青銅器的初步認識》，第 35～38 頁，《考古與文物》2003 年第 3 期。

宮－角－羽－角－羽－角－羽，正、側鼓音音列應為 G 羽調四聲音階：羽－宮－角－徵－羽－宮－角－徵－羽－宮－角－徵－羽－宮，音域達三個八度又一個小三度（參見表 34）；丙組（4 件）與甲組甬鍾（2 件）應為一肆，加上所缺編鍾後其正、側鼓音音列應為 B 羽四聲音階：羽－宮－角－徵－羽－宮－角－徵－羽－宮－角－徵－羽－宮，音域也是三個八度又一個小三度（表 36、37）。

　　3·中義鍾、柞鍾〔註 164〕

　　1960 年，出土於扶風齊家村西周銅器窖藏，共計 16 件。根據銘文可分為 2 組：中義鍾（圖 70）和柞鍾（圖 71），其時代為西周晚期。現將這 2 肆 16 件編鍾的測音結果進行分析並列表（參見表 40、41）。從測音數據分析表來看，這兩肆編鍾的音列均為四聲音階：羽－宮－角－徵－羽－宮－角－徵－羽－宮－角－徵－羽－宮，音域同為三個八度又一個小三度。只有調高不同，中義鍾為 #G 羽，柞鍾為 A 羽。

圖 70　中義鍾之一　　　　圖 71　柞鍾之一

〔註 164〕陝西省博物館等：《扶風齊家村青銅器群》，文物出版社，1963 年；陝西省考古研究所等：《陝西出土商周青銅器（二）》，文物出版社，1980 年；方建軍：《中國音樂文物大系·陝西卷》，第 52～57 頁，大象出版社，1996 年。

表 40　中義鍾測音數據分析表 〔註 165〕

序號	標 本 號	正 鼓 音		側 鼓 音	
		音 高	階 名	音 高	階 名
1	60・0・187	$^{\#}$g-23	羽	同正鼓音	羽
2	60・0・182	b±0	宮	同正鼓音	宮
3	60・0・188	$^{\#}$d^1-48	角↓	$^{\#}$f^1-15	徵
4	60・0・189	$^{\#}$g^1-41	羽↓	b^1+14	宮
5	60・0・183	$^{\#}$d^2-1	角	$^{\#}$f^2+16	徵
6	60・0・184	$^{\#}$g^2-4	羽	b^2+31	宮
7	60・0・185	$^{\#}$d^3-2	角	$^{\#}$f^3+6	徵
8	60・0・186	$^{\#}$g^3-45	羽↓	b^3-20	宮

單位：音分

表 41　柞鍾測音數據分析表 〔註 166〕

序號	標 本 號	正 鼓 音		側 鼓 音	
		音 高	階 名	音 高	階 名
1	60・0・175	a-26	羽	同正鼓音	羽
2	60・0・176	c^1-30	宮	同正鼓音	宮
3	60・0・177	a^1-23	角	c^2-15	徵
4	60・0・178	e^1-25	羽	g^1+2	宮
5	60・0・179	e^2-21	角	g^2+24	徵↑
6	60・0・180	a^2+34	羽↑	c^3+22	宮↑
7	60・0・190	e^3+64	角↑	g^3-16	徵
8	60・0・181	a^3+74↑	羽	c^4+94	宮

單位：音分

　　有關整個西周時期編鍾的音列問題，已有諸多學者進行專文研究，如黃翔鵬的《新石器和青銅時代的已知音響資料與我國音階發展史問題》〔註 167〕

〔註 165〕方建軍：《中國音樂文物大系・陝西卷》，第 53 頁，大象出版社，1996 年。
〔註 166〕方建軍：《中國音樂文物大系・陝西卷》，第 56 頁，大象出版社，1996 年。
〔註 167〕黃翔鵬：《溯流探源——中國傳統音樂研究》，第 1～58 頁，人民音樂出版社，
　　　　　1992 年。

和《用樂音系列記錄下來的歷史階段——先秦編鍾音階結構的斷代研究》〔註168〕、陳荃有的《西周樂鍾的編列探討》〔註169〕、孔義龍的《兩周編鍾音列研究》〔註170〕等。他們一致認為，西周時期的編鍾音列只有宮、角、徵、羽四聲，並無商音。但從西周中期的長安馬王村編甬鍾的音列來看，是否還存在例外的情形？馬王村編甬鍾的正、側鼓音音列，僅差變宮、徵曾、徵3個音就可以在一個八度內構成完整的半音階（參見表22），其不僅可以演奏四聲音階，還可以構成五聲、六聲和七聲音階。似西周編鍾的音列並非只有宮、角、徵、羽四聲，原來認為只有春秋戰國時期才有的可以演奏七聲音階的編鍾是否在西周中期即已出現？不過迄今所見絕大多數西周編鍾，例如弭伯各墓編鍾（參見表10）、弭伯𪻐墓編鍾（參見表11）、𤊽鍾（3肆24件，參見表21）、晉侯蘇編鍾（2肆16件，參見表28）、眉縣楊家村編鍾（2肆16件，參見表34、36、37）、中義鍾（參見表40）、柞鍾（參見表41）等，其音列誠如諸家所言，只用宮、角、徵、羽四聲，並無商音。西周樂懸確實存在著禁用商音的規定。目前可以演奏七聲音階的西周編鍾僅馬王村編甬鍾一例，值得進一步研究。

西周編鍾禁用商音的問題，古今學者多有闡發。《周禮·春官·大司樂》載：「凡樂，圜鍾為宮，黃鍾為角，太簇為徵，姑洗為羽……凡樂，函鍾為宮，太簇為角，姑洗為徵，南呂為羽……凡樂，黃鍾為宮，大呂為角，太簇為徵，應鍾為羽……」。〔註171〕《周禮·春官·大司樂》鄭玄注：「此樂無商者，祭尚柔，商堅剛也。」賈公彥疏：「云此樂無商者，祭尚柔，商堅剛也者。此經三者皆不言商，以商是西方金，故云祭尚柔，商堅剛不用。若然，上文云：『此六樂者皆文之以五聲。』並據祭祀而立五聲者，凡音之起由人心生，單出曰聲，雜比曰音，泛論樂法以五聲言之，其實祭無商聲。」〔註172〕可見，賈公

〔註168〕黃翔鵬：《溯流探源——中國傳統音樂研究》，第98～108頁，人民音樂出版社，1992年。

〔註169〕陳荃有：《西周樂鍾的編列探討》，第29～42頁，《中國音樂學》2001年第3期。

〔註170〕孔義龍：《兩周編鍾音列研究》，第11～49頁，中國藝術研究院2005屆音樂學博士學位論文。

〔註171〕《周禮注疏》卷二十二，《十三經注疏》（上），第789～790頁，中華書局，1980年。

〔註172〕《周禮注疏》卷二十二，《十三經注疏》（上），第789～790頁，中華書局，1980年。

彥認爲周樂五聲齊全，並非沒有商音，只是因爲「商堅剛」而不能用於祭祀音樂，所以上段文獻沒有涉及商音。《周禮·春官·大司樂》陳暘訓義云：「三宮不用商聲者，商爲金聲而周以木王，其不用則避其所剋而已」。並進一步指出「周之作樂非不備五聲，其無商聲，文去實不去故也。」〔註173〕也就是說，陳暘認爲商與周是相剋的關係，所以不用商音。但這僅僅是書面的規定，而在實際的演奏中商音是使用的，即所謂「文去實不去」。王光祈研究發現，《詩經》「三百篇之中罕有商調，惟《商頌》五篇始用商調。故特繫在三百篇後，彷彿是一種附錄之意。據說，周朝之所以不用商調，係因商調有一種殺聲之故。」〔註174〕以上諸家雖角度不同，但均站在政治的高度，認爲商音或者商調不利於周的統治，所以不用商音。黃翔鵬對周鍾不用商音，則作如是解：「宮廷中至少已用全五聲；不過，商聲卻不在骨幹音之列。也就是說，西周宮廷音樂，無論其爲五聲或七聲音階，其可用於不同調式作爲主音的音節骨幹音卻是：『宮－角－徵－羽』的結構。」〔註175〕也就是說，黃先生認爲編鍾只是用於演奏骨幹音，而「骨幹音卻是：『宮－角－徵－羽』的結構」，所以西周編鍾上才沒有商音。劉再生則認爲，西周編鍾五聲缺商的原因，在於周民族與商民族音樂習俗和審美觀念的不同，屬於一種民族文化差異；同時，這與民族之間的政治對立也有一定關係。〔註176〕

今人孔義龍對此也有新的看法。他認爲：對於西周編鍾沒有商音的問題出於政治上的考慮是可以的，但是「缺『商』問題的客觀原因與主觀問題是應該分清楚的」。「在西周編甬鍾的音列中找不到『商』這個音，客觀原因是在作弦上等份取音時不方便獲取『商』音」。〔註177〕孔氏認爲，西周時期編鍾的音列是按照一弦取音制，有三種取音方法：弦長六等份取音法、弦長五等份取音法、弦長四等份取音法。〔註178〕這三種取音法均沒有商音。他指出「到

〔註173〕陳暘：《周禮·春官·大司樂》訓義，《樂書》，光緒丙子（1876）刊本。
〔註174〕王光祈（馮文慈、俞玉滋選注）：《王光祈音樂論著選集》（下冊），第84頁，人民音樂出版社，1993年。
〔註175〕黃翔鵬：《溯流探源——中國傳統音樂研究》，第24頁，人民音樂出版社，1992年。
〔註176〕劉再生：《中國古代音樂史簡述》（修訂版），第92～94頁，人民音樂出版社，2006年。
〔註177〕孔義龍：《兩周編鍾音列研究》，第78頁，中國藝術研究院2005屆音樂學博士學位論文。
〔註178〕孔義龍：《兩周編鍾音列研究》，第33頁，中國藝術研究院2005屆音樂學博

西周中、晚期這種一弦取音的方法趨於統一的時候，仍然將西周鍾缺商的原因完全歸結於對商的仇恨的結論尚待討論。」〔註179〕但是孔氏又指出，殷商時期的婦好墓編鐃的音列已經出現商音，「它是按一弦五等分制取音時按第五等份的二分之一節點處產生。」而且「按一弦五等分制取音法，每一等份中的1/2節點是最容易按取的，這是無需試驗僅憑常識就可以證實的。按取第五等份中的1/2節點獲取的音位正是『商』音。」〔註180〕既然在殷商時期的編鐃上「商」音已經如此容易的取得，到了西周仍然使用一弦五等分制，爲何在編鍾上再來取得「商」音難度卻更大了呢？孔氏的自相矛盾顯而易見。西周編鍾禁用商音另有原因。

　　《禮記・樂記》載：「賓牟賈侍坐於孔子，孔子與之言，及樂。曰……『聲淫及商，何也？』對曰：『非武音也。』子曰：『若非武音，則何音也？』對曰：『有司失其傳。若非有司失其傳，則武王之志荒矣。』子曰：『唯，丘之聞諸萇弘，亦若吾子之言是也。』」〔註181〕可見，禁用商音，應是西周初期周公「製禮作樂」時訂立的規矩，所以說是「武王之志」。王子初指出，周滅商而王天下，商爲周之大敵。作爲宮廷禮樂重器的編鍾，自然絕不允許出現「商」音。〔註182〕通觀中國歷朝歷代的統治者，都對前朝某些問題異常敏感，因爲前朝與他們直接相關。孔子云：「『禮云禮云』，玉帛云乎哉？『樂云樂云』，鐘鼓云乎哉？」〔註183〕在西周時期，鍾磬樂懸絕對不僅僅是一種演奏音樂的樂器，它承載的更多是其深刻的政治內涵。「樂者，非謂黃鍾、大呂、絃歌、干揚也，樂之末節也……鋪筵席，陳尊俎，列籩豆，以升降爲禮者，禮之末節也。」〔註184〕可見，編鍾樂懸的音樂性能是「樂之末節」，關鍵是要秉承「武王之志」的政治用意。編鍾樂懸禁用商音就是其中

　　　　士學位論文。

〔註179〕孔義龍：《兩周編鍾音列研究》，第21頁，中國藝術研究院2005屆音樂學博士學位論文。

〔註180〕孔義龍：《兩周編鍾音列研究》，第61頁，中國藝術研究院2005屆音樂學博士學位論文。

〔註181〕《禮記正義》卷三十八，《十三經注疏》（下），第1541～1542頁，中華書局，1980年。

〔註182〕王子初：《晉侯蘇鍾的音樂學研究》，第29頁，《文物》1998年第5期。

〔註183〕《論語・陽貨》，《論語注疏》卷十七，《十三經注疏》（下），第2525頁，中華書局，1980年。

〔註184〕《禮記・樂記》，《禮記正義》卷三十八，《十三經注疏》（下），第1538頁，中華書局，1980年。

一項非常重要的規定。西周時期，中國還處於「禮樂征伐自天子出」〔註185〕的時代。所謂「溥天之下，莫非王土；率土之濱，莫非王臣」，〔註186〕周天子對各國諸侯握有生殺予奪的大權。如周夷王時期，齊哀公得罪了紀侯，「紀侯譖之周，周烹哀公，而立其弟靜，是爲胡公。」〔註187〕就因爲紀侯在周夷王面前說了齊哀公的壞話，齊哀公就被周夷王烹殺，還直接安排胡公繼位，齊國卻不敢反抗，當時周天子權力之強大可見一斑。作爲西周樂懸制度中的一項重要的政治規定，在西周長達數百年的時間裏，在中國廣袤的土地上，出土眾多的編鍾音列絕大多數均沒有商音，只有在西周強大的王權下才可以做到。同時，商音在春秋早期編鍾音列上的頻繁出現更能說明這一問題。西周滅亡，中國進入了「禮樂征伐自諸侯出」〔註188〕的時代，周天子的威嚴一落千丈。如公元前708年，周桓公帶領軍隊討伐桀驁不馴的鄭國，鄭伯不僅敢於領兵反抗，而且大敗王師，還在周王的肩膀上射了一箭。這與西周中後期周夷王烹殺齊哀公時期的強大王權相比，此時周王的地位已是天壤之別。隨著周王一統天下強權的喪失，周鍾禁用商音的「武王之志」也在一夜間崩潰。春秋早期編鍾音列中商音的頻繁出現，正是這種時代特徵的生動體現。隨著時代的發展，「禮崩樂壞」不斷加劇，五聲齊全的編鍾、編磬數量大增，有些編鍾還可以演奏完整的六聲、七聲音階。如長清僊人臺5號墓編紐鍾的音列可構成完整的六聲舊音階；〔註189〕長清僊人臺6號墓編紐鍾（1～5號鍾）的音列可在一個八度內構成完整的俗樂（清商）七聲音階。〔註190〕特別是臨沂鳳凰嶺編鎛，其第一組前3件殘破失音，最後一件（編號21）與第二組（5件）的音列就差兩音（徵曾、宮曾）即構成完整的半音階。〔註191〕

〔註185〕《論語·季氏》，《論語注疏》卷十六，《十三經注疏》（下），第2521頁，中華書局，1980年。

〔註186〕《詩·小雅·四月》，《毛詩正義》卷十三——一，《十三經注疏》（上），第463頁，中華書局，1980年。

〔註187〕司馬遷：《史記·齊太公世家》（卷三十二），第1481頁，中華書局，1959年。

〔註188〕《論語·季氏》，《論語注疏》卷十六，《十三經注疏》（下），第2521頁，中華書局，1980年。

〔註189〕周昌福、溫增源：《中國音樂文物大系·山東卷》，第87頁，大象出版社，2001年；王清雷：《山東地區兩周編鍾的初步研究》，《文物》2006年第12期。

〔註190〕周昌福、溫增源：《中國音樂文物大系·山東卷》，第89頁，大象出版社，2001年；王清雷：《山東地區兩周編鍾的初步研究》，《文物》2006年第12期。

〔註191〕周昌福、溫增源：《中國音樂文物大系·山東卷》，第334頁（表6），大象出版社，2001年；王清雷：《山東地區兩周編鍾的初步研究》，《文物》2006年

　　綜上所述，對於西周編鍾音列禁用商音這一問題，應該站在政治的高度看待它，而不應囿於音樂本體的範疇。西周樂懸制度是一種等級森嚴的政治制度，其中涉及的任何問題都與政治息息相關。如果不能站在政治的高度對待這一問題，我們看到和研究的只是所謂的「樂之末節」和「禮之末節」，將很難探究到其本質內涵。

　　《國語‧周語下》載：「鍾尚羽，石尚角，匏竹利制，大不逾宮，細不過羽。」〔註192〕這也是西周樂懸音列制度的內容之一。黃翔鵬認爲，「鍾尚羽」還是有些道理。〔註193〕而「『大不逾宮，細不過羽』未必完全是西周鍾樂制度。『大不逾宮』可能是東周人對西周人的片面看法。」〔註194〕前文筆者已對西周時期 12 肆編鍾的音列作了分析，現對其宮調等資料進行統計。其中馬王村編甬鍾作爲例外，暫不列入。現把其餘 11 肆編鍾的有關宮調等內容製表（表42）。

表42　西周編鍾音列的宮調等數據統計表

序號	名　稱	宮音	調式	音列的最低音	音列的最高音	出　處
1	弭伯各墓編鍾	B	B宮	宮	宮	表10
2	弭伯矩墓編甬鍾	^{b}D	^{b}B羽	羽	羽	表11
3	癲鍾‧一肆	^{b}B	G羽	羽	宮	表21
4	癲鍾‧二肆	F	A角	角	宮	表21
5	癲鍾‧三肆	B	$^#$G羽	羽	宮	表21
6	晉侯蘇編鍾‧一肆	C	A羽	羽	宮	表28
7	晉侯蘇編鍾‧二肆	B	$^#$G羽	羽	宮	表28
8	楊家村編鍾‧乙組	^{b}B	G羽	羽	宮	表34
9	楊家村編鍾‧丙組、甲組	D	B羽	羽	宮	表36、37
10	中義鍾	B	$^#$G羽	羽	宮	表40
11	柞鍾	C	A羽	羽	宮	表41

　　　　第 12 期。

〔註192〕徐元誥（王樹民、沈長雲點校）：《國語‧周語下》第三，《國語集解》，第110頁，中華書局，2002 年。

〔註193〕黃翔鵬：《新石器和青銅時代的已知音響資料與我國音階發展史問題》，第25頁，《溯流探源——中國傳統音樂研究》，人民音樂出版社，1992 年。

〔註194〕黃翔鵬：《新石器和青銅時代的已知音響資料與我國音階發展史問題》，第41頁，《溯流探源——中國傳統音樂研究》，人民音樂出版社，1992 年。

　　從表 42 的統計結果來看，在 11 肆編鍾中，有 9 組爲羽調，百分比爲 82%，表明「鍾尚羽」所言不虛。關於 11 肆編鍾音列的最低音，有 9 組爲羽，百分比爲 82%，最高音有 10 組爲宮，百分比爲 90%，並非如文獻所載「大不逾宮，細不過羽」。從統計結果來看，是否有可能爲文獻誤載？而實際上是「大不逾羽，細不過宮」呢？可作進一步研究。

四、關於「禮崩樂壞」

　　隨著西周樂懸制度的逐步完善、成熟，「禮崩樂壞」也悄然出現。一般認爲，這種現象開始於西周晚期或春秋早期。今從西周時期出土的編鍾樂懸來看，其出現的時間還要早一些。馬王村編甬鍾即是例證之一。陝西馬王村編甬鍾爲西周中期器物，其音列就差 3 個音就可以構成完整的半音階，可以演奏 ᵇB 宮六聲俗樂音階、ᵇB 宮六聲正聲音階（或下徵音階）（表 25）、C 徵六聲俗樂音階（或下徵音階）（表 26），甚至可以演奏完整的 C 宮七聲下徵音階（表24）。也就是說，馬王村編甬鍾不僅在多個宮調上出現了商音，而且還可以演奏不同的商調。可見，器主已經違反了周鍾禁用商音（或商調）的「武王之志」。馬王村編甬鍾出自長安馬王村西周銅器窖藏，同出列鼎 3 件。〔註 195〕也就是說墓主應爲一位士級的小貴族。出土編鍾一肆，應爲特懸之制。可見，他在表面上還是遵守著當時的禮制；只是在禁用商音的規矩上逾禮，這種違規是不易覺察的。因爲雖然有了商音，只要不在規定的祭祀和朝會等場合使用，再加上他只是一個小小的士，不會引起別人的注意。這樣在一些私下的場合，他就可以盡情的使用編鍾演奏當時的「鄭衛之音」，使自己獲得身心感官上的娛樂與享受。可見，西周中期已經出現「禮未崩樂已壞」的現象。當然這在西周中期還是極個別的現象。到了西周晚期，有的貴族已經敢於公然僭越西周的樂懸制度，如西周晚期的單逨，官職相當於卿、大夫級別。但是他的樂懸規格卻是「軒懸」之制，已經僭用了三公的禮制。同時，單逨僅四十三年鼎就有 10 件，也是對西周列鼎制度的明顯僭越。〔註 196〕除此之外，西周晚期還有 3 例享用大牢九鼎的考古資料：膳夫此（宣王時期，官職爲膳夫）、

〔註 195〕西安市文物管理處：《陝西長安新旺村、馬王村出土的西周銅器》，第 1〜5頁，《考古》1974 年第 1 期；方建軍：《中國音樂文物大系・陝西卷》，第 80〜83 頁，大象出版社，1996 年。

〔註 196〕劉懷君：《眉縣楊家村西周窖藏青銅器的初步認識》，第 38 頁，《考古與文物》2003 年第 3 期。

函皇父（幽王時期，身份為卿士，三公之一）和虢仲（厲王時期，三公之一）。〔註197〕俞偉超認為這 3 例均為僭越周王之制。筆者有不同看法。先看第一例，按照西周禮制，膳夫應用七鼎之制，而膳夫此卻用大牢九鼎之制，確為僭越行為。至於後兩例，器主均為三公之一。筆者文中已有論述，三公應該享用九鼎之制，因此函皇父和虢仲並非僭禮越規。王國維認為「虢仲以畿內諸侯為天子三公，正宜用上公及侯、伯之禮。」〔註198〕所言極是。由此觀之，孔子所謂的「禮崩樂壞」在西周中期已經萌芽，到西周晚期才剛剛開始。個別卿、大夫只是僭用三公之禮，從僭越程度上來看，尚屬輕微逾禮。至於「禮崩樂壞」局面的形成，當是春秋中晚期的事情了。

〔註197〕俞偉超、高明：《周代用鼎制度研究》（中），第 90 頁，《北京大學學報》1978年第 2 期。
〔註198〕王國維：《虢仲簋跋》，《觀堂集林》卷二，第 1200、1201 頁，中華書局，1961年。

結　語

　　西周樂懸制度與列鼎制度一樣，同爲禮樂制度的核心內容之一。樂懸，「是指必須懸掛起來才能進行演奏的鍾磬類大型編懸樂器。」〔註 1〕西周統治者賦予鍾磬類大型編懸樂器以深刻的政治內涵，形成了以鍾磬爲代表、嚴格等級化的樂懸制度，就像當時的列鼎制度一樣不可僭越。從它的萌芽孕育到略成雛形，從初步確立到發展、成熟，經歷了一個漫長的發展過程。

　　西周樂懸制度的萌芽可以追溯到史前時期的禮樂制度。所謂的禮樂制度，一般是指西周初期產生的一種社會等級制度的專稱。而夏、商以及史前時期還沒有「禮樂制度」一說。不過，從先秦文獻來看，禮樂制度的涵義似乎沒有這麼狹隘，應還可包括「夏禮」、「殷禮」，甚至史前的「禮」。本文擬從此角度來應用這一概念。對於史前的禮樂制度，高煒在 20 世紀 80 年代末就大膽提出龍山時代已經形成的觀點。〔註 2〕當時認同者不多。隨著近幾年考古學的發展和研究的逐步深入，越來越多的學者開始贊同高煒之說。既然在龍山時代禮樂制度已經形成，當時的鼉鼓、土鼓、特磬等樂器成爲權力、地位的象徵，並確已上昇爲一種禮器；因此名之曰禮樂器應該比較恰當，同時也可以與一般禮器相區別。據筆者統計，目前所見史前時期的土鼓有 207 件，其中 5 件屬於新石器時代早期的北辛文化遺物，162 件屬於新石器時代中期的大汶口文化和仰韶文化遺物。在這些土鼓實物中，不少出土於大型祭祀遺址，還有些出土於墓葬。在 15 座僅見土鼓的墓葬中，有 14 座均屬於大、中型墓

〔註 1〕　王子初：《中國音樂考古學》，第 143 頁，福建教育出版社，2003 年。
〔註 2〕　高煒：《龍山時代的禮制》，第 242 頁，《慶祝蘇秉琦考古五十五年論文集》，文物出版社，1989 年。

葬。由此可知，在新石器時代早中期，土鼓不僅是祭祀活動中比較流行的法器，還是氏族部落中少數高級貴族權力和地位的象徵。而這時的鼉鼓，也已成爲部落或方國首領專用的禮樂重器。陶寺遺址樂器群是研究新石器時代晚期禮樂制度最重要、最完整的資料。在陶寺遺址中，發掘墓葬 1300 餘座，大型墓只有 6 座，其中地位最高的甲種大墓僅有 5 座，而鼉鼓、特磬與土鼓正是出於這五座大墓中。較之新石器時代早中期，這一時期的禮樂器已經形成一定的組合，不同等級享有不同的配置。石磬，作爲後來西周樂懸制度中的重要成員，此時已經具有禮器的功能，它與鼉鼓、土鼓相配，已經成爲方國國君權力地位的象徵。特別是陶寺銅鈴，作爲目前所見中國音樂史上第一件金屬樂器，從形制方面把史前陶鈴同商代銅鈴、鎛鍾乃至周代紐鍾之間的發展序列連接起來。它的音響效果雖然遠沒有後世編鍾那麼氣勢恢宏，但這種合瓦形結構的銅鈴卻是中國青銅鍾類樂器的濫觴。陶寺銅鈴和石磬，昭示了千年以後，以鍾磬樂懸爲代表的「金石之樂」時代的到來，西周的樂懸制度自此開始孕育萌芽。

　　較之史前的禮樂制度，「殷禮」的最大特徵則是青銅樂鍾的誕生與興起。在目前所見的商代禮樂器中，青銅樂鍾的總數是石磬和鼉鼓的兩倍還多。其中，編鐃是「殷禮」中使用最爲廣泛的青銅樂器，是「殷禮」的標誌性禮樂器。此外，編磬在商代晚期已經出現，如婦好墓編磬、安陽殷墟西區 93 號墓編磬、于省吾舊藏編磬等，它們都是編磬初始階段的產物。青銅樂鍾的產生與勃興以及編磬的誕生，爲西周樂懸制度的產生奠定了堅實的基礎。首先，西周樂懸制度繼承了殷禮青銅樂鍾和石磬的「金石之樂」組合形式。殷禮樂器的配置之一爲編鐃和特磬或者編磬，而西周樂懸的基本配置爲編甬鍾和編磬，二者同爲典型的「金石之樂」組合；其次，西周樂懸制度的標誌性禮樂器——甬鍾的形成，主要是以南方古越族的青銅樂鍾——大鐃爲基礎，又吸收殷商編鐃的某些因素而成。而起源於南方古越族的青銅樂鍾——鎛，更是成爲西周時期周天子、三公以及個別上卿方可享有的禮樂重器；此外，關於編鐃的演奏方式，李純一認爲懸鳴和植鳴一直並行。也就是說，殷商時期的編鐃已經可以懸奏。同時，石磬、鎛和一些大鐃（有旋的）也都是可以懸奏的。鄭玄云：「樂懸，謂鍾磬之屬懸於簨簴者。」〔註 3〕按照鄭說，它們也都

〔註 3〕《周禮·春官·小胥》，《周禮注疏》卷二十三，《十三經注疏》（上），第 795 頁，中華書局，1980 年。

是可以稱爲「樂懸」的。可見，西周建立的樂懸制度有著殷商晚期已成雛形的深刻社會背景。

　　西周時期，樂懸制度經歷了初成、發展以及成熟的歷程。筆者主要通過用器制度、擺列制度和音列制度三個方面的考察，以探究其眞實的歷史面貌。

　　第一、用器制度。宗周建國之初，周公「製禮作樂」，當務之急是首先要建立一個在核心內容上完全不同於「殷禮」的新的禮樂制度，即採用了一種新型禮樂器——編甬鍾徹底取代殷禮的標誌性禮樂器——編鐃。在西周早期成、康之世（前 1042～前 996 年），商鐃還偶有所見，如強伯墓（BZM13）。至康、昭之世（前 1020～前 977 年）的強伯各墓（BZM7），編鐃便被編甬鍾徹底取代，標誌著西周樂懸制度的初步確立。殷禮中使用的另外幾種禮樂器，鼉鼓、編磬和特磬，均不見於西周早期的墓葬，一直到中期穆王之世的晉武侯仍然只配有 4 件編甬鍾，這正是「興正禮樂，度制於是改」的生動寫照。從西周中期的恭懿之世開始，西周的統治者才把編磬和鎛鍾納入樂懸制度的編制之中，編甬鍾與編磬的樂懸配置已經形成。到了西周晚期，這種配置已經成爲定制。樂懸的三種配置方式，即單用編甬鍾、編甬鍾與編磬的合用以及編甬鍾、編磬和鎛的組合使用，層次清楚，等級分明，樂懸的用器制度已經完全成熟。嚴文明指出：「夏、商、周都吸收了周鄰各個文化的因素，形成各自的文明。」正是西周樂懸用器制度形成的寫照。

　　第二、擺列制度。《周禮・春官・小胥》載：「正樂懸之位，王宮懸，諸侯軒懸，卿、大夫判懸，士特懸，辨其聲」〔註4〕，這是先秦典籍中關於周代樂懸擺列制度的惟一記載。西周早期編甬鍾的編列主要繼承了殷商編鐃 3 件一組的模式，一般 3 或 2 件一肆（組），其規模只有一堵一肆而已，遠遠沒有達到如《周禮》所載的規模。到西周中期，樂懸制度獲得迅猛發展。《周禮》所載的「判懸」、「軒懸」、「特懸」均已出現。西周晚期，樂懸制度完全成熟。從音樂考古發現來看，西周樂懸的擺列制度與文獻記載仍有齟齬之處。所謂的「軒懸」、「判懸」、「特懸」等樂懸之制在西周時期確已存在，卿、大夫、士的樂懸之制也與《周禮》相合；但卿、大夫與諸侯同爲「判懸」，三公應爲「軒懸」的情況，《周禮》則沒有提及。楊寬指出「《周禮》所載周朝官制則大不相同，……沒有高於六卿的公一級。」〔註5〕既然《周禮》官制沒有三公

〔註4〕　《周禮注疏》卷二十三，《十三經注疏》（上），第 795 頁，中華書局，1980 年。
〔註5〕　楊寬：《西周史》（前言），第 2 頁，上海人民出版社，1999 年。

一級，當然就不會有關於三公一級樂懸制度的記載。因此三公應爲「軒懸」之制，在一定程度上彌補了先秦文獻有關樂懸制度的失載。又如按照文獻所載，諸侯的地位應在卿、大夫之上。但考古發現的實際情況是，西周時期的諸侯應與卿、大夫同級。有關晉侯墓地禮器的研究也指出，西周諸侯屬於卿或大夫的級別。既然如此，卿與諸侯同享「判懸」之制順理成章。諸侯享用「判懸」之制仍與《周禮》所載「卿、大夫判懸」相符。故本文提出，西周的樂懸擺列制度應爲：王宮懸，三公軒懸，諸侯、卿、大夫判懸，士特懸。至於諸侯可以享用「軒懸」之制，應是春秋時期的情形了。但是這並不與《周禮》記載相矛盾。因爲，西周時期的諸侯爲卿或大夫級別，當用「判懸」之制；到了春秋時期，如晉文公、齊桓公等，都已自升級爲公。既已爲公，樂懸當由「判懸」相應升爲「軒懸」，這與《周禮》所載的樂懸制度仍然相符。李純一認爲《周禮·春官·小胥》所載的「正樂懸之位……」云云，「當是已經發展到定制的東周後期的情況」〔註6〕的觀點，需要重新審視。至少在時間的判斷上顯得晚了些。

　　第三、音列制度。關於這一論題，已有諸多學者進行專文研究。西周時期的編鍾音列只用宮、角、徵、羽四聲，並無商音，已經成爲業內學者的共識。但從西周中期的長安馬王村編甬鍾的音列來看，是否還存在例外的情形？馬王村編甬鍾的正、側鼓音音列，僅差變宮、徵曾、徵 3 個音就可以在一個八度內構成完整的半音階（參見表 22），其不僅可以演奏四聲音階，還可以構成五聲、六聲和七聲音階。似西周編鍾的音列並非只有宮、角、徵、羽四聲，原來認爲只有春秋戰國時期才有的可以演奏七聲音階的編鍾是否在西周中期即已出現？而絕大多數西周編鍾的音列，正如諸家所言只用宮、角、徵、羽四聲，並無商音。西周樂懸的音列制度確實存在著禁用商音的規定。關於其原因的探討，爭議頗多。本文認爲，禁用商音應是西周初期周公「製禮作樂」時訂立的規矩，即所謂「武王之志」。周滅商而王天下，商爲周之大敵。對於宮廷禮樂重器的編鍾，自然不允許使用商音。《國語·周語下》載：「鍾尚羽，石尚角，匏竹利制，大不逾宮，細不過羽」。通過對出土鍾磬樂懸音列的分析發現，其很有可能是「大不逾羽，細不過宮」文獻誤載。至於鍾樂的旋宮轉調問題。西周中期長安馬王村編甬鍾的音列僅差變宮、徵曾、徵 3 個音就可

〔註6〕 李純一：《先秦音樂史研究的兩種基本史料》，第 36 頁，《音樂研究》1994 年第 3 期。

以在一個八度內構成完整的半音階，已經具備較強的旋宮轉調的性能。黃翔鵬曾指出，在西周時期「並不存在在同一套編鍾內完成旋宮的可能性」的說法，需要重新審視。關於「禮崩樂壞」，學界探討頗多，一般多認爲發生在西周晚期或春秋早期。今從西周的音樂考古發現來看，所謂的「禮崩樂壞」在西周中期已經萌芽，到西周晚期才公然出現。至於「禮崩樂壞」局面的形成，當是春秋時期的事情了。

　　本文關於西周樂懸制度的初步研究，還不足以勾勒出這一制度的全貌。從目前的音樂考古發現來看，儘管西周時期的樂懸資料十分豐富，但出土於墓葬的還是少數，墓主身份、地位明確的也還不多。許多問題還有待於更多的考古資料出土後，才能進行更深入、更廣泛、多層次的考察與研究。特別需要說明的是，西周樂懸制度在春秋戰國時期發展衰落的演變過程也是一個重大課題。東周時期諸侯國林立，樂懸制度在各個諸侯國的發展演變軌迹，必然會存在一定的差異。而且，東周時期的樂懸資料比之於西周時期更是多出數倍。僅就東周的樂懸制度研究而言，已非一篇博士論文所能容納。因此，囿於篇幅和時間，本文僅對西周時期的樂懸制度作較爲全面而系統的考察，而對於其在東周時期的演變過程，只能將來另作專文研究了。

　　筆者理論功底較薄，學識有限，文中的不妥之處，誠望學界師長及同仁及時指正。

附　表

附表 1　史前時期鼉鼓（12 件）、土鼓（207 件）一覽表

名　稱	來　　源	時　代	出　　　處
鼉　鼓　（共計 12 件）			
大汶口 M10 鼉鼓（2 件）	1959 年，出土於山東泰安大汶口 10 號大墓。	大汶口文化晚期	山東省文物管理處、濟南市博物館：《大汶口》第 23 頁，文物出版社，1974 年。
陶寺鼉鼓（8 件）	1978～1985 年，分別出土於山西省襄汾縣陶寺遺址 M3016、M3015、M3002、M3072、M3073。	陶寺文化早期	中國社會科學院考古研究所山西工作隊、臨汾地區文化局：《1978～1980 年山西襄汾陶寺墓地發掘簡報》，《考古》1983 年第 1 期。
臨朐朱封 M202 鼉鼓	出土於山東省臨朐朱封 202 號墓。	龍山文化	中國社會科學院考古研究所山東工作隊：《山東臨朐朱封龍山文化墓葬》，《考古》1990 年第 7 期；高廣仁、欒豐實：《大汶口文化》，第 172 頁，文物出版社，2004 年。
泗水尹家城 M15 鼉鼓	出土於山東泗水尹家城 15 號墓。	龍山文化	山東大學歷史系考古教研室：《泗水尹家城》，第 44、157 頁，文物出版社，1990 年；高廣仁、欒豐實：《大汶口文化》，第 172 頁，文物出版社，2004 年。
土　鼓　（共計 207）			
大汶口土鼓（12 件）	1974 年，出土於山東省大汶口遺址，其中北辛文化 5 件，分別出土於 H2、F2、5A 層（2 件）、6 層；大汶口文化 7 件，分別出自 M1018、M2007、M2011、M2018 等墓。	6210～5800 年前	山東省文物管理處、濟南市博物館：《大汶口》，文物出版社，1974 年；山東省文物考古研究所：《大汶口續集——大汶口遺址第二、三次發掘報告》，科學出版社，1997 年；何德亮：《大汶口文化的打擊樂器——陶鼓淺析》，《東南文化》2003 年第 7 期；費玲伢：《淮河流域史前陶鼓的研究》，《江漢考古》2005 年第 2 期。

鄒縣野店土鼓（20件）	1971～1972，出土於山東鄒縣野店遺址。其中17件出自墓葬，2件（M49：06、M49：10）出自墓葬的填土，1件（IIT455⑤：1）出土於探方，時代爲大汶口文化中晚期。	6000～4640年前	山東省博物館、山東省考古研究所：《鄒縣野店》，文物出版社，1985年；高天麟：《黃河流域新石器時代的陶鼓辨析》，《考古學報》1991年第2期；何德亮：《大汶口文化的打擊樂器——陶鼓淺析》，《東南文化》2003年第7期；費玲伢：《淮河流域史前陶鼓的研究》，《江漢考古》2005年第2期。
凌源城子山土鼓（27件）	1979年，出土於遼寧省凌源三官甸小城子山遺址，屬紅山文化遺物。	6000～5000年前	李恭篤：《遼寧凌源縣三官甸子城子山遺址試掘簡報》，第497～510頁，《考古》1986年第6期；陳星燦：《紅山文化彩陶筒形器是陶鼓推考》，《北方文物》1990年第1期。
阜新胡頭溝土鼓（20件以上）	1973年，在遼寧省阜新胡頭溝兩座石棺墓的上面揭露出一個大石圍圈和排列有序的彩陶筒形器群，屬紅山文化遺物。	6000～5000年前	方殿春、劉葆華：《遼寧阜新縣胡頭溝紅山文化玉器墓的發現》，第2～3頁，《文物》1984年第6期；陳星燦：《紅山文化彩陶筒形器是陶鼓推考》，《北方文物》1990年第1期。
遼寧牛河梁土鼓（40件以上）	1983～1985年，在遼寧省凌源、建平交界處的牛河梁遺址出土大量彩陶筒形器以及碎片，屬紅山文化遺物。	6000～5000年前	遼寧省文物考古研究所：《遼寧牛河梁紅山文化「女神廟」與積石冢群發掘簡報》，《文物》1986年第8期；陳星燦：《紅山文化彩陶筒形器是陶鼓推考》，《北方文物》1990年第1期。
兗州王因土鼓（4件）	1975～1978年，出土於山東兗州王因遺址第2層。	5700～5500年前	何德亮：《大汶口文化的打擊樂器——陶鼓淺析》，《東南文化》2003年第7期；費玲伢：《淮河流域史前陶鼓的研究》，《江漢考古》2005年第2期。
邳縣劉林土鼓（3件）	1964年，出土於江蘇邳縣劉林遺址M145、M148，屬大汶口文化早期遺物。	5700～5500年前	南京博物院：《江蘇邳縣劉林新石器時代遺址第二次發掘》，第35～36頁，《考古學報》1965年第2期；何德亮：《大汶口文化的打擊樂器——陶鼓淺析》，《東南文化》2003年第7期；費玲伢：《淮河流域史前陶鼓的研究》，《江漢考古》2005年第2期。
喀左東山嘴土鼓（10件以上）	1979年，出土於遼寧喀左縣東山嘴紅山文化群址方形墓址內。	5485～4895年前	郭大順、張克舉：《遼寧省喀左縣東山嘴紅山文化建築群址發掘簡報》，《文物》1984年第11期；陳星燦：《紅山文化彩陶筒形器是陶鼓推考》，《北方文物》1990年第1期。

秦安大地灣土鼓	1981年，出土於甘肅秦安縣五營鄉大地灣遺址，時代爲大地灣文化三期。	約5300年前	趙建龍、張力華：《甘肅最早發現的陶鼓研究》，第22頁，《絲綢之路》總第7期。
青州桃園土鼓	1980年，出土於山東青州市王濰公路北側桃園遺址，屬大汶口文化中期遺物。	約5000年前	青州市博物館：《青州市新石器遺址調查》，《海岱考古》第1輯，山東大學出版社，1989年；何德亮：《大汶口文化的打擊樂器——陶鼓淺析》，《東南文化》2003年第7期。
臨汝大張土鼓	1959年，出土於河南省臨汝大張一處大型的仰韶文化遺址。	約5000年前	河南省文化局文物工作隊：《河南臨汝大張新石器時代遺址發掘簡報》，《考古》1960年第6期；趙世綱：《中國音樂文物大系·河南卷》，第31頁，大象出版社，1996年。
鄭州後莊王土鼓（14件）	1958年，出土於河南省鄭州市中原區溝趙鄉後莊王遺址，屬仰韶文化晚期遺物。	約5000年前	河南省文物考古研究所：《鄭州後莊王遺址的發掘》，《華夏考古》1988年第1期；趙世綱：《仰韶文化陶鼓辨析》，《華夏考古》1993年第1期；趙世綱：《中國音樂文物大系·河南卷》，第30頁，大象出版社，1996年。
內鄉朱崗土鼓	1988年，河南內鄉縣文物管理委員會進行文物普查時，在該縣茨園村楊獻中家發現，屬仰韶文化晚期遺物。	約5000年前	王家恒：《屈家嶺文化彩陶鼓》，《文物天地》1991年第4期；趙世綱：《中國音樂文物大系·河南卷》，第32頁，大象出版社，1996年。
邳縣大墩子土鼓（6件）	1966、1976年，出土於江蘇邳縣四戶鎮大墩子遺址花廳期墓葬，屬大汶口文化中期遺物。	約5000年前	南京博物院：《江蘇邳縣大墩子遺址第二次發掘》，《考古學集刊》第一輯；何德亮：《大汶口文化的打擊樂器——陶鼓淺析》，《東南文化》2003年第7期；費玲伢：《淮河流域史前陶鼓的研究》，《江漢考古》2005年第2期。
新沂花廳土鼓（2件）	出土於江蘇新沂花廳遺址，屬大汶口文化中期遺物。	約5000年前	南京博物院：《花廳——新石器時代墓地發掘報告》，文物出版社，2003年；費玲伢：《淮河流域史前陶鼓的研究》，《江漢考古》2005年第2期。
高郵龍虬莊土鼓	出土於江蘇高郵龍虬莊遺址，屬大汶口文化中期遺物。	約5000年前	龍虬莊遺址考古隊：《龍虬莊——江淮東部新石器時代遺址發掘報告》，科學出版社，1999年；費玲伢：《淮河流域史前陶鼓的研究》，《江漢考古》2005年第2期。

兗州西吳寺土鼓	出土於山東省兗州縣小孟鄉西吳寺遺址，屬大汶口文化中期遺物。	約 5000 年前	國家文物局考古領隊培訓班：《兗州西吳寺》，文物出版社，1990 年；費玲伢：《淮河流域史前陶鼓的研究》，《江漢考古》2005 年第 2 期。
蒙城尉遲寺土鼓（3 件）	出土於安徽省蒙城尉遲寺皖北新石器時代聚落遺址，屬大汶口文化中期遺物。	約 5000 年前	中國社會科學院考古研究所：《蒙城尉遲寺皖北新石器時代聚落遺址的發掘與研究》，科學出版社，2001 年；費玲伢：《淮河流域史前陶鼓的研究》，《江漢考古》2005 年第 2 期。
永登樂山坪土鼓（9 件）	1985 年 10 月，出土於甘肅蘭州市永登縣河橋鎮樂山坪。	馬廠類型文化	馬德璞、曾愛、魏懷珩：《永登樂山坪出土一批新石器時代的陶器》，《史前研究》（陝西省考古研究所、西安半坡博物館成立三十週年紀念特刊）1988 年。
甘肅省博物館藏土鼓（10 餘件）	1997 至 1998 年，甘肅省博物館徵集於甘肅永登和青海部分地區，時代分別為馬家窯、半山、馬廠時期。	5000～4000 年前	尹德生：《甘肅新發現史前陶鼓研究》，第 31～35 頁，《考古與文物》2001 年第 2 期。
鄭州大河村土鼓（2 件）	1971 年，出土於鄭州市北郊大河村遺址。	仰韶文化晚期	鄭州市博物館：《鄭州大河村遺址發掘報告》，《考古學報》1979 年第 3 期。
鞏義灘小關土鼓	1992 年，出土於河南鞏義市灘小關遺址，時代為灘小關三期，與大河村四期基本相同。	約 4700 年前	河南省文物考古研究所：《河南鞏義市灘小關遺址發掘報告》，《華夏考古》2002 年第 4 期；費玲伢：《淮河流域史前陶鼓的研究》，《江漢考古》2005 年第 2 期。
廣饒五村土鼓（2 件）	1985 年，山東廣饒縣博物館工作人員在五村遺址調查時發現，時代為大汶口文化中期偏晚。	約 4600 年前	劉桂芹、王建國：《山東廣饒縣五村遺址發現大汶口文化陶鼓》，《考古》1997 年第 12 期；何德亮：《大汶口文化的打擊樂器——陶鼓淺析》，《東南文化》2003 年第 7 期。
寧縣陽坬土鼓	1981 年，出土於甘肅寧縣瓦斜鄉莊科村潘坪陽坬遺址。	約 4500 年前	慶陽地區博物館：《甘肅寧縣陽坬遺址試掘簡報》，《考古》1983 年第 10 期；高天麟：《黃河流域新石器時代的陶鼓辨析》，《考古學報》1991 年第 2 期。
陶寺土鼓（6 件）	1978～1985 年，分別出土於山西省襄汾縣陶寺遺址 M3016、M3015、M3002、M3072、M3073、M3032。	陶寺文化早期	中國社會科學院考古研究所山西工作隊、臨汾地區文化局：《1978～1980 年山西襄汾陶寺墓地發掘簡報》，《考古》1983 年第 1 期。

民和吉家堡陶面鼓	係青海師範大學藝術系梁今知教授徵集。據梁先生介紹，此鼓1999年出土於民和回族土族自治縣川口鎮吉家堡村，爲半山－馬廠類型。	4500～4000年前	劉再生：《原始社會鼓類家族新成員出土——我國首例陶面鼓在青海發現》，第38～39頁，《人民音樂》2002年第5期。
天門鄧家灣土鼓	出土於湖北天門石家河遺址群中的鄧家灣遺址，屬石家河文化遺物。	約4400年前	石家河考古隊：《鄧家灣》，文物出版社，2003年；費玲伢：《淮河流域史前陶鼓的研究》，第48～60頁，《江漢考古》2005年第2期。
天門蕭家屋脊土鼓	出土於湖北天門石家河遺址群中的蕭家屋脊遺址，屬石家河文化遺物。	約4400年前	石家河考古隊：《蕭家屋脊》，文物出版社，1999年；費玲伢：《淮河流域史前陶鼓的研究》，《江漢考古》2005年第2期。
民和陽山23號墓土鼓（3件）	1980年，出土於青海民和陽山第23號墓，時代爲半山～馬廠過渡時期。	約4300年前	青海省文物考古隊：《青海民和陽山墓地發掘簡報》，《考古》1984年第5期。
莊浪小河村土鼓	1988年，出土於甘肅省莊浪縣南湖鎮程家小河村，屬齊家文化常山類型文化遺物。	4200～3900年前	鄭汝中、董玉祥：《中國音樂文物大系·甘肅卷》，第27頁，大象出版社，1998年。
商縣紫荊土鼓	出土於陝西省商縣紫荊遺址。	新石器時代晚期	商縣圖書館、西安半坡博物館等：《陝西商縣紫荊遺址發掘簡報》，《考古與文物》1981年第3期。
武功滸西莊土鼓	出土於陝西省武功滸西莊。	新石器時代晚期	中國社會科學院考古研究所：《武功發掘報告》，文物出版社，1988年。

附表2　史前時期特磬（16件）一覽表

名　稱	來　源	時代	出　處
陶寺特磬（4件）	1978～1985年，分別出土於山西省襄汾縣陶寺遺址M3016、M3015、M3002、M3072。	陶寺文化早期	中國社會科學院考古研究所山西工作隊、臨汾地區文化局：《1978～1980年山西襄汾陶寺墓地發掘簡報》，《考古》1983年第1期。
五臺陽白特磬	1987年秋，出土於山西五臺縣陽白村西墩臺梁古文化遺址I區H111。	龍山文化	山西大學歷史系考古專業等：《山西五臺縣陽白遺址發掘簡報》，第50頁，《考古》1997年第4期。

襄汾大崮堆山 1 號石磬坯	1985 年，發現於山西省襄汾縣大崮堆山史前石器製造場遺址。	龍山文化	陶富海：《山西襄汾大崮堆山發現新石器時代石磬坯》，《考古》1988 年第 12 期。
襄汾大崮堆山 2 號石磬坯	由山西省考古研究所陶正剛先生自襄汾大崮堆山新石器時代石料場採集。	龍山文化	項陽、陶正剛：《中國音樂文物大系·山西卷》，第 16 頁，大象出版社，2000 年。
襄汾特磬	具體出土時間、地點不詳。	龍山文化	張麗：《山西大同市博物館收藏的一件特大石磬》，第 88 頁，《考古》1999 年第 2 期。
蔚縣上陳莊特磬	1977 年，出土於河北蔚縣上陳莊工地，爲當地村民發現。	龍山文化	《中國音樂文物大系·河北卷》（待版）。
聞喜南宋村特磬	1976 年，在山西聞喜縣郭家莊鄉南宋村龍山遺址區，村民搞農田基建時發現，後爲縣博物館徵集。	新石器時代晚期	李裕群、韓夢如：《山西聞喜縣發現龍山時期大石磬》，第 60、94 頁，《考古與文物》1986 年第 2 期。
中陽谷羅溝特磬	山西中陽谷羅溝村村民在挖窯取土時發現，1987 年由縣文物管理所任福保先生徵集。	新石器時代晚期	項陽、陶正剛：《中國音樂文物大系·山西卷》，第 15 頁，大象出版社，2000 年。
禹州閻砦特磬	1983 年秋，出土於河南原禹縣花石鄉閻砦遺址。	龍山文化晚期	匡瑜、姜濤：《禹縣閻砦龍山遺址》，《中國考古年鑒·考古新發現》，文物出版社，1984 年。
柳灣 M1103 特磬	出土於青海樂都柳灣墓地。	齊家文化早期	青海省文物管理處考古隊等：《青海柳灣》，第 233、248 頁，文物出版社，1984 年。
榆中馬家山特磬	1976 年，出土於甘肅蘭州市榆中縣連搭鄉馬家山遺址。	齊家文化	鄭汝中、董玉祥：《中國音樂文物大系·甘肅卷》，第 32 頁，大象出版社，1998 年。
夏縣西下馮特磬	1989 年徵集。據送交人說此磬放置於山西夏縣西下馮村中井臺之上，何時出土尚不清楚。	夏	項陽、陶正剛：《中國音樂文物大系·山西卷》，第 12 頁，大象出版社，2000 年。
夏縣東下馮特磬	1974 年，出土於山西夏縣東下馮遺址。	東下馮類型文化	東下馮考古隊：《山西夏縣東下馮遺址東區、中區發掘簡報》，第 101 頁，《考古》1980 年第 2 期。

附表3　商代編鐃（109 件）一覽表

名　稱	來　源	時代	出　處
亞弜編鐃（5件）	1976 年，出土於河南安陽小屯婦好墓。	殷墟二期	中國社會科學院考古研究所：《殷墟婦好墓》，第 100～101 頁，文物出版社，1980 年。
古鐃（3 件）	1983 年，出土於河南安陽大司空村東南 663 號墓。	殷墟二期	中國社會科學院考古研究所安陽工作隊：《安陽大司空村東南的一座殷墓》，第 868 頁，《考古》1988 年第 10 期。
安陽市郭家莊 M26 編鐃（3 件）	1995 年，出土於河南安陽市郭家莊東南 26 號墓。	殷墟二期偏晚	中國社會科學院考古研究所安陽工作隊：《河南安陽市郭家莊東南 26 號墓》，第 36～47 頁，《考古》1998 年第 10 期。
安陽花園莊 M54 編鐃（3 件）	2001 年，出土於河南安陽殷墟花園莊 54 號墓，現藏安陽工作站。	殷墟二期偏晚	劉新紅：《殷墟出土編鐃的考察與研究》，第 7、14 頁，中央音樂學院 2004 屆音樂學碩士學位論文。
爰鐃（3 件）	1984 年，出土於安陽市殷墟戚家莊第 269 號墓。	殷墟三期	安陽市文物工作隊：《安陽市戚家莊東 269 號墓》，《考古學報》1991 年第 3 期。
亞奠止鐃（3 件）	1990 年，出土於安陽郭家莊 160 號墓。	殷墟三期	中國社會科學院考古研究所安陽工作隊：《安陽郭家莊 160 號墓》，第 390～391 頁，《考古》1991 年第 5 期。
專鐃（3 件）	傳安陽出土。	殷墟文化三期	黃濬：《鄴中片羽初集》1·1～4，1935 年；李純一：《中國上古出土樂器綜論》，第 109～110 頁，文物出版社，1996 年。
馭鐃	傳世品。	殷墟文化三期	容庚：《善齋彝器圖錄》1·19，哈佛燕京學報，1936 年；李純一：《中國上古出土樂器綜論》，第 110～111 頁，文物出版社，1996 年。
亞奠鐃	李蔭軒、邱輝捐贈。	商代晚期	馬承源：《中國音樂文物大系·上海卷》，第 8 頁，大象出版社，1996 年。
亞奠鐃	不清。	殷墟三期	王杰等：《西清續鑒甲編》17·30，宣統二年（1910）涵芬樓依寧壽宮寫本影印；李純一：《中國上古出土樂器綜論》，第 112 頁，文物出版社，1996 年；曹定云：《殷代的「竹」與「孤竹」》，《華夏考古》1988 年第 3 期。

安陽大司空村 M51 編鐃（3 件）	1958 年，出土於河南安陽市大司空村 51 號墓。	殷墟四期	趙青雲、趙世綱：《1958 年春河南安陽大司空村殷代墓葬發掘簡報》，《考古通訊》1958 年第 10 期。
中鐃（3 件）	1974 年，出土於河南安陽殷墟西區 699 號墓。	殷墟四期	中國社會科學院考古研究所安陽工作隊：《1969～1977 年殷墟西區墓葬發掘報告》，第 98 頁，《考古學報》1979 年第 1 期。
中鐃	李蔭軒、邱輝捐贈。	殷墟四期	馬承源：《中國音樂文物大系·上海卷》，第 7 頁，大象出版社，1996 年。
中鐃	不清。	殷墟四期	羅振玉：《三代吉金文存》十八、六，1937 年；方建軍：《河南出土殷商編鐃初論》，第 69 頁，《中國音樂學》1990 年第 3 期。
安陽高樓莊 8 號墓鐃（3 件）	1957 年，出土於河南安陽市西郊高樓莊 8 號墓。	殷墟晚期	周到、劉東亞：《1957 年秋安陽高樓莊殷代遺址發掘》，第 213～216 頁，《考古》1963 年第 4 期。
溫縣小南張編鐃（3 件）	1968 年，出土於河南溫縣城關小南張村一商代墓葬。	殷墟晚期	楊寶順：《溫縣出土的商代銅器》，《文物》1975 年第 2 期。
殷墟西區 M765 編鐃（3 件）	1982 年，出土於安陽殷墟西區 765 號墓。	殷墟晚期	趙世綱：《中國音樂文物大系·河南卷》，第 74 頁，大象出版社，1996 年。
安陽大司空村 M288 編鐃（3 件）	1966 年，出土於安陽大司空村 288 號墓。	殷墟晚期	趙世綱：《中國音樂文物大系·河南卷》，第 78 頁，大象出版社，1996 年。
亞佣姍編鐃（3 件）	1953 年，出土於河南安陽大司空村 312 號墓。	商代後期	馬得志、周永珍、張雲鵬：《一九五三年安陽大司空村發掘報告》，《考古學報》第 9 冊，1955 年。
沂源東安編鐃	1984 年，出土於山東省沂源縣東安村商代石墓中。	商代後期	周昌福、溫增源：《中國音樂文物大系·山東卷》，第 23 頁，大象出版社，2001 年。
青州蘇埠屯 M8 編鐃（3 件）	1976 年，出土於山東青州蘇埠屯 8 號商代墓。	商代晚期	山東省文物考古研究所、青州市博物館：《青州市蘇埠屯商代墓地發掘報告》，《海岱考古》第一輯。
亞丑鐃	上海博物館收購。又名亞酗鐃、嫦鐃。	商代晚期	馬承源：《中國音樂文物大系·上海卷》，第 9 頁，大象出版社，1996 年；殷之彝：《山東益都蘇埠屯墓地和「亞丑」銅器》，《考古學報》1977 年第 2 期；李純一：《中國上古出土樂器綜論》，第 112～114 頁，文物出版社，1996 年；容庚：《善齋彝器圖錄》圖 19，哈佛燕京學報，1936 年。

亞丑鐃	不清。	商代晚期	容庚：《武英殿彝器圖錄》圖一五一，哈佛燕京學社，1934 年；方建軍：《河南出土殷商編鐃初論》，第 69 頁，《中國音樂學》1990 年第 3 期。
亞丑鐃	不清，又名亞丑嫡鐃。	商代晚期	鄒安：《周金文存》卷一補遺，1916 年；方建軍：《河南出土殷商編鐃初論》，第 69 頁，《中國音樂學》1990 年第 3 期。
獸面紋鐃	揀選。	商代晚期	馬承源：《中國音樂文物大系·上海卷》，第 8 頁，大象出版社，1996 年。
史鐃	張雪庚捐贈。	商代晚期	馬承源：《中國音樂文物大系·上海卷》，第 10 頁，大象出版社，1996 年。
史鐃	收購，傳世品。	商代晚期	袁荃猷：《中國音樂文物大系·北京卷》，第 30 頁，大象出版社，1996 年。
夫冊鐃	收購。	商代晚期	馬承源：《中國音樂文物大系·上海卷》，第 11 頁，大象出版社，1996 年。
獸面紋鐃	揀選。	商代晚期	馬承源：《中國音樂文物大系·上海卷》，第 12 頁，大象出版社，1996 年。
安陽侯家莊 M1083 編鐃（4 件）	1934 年，出土於河南安陽侯家莊王陵區 1083 號墓。	殷商時期	郭寶鈞：《商周銅器群綜合研究》，第 24 頁，文物出版社，1981 年；梁思永、高去尋：《侯家莊》，臺北中央研究院歷史語言研究所，1968 年。
亞矣鐃(2件)	均繫國家文物局撥交，傳安陽出土。	商	袁荃猷：《中國音樂文物大系·北京卷》，第 31 頁，大象出版社，1996 年。
亞矣鐃	傳安陽出土。	商	黃濬：《尊古齋所見吉金圖》1·10，1936 年；李純一：《中國上古出土樂器綜論》，第 110 頁，文物出版社，1996 年；胡平生：《對部分殷商「記名銘文」銅器時代的考察》，《考古與文物叢刊》第二號，1983 年。
亞矣鐃	安陽出土。	商	黃濬：《邺中片羽二集》卷上一～二，1935 年；方建軍：《河南出土殷商編鐃初論》，第 69 頁，《中國音樂學》1990 年第 3 期。
亞矣鐃	安陽出土。	商	黃濬：《尊古齋所見吉金圖初集》一、一〇，圖版三，1936 年；方建軍：《河南出土殷商編鐃初論》，第 69 頁，《中國音樂學》1990 年第 3 期。
獸面紋編鐃（3 件）	現藏日本。	殷商時期	朝日新聞社，大田信男：《東洋美術》（第五卷·銅器），第 31 頁，朝日新聞社，昭和四十三年。

獸面紋編鐃	現藏加拿大皇家安大略博物館。	殷商時期	秦孝儀：《海外遺珍・銅器》（一），第69頁，國立故宮博物院，1985年。
獸面紋陶編鐃	現藏日本大和文華館。	殷商時期	秦孝儀：《海外遺珍・陶瓷》（四），第78頁，國立故宮博物院，1993年。
貯鐃	傳安陽出土。	殷墟文化前期	商承祚：《十二家吉金圖錄》貯2，1935年；丁山：《甲骨文所見氏族及其制度》，第121頁，科學出版社，1956年；李純一：《中國上古出土樂器綜論》，第110頁，文物出版社，1996年。
貯鐃	安陽出土。	殷商時期	商承祚：《十二家吉金圖錄》貯二、圖版二，1935年；方建軍：《河南出土殷商編鐃初論》，第69頁，《中國音樂學》1990年第3期。
獸面紋鐃	傳世品。	殷商時期	容庚：《善齋彝器圖錄》圖二二，哈佛燕京學報，1936年；李純一：《中國上古出土樂器綜論》，第116～117頁，文物出版社，1996年。
獸面紋鐃	安陽出土。	殷商時期	容庚：《頌齋吉金圖錄》續圖一一一、一一二，1933年；方建軍：《河南出土殷商編鐃初論》，第69頁，《中國音樂學》1990年第3期。
獸面紋鐃	安陽出土。	殷商時期	黃濬：《邺中片羽二集》（卷上），1935年；方建軍：《河南出土殷商編鐃初論》，第69頁，《中國音樂學》1990年第3期。
𡥏鐃	安陽出土。	殷商時期	容庚：《頌齋吉金圖錄》續圖一〇四，1933年；方建軍：《河南出土殷商編鐃初論》，第69頁，《中國音樂學》1990年第3期。
𠂤鐃	安陽出土。	殷商時期	商承祚：《十二家吉金圖錄》貯一，1935年；方建軍：《河南出土殷商編鐃初論》，第69頁，《中國音樂學》1990年第3期。
勑鐃	安陽出土。	殷商時期	黃濬：《邺中片羽初集》卷上二～四，1935年；方建軍：《河南出土殷商編鐃初論》，第69頁，《中國音樂學》1990年第3期。
米鐃	安陽出土。	殷商時期	黃濬：《邺中片羽初集》卷上五～七，1935年；方建軍：《河南出土殷商編鐃初論》，第69頁，《中國音樂學》1990年第3期。

十鐃	安陽出土。	殷商時期	黃濬:《尊古齋所見吉金圖初集》一、十一,1936 年;方建軍:《河南出土殷商編鐃初論》,第 69 頁,《中國音樂學》1990 年第 3 期。
蠆父已鐃	安陽出土。	殷商時期	容庚:《善齋彝器圖錄》圖一八,哈佛燕京學報,1936 年;方建軍:《河南出土殷商編鐃初論》,第 69 頁,《中國音樂學》1990 年第 3 期。
畢鐃	安陽出土。	殷商時期	黃濬:《尊古齋所見吉金圖初集》一、一○,圖版三,1936 年;方建軍:《河南出土殷商編鐃初論》,第 69 頁,《中國音樂學》1990 年第 3 期。
獸面紋編鐃（3 件）	1946 年,故宮博物院接收,爲德人楊寧史舊藏。	商	袁荃猷:《中國音樂文物大系·北京卷》,第 28 頁,大象出版社,1996 年。
饕餮紋鐃（3 件）	1952 年收購,但無資料可證其爲一組。	商	袁荃猷:《中國音樂文物大系·北京卷》,第 29 頁,大象出版社,1996 年。
弦紋鐃	國家文物局撥交。	商	袁荃猷:《中國音樂文物大系·北京卷》,第 29 頁,大象出版社,1996 年。
弦紋鐃	1954 年收購。	商	袁荃猷:《中國音樂文物大系·北京卷》,第 29 頁,大象出版社,1996 年。
亞□鐃	收購,傳世品。	商	袁荃猷:《中國音樂文物大系·北京卷》,第 30 頁,大象出版社,1996 年。
舌鐃	1974 年,於廢舊物品中揀選。	商	趙世綱:《中國音樂文物大系·河南卷》,第 70 頁,大象出版社,1996 年。
獲嘉趙鏡鐃	河南獲嘉縣趙鏡出土,新鄉市博物館收購。	商	趙世綱:《中國音樂文物大系·河南卷》,第 78 頁,大象出版社,1996 年。
受鐃	原爲齊魯大學加拿大傳教士明義士收集,1959 年徵集。	商	周昌福、溫增源:《中國音樂文物大系·山東卷》,第 25 頁,大象出版社,2001 年。
惠民大郭鐃	原爲齊魯大學加拿大傳教士明義士收集,1979 年徵集。出土於惠民縣大郭商代遺址。	商	周昌福、溫增源:《中國音樂文物大系·山東卷》,第 27 頁,大象出版社,2001 年。
弦紋鐃	原爲齊魯大學加拿大傳教士明義士收集,1959 年徵集。	商	周昌福、溫增源:《中國音樂文物大系·山東卷》,第 28 頁,大象出版社,2001 年。
饕餮紋編鐃	徵集品。購於文物商店。	商	黃崇文:《中國音樂文物大系·天津卷》,第 197 頁,大象出版社,1996 年。

姆巽編鐃	傳世品。原爲湖北漢陽葉志銑（東卿）舊藏，1956 年購於北京。	商	黃崇文：《中國音樂文物大系・天津卷》，第 199 頁，大象出版社，1996 年。
鳶鐃	徵集。	商	馬承源：《中國音樂文物大系・上海卷》，第 19 頁，大象出版社，1996 年。
獸面紋鐃	徵集。	商	馬承源：《中國音樂文物大系・上海卷》，第 19 頁，大象出版社，1996 年。
微子啓墓編鐃（6 件）	1997～1998 年，出土於河南鹿邑縣太清宮鎮的太清宮遺址微子啓墓，其時代爲西周初期。所出 3 件編鐃爲商代器物。	商	河南省文物考古研究所、周口市文化局：《鹿邑太清宮長子口墓》，第 121～126 頁，中州古籍出版社，2000 年；王恩田：《鹿邑太清宮西周大墓與微子封啓》，第 41～45 頁，《中原文物》2002 年第 4 期。

附表 4 商代石磬（63 件）一覽表

名　　稱	來　　源	時　代	出　　處
偃師二里頭特磬	1975 年，出土於偃師二里頭遺址第六區 3 號墓。	二里頭文化三期	中國科學院考古研究所二里頭工作隊：《偃師二里頭遺址新發現的銅器和玉器》，第 263 頁，《考古》1976 年第 4 期。
北票特磬	遼寧北票出土。	夏家店下層文化	李純一：《中國上古出土樂器綜論》，第 35 頁，文物出版社，1996 年。
建平水泉特磬	1978 年，出土於遼寧建平碌碌科水泉。	夏家店下層文化	遼寧省博物館文物工作隊等：《遼寧建平縣喀喇沁河東遺址試掘簡報》，《考古》1983 年第 11 期。
建平喀喇沁特磬	1980 年，出土於遼寧省建平喀喇沁河東遺址 3 號探方中。	夏家店下層文化	遼寧省博物館文物工作隊等：《遼寧建平縣喀喇沁河東遺址試掘簡報》，《考古》1983 年第 11 期。
建昌大東溝特磬	1980 年，發現於遼寧省建昌二道灣子大東溝遺址，爲採集品。	夏家店下層文化	馮永謙、鄧寶學：《遼寧建昌普查中發現的重要文物》，《文物》1983 年第 9 期。
喀喇沁西府特磬	1977 年，內蒙古自治區喀喇沁旗錦山鄉西府村民在西山坡的臺地上發現。	夏家店下層	喀喇沁旗文化館、鄭瑞豐、張義成：《喀喇沁旗發現夏家店下層文化石磬》，《文物》1983 年第 8 期。
喀喇沁大山前磬坯	1996 年，出土於內蒙古自治區喀喇沁旗大山前遺址第 1 地點 149 號灰坑。	夏家店下層文化	中國社會科學院考古研究所等：《喀喇沁旗大山前遺址 1996 年發掘簡報》，《考古》1998 年第 9 期。

喀喇沁大山前石磬殘件（5件）	1997年，出土於喀喇沁旗大山前遺址。	夏家店下層文化	段澤興：《中國音樂文物大系・內蒙古卷》（待版）。
喇喀沁石磬（6件）	內蒙古自治區喀喇沁旗徵集。	夏家店下層文化	段澤興：《中國音樂文物大系・內蒙古卷》（待版）。
鄭州小雙橋特磬	1990年，出土於河南鄭州市西北郊20千米處的小雙橋商代文化遺址。	商代前期晚段	河南省文物考古研究所：《鄭州小雙橋遺址的調查與試掘》，第246頁，《鄭州商城考古新發現與研究》，中州古籍出版社，1993年。
安陽大司空村M539魚形磬	1980年，出土於河南安陽大司空村539號墓。	商代殷墟二期	中國社會科學院考古研究所安陽工作隊：《1980年河南安陽大司空村M539發掘簡報》，第515頁，《考古》1992年第6期。
安陽大司空村M991特磬	1990年，出土於河南安陽大司空村991號墓。	商代殷墟二期	趙世綱：《中國音樂文物大系・河南卷》，第56頁，大象出版社，1996年。
婦好墓編磬（5件）	1976年，出土於河南安陽殷墟小屯婦好墓。	商代殷墟二期	中國社會科學院考古研究所：《殷墟婦好墓》，第100～101頁，文物出版社，1980年。
安陽郭家莊M160特磬	1990年，出土於河南安陽郭家莊160號墓。	商代殷墟三期	中國社會科學院考古研究所安陽工作隊：《安陽郭家莊160號墓》，第390～391頁，《考古》1991年第5期。
侯家莊M1217特磬	1935年，出土於河南安陽侯家莊西北岡王陵區1217號大墓。	殷墟文化三期	梁思永、高去尋：《侯家莊1217號大墓》（第六本），中國考古報告集之三，臺北中央研究院歷史語言研究所，1968年。
安陽殷墟M1004特磬	1934～1935年，出土於河南安陽殷墟1004號大墓。	殷墟文化三期	中國社會科學院考古研究所：《殷墟的發現與研究》，第106頁，科學出版社，1994年。
安陽殷墟西區M701特磬	1977年，出土於河南安陽殷墟西區701號墓。	商代殷墟四期	中國社會科學院考古研究所安陽工作隊：《1969～1977年殷墟西區墓葬發掘報告》，第104頁，《考古學報》1979年第1期。
滕州前掌大M4特磬	1991年，出土於山東滕州前掌大4號墓。	殷墟四期	中國社會科學院考古研究所山東工作隊：《滕州前掌大商代墓葬》，第365頁，《考古學報》1992年第3期。
殷墟西區M93編磬（5件）	1972年，出土於河南安陽殷墟西區93號墓。	商代殷墟四期	中國社會科學院考古研究所安陽工作隊：《1969～1977年殷墟西區墓葬發掘報告》，第103頁，《考古學報》1979年第1期。

虎紋特磬	1950 年，出土於河南安陽武官村殷墟大墓。	商代晚期	郭寶鈞：《一九五○年春殷墟發掘報告》，《考古學報》第 5 冊，1951 年。
藍田懷眞坊特磬	1973 年，出土於陝西藍田縣懷眞坊村。	商代晚期	樊維岳等：《陝西藍田縣出土商代青銅器》，《文物資料叢刊》第 3 期，文物出版社，1980 年。
殷墟西區M1769 魚形磬	1987 年，出土於河南安陽殷墟西區 1769 號墓。	商代晚期	趙世綱：《中國音樂文物大系·河南卷》，第 57 頁，大象出版社，1996 年。
虎紋石磬	傳世品。據傳爲安陽出土。	商代晚期	趙世綱：《中國音樂文物大系·河南卷》，第 57 頁，大象出版社，1996 年。
安陽石磬（0084）	1958 年徵集。	商代晚期	趙世綱：《中國音樂文物大系·河南卷》，第 67 頁，大象出版社，1996 年。
安陽石磬（0085）	1958 年收集。	商代晚期	趙世綱：《中國音樂文物大系·河南卷》，第 67 頁，大象出版社，1996 年。
潞城魚形特磬	山西潞城市博物館徵集。	商代晚期	項陽、陶正剛：《中國音樂文物大系·山西卷》，第 19 頁，大象出版社，2000 年。
山東青州蘇埠屯 M8 特磬	1976 年，出土於山東青州蘇埠屯 8 號商代墓。	商代晚期	山東省文物考古研究所、青州市博物館：《青州市蘇埠屯商代墓地發掘報告》，《海岱考古》第一輯。
殷墟安陽魚形石磬	河南安陽出土。	商代晚期	趙世綱：《中國音樂文物大系·河南卷》，第 68 頁，大象出版社，1996 年。
于省吾藏編磬	1935 年，河南安陽殷墟一坑出土，于省吾舊藏。	商代晚期	袁荃猷：《中國音樂文物大系·北京卷》，第 20 頁，大象出版社，1996 年。
沂水信家莊特磬	1991 年，山東沂水柴山鄉信家莊農民在茔地挖土時發現。	商代晚期	馬璽倫：《山東沂水新發現一件帶鳥形象形文字的銅戈》，第 72 頁，《文物》1995 年第 7 期。
靈石旌介M3 特磬	1976 年，出土於山西省靈石旌介 3 號墓。	商代晚期	代尊德：《山西靈石縣旌介村商代墓和青銅器》，《文物資料叢刊》第 3 期，文物出版社，1980 年。
安陽小屯龍紋特磬	1973 年，出土於河南安陽小屯村北約 0.7 千米的洹河南岸探方六西南隅	商代殷墟晚期	中國科學院考古研究所安陽發掘隊：《殷墟出土的陶水管和石磬》，第 61 頁，《考古》1976 年第 1 期。
五峰花橋頭特磬（2 件）	百餘年前出土於湖北五峰縣漁洋關鎮水田街花橋頭。原係私人收藏，1953 年爲漁洋關文化站徵集。	商	王子初：《中國音樂文物大系·湖北卷》，第 74 頁，大象出版社，1996 年。

平陸前莊特磬	1990 年，出土於山西平陸縣坡底鄉前莊村商代遺址。	商	衛斯：《平陸縣前莊商代遺址出土文物》，《文物季刊》1992 年第 1 期。
藁城臺西 M112 特磬	1972 年，出土於河北藁城縣臺西村商代遺址「西臺」南側斷崖下 112 號墓。	商	河北省博物館、文物管理處：《河北藁城臺西村的商代遺址》，第 269 頁，《考古》1973 年第 5 期。
湖南石門皂特磬	1981 年，出土於湖南石門皂市一商代遺址。	商	湖南省文物考古研究所：《湖南石門皂市商代遺存》，《考古學報》1992 年第 2 期。
山東省博物館藏特磬（7 件）	原爲齊魯大學加拿大傳教士明義士收集，1959 年徵集。	商	周昌福、溫增源：《中國音樂文物大系·山東卷》，第 138～141、172 頁，大象出版社，2001 年。
陽城靈泉寺特磬	1949 年採集，傳說此磬是五代時後唐明宗李嗣淵賜給本縣靈泉寺洪密和尚的傳家之寶。	商	項陽、陶正剛：《中國音樂文物大系·山西卷》，第 20 頁，大象出版社，2000 年。
微子啓墓特磬	1997 年～1998 年，出土於河南鹿邑縣太清宮鎮的太清宮遺址微子啓墓，其時代爲西周初期。所出特磬爲商代器物。	商	河南省文物考古研究所、周口市文化局：《鹿邑太清宮長子口墓》，第 181 頁，中州古籍出版社，2000 年；王恩田：《鹿邑太清宮西周大墓與微子封啓》，第 41～45 頁，《中原文物》2002 年第 4 期。

附表 5　商代大鐃（51 件）一覽表

名　　稱	來　　源	時　代	出　　　處
獸面紋大鐃	國家文物局撥交。	商	中央音樂學院民族音樂研究所：《中國音樂史參考圖片》（第 1 輯）圖 2，新音樂出版社，1954 年。
虎紋大鐃	1959 年，出土於湖南寧鄉老糧倉師古寨山頂上。	商晚期	高至喜：《中國南方出土商周銅鏡概況》，《湖南考古輯刊》1959 年第 2 期。
獸面紋大鐃	1959 年，出土於湖南寧鄉老糧倉師古寨山頂上。	商晚期	高至喜：《中國南方出土商周銅鏡概況》，《湖南考古輯刊》1959 年第 2 期。
象紋大鐃	傳世品。1959 年故宮博物院撥交。	商	《故宮博物院院刊》（封面及說明），1958 年第 1 期。

陽新白沙鄉大鐃（2件）	1974 年，出土於湖北省陽新縣白沙鄉劉榮山小學校園內土山頂。	商晚期	咸博：《湖北省陽新縣出土兩件青銅鐃》，第 93 頁，《文物》1981 年第 1 期。
饕餮紋大鐃	1958 年，天津市文化局購於三星委託商店。傳世品。原為畢奎舊藏。	商	黃崇文：《中國音樂文物大系·天津卷》，第 198 頁，大象出版社，1996 年。
餘杭徐家畈大鐃	1963 年，浙江余杭縣石瀨徐家畈挖坑時發現。	商晚期	王士倫：《記浙江發現的銅鐃、釉陶鍾和越王石矛》，第 256 頁，《考古》1965 年第 5 期。
蕪湖獸面紋大鐃	出土於安徽蕪湖。	商	《中國音樂文物大系·安徽卷》（待版）。
廬江大鐃	安徽廬江出土。	商晚期	《中國音樂文物大系·安徽卷》（待版）。
望城高沖鐃	1977 年，於湖南省望城高塘嶺高沖村張羅生屋前路邊出土。	商晚期	高至喜：《中國南方出土商周銅鐃概論》，《湖南考古輯刊》第 2 集，嶽麓書社，1984 年。
瀏陽柏嘉鐃	1985 年，於湖南瀏陽縣柏嘉村出土。	商晚期	黃綱正等：《瀏陽雙峰出土商周青銅器》，《湖南文物》1986 年第 1 期。
寧鄉陳家灣大鐃	1974 年，出土於湖南寧鄉縣唐市陳家灣前楚江河岸。	商晚期	高至喜：《中國南方出土商周銅鐃概論》，《湖南考古輯刊》第 2 集，嶽麓書社，1984 年。
寧鄉月山鋪大鐃	1983 年，出土於湖南寧鄉縣月山鋪轉耳崙。	商晚期	益陽地區博物館，盛定國等：《寧鄉月山鋪發現商代的銅鐃》，《文物》1986 年第 2 期。
寧鄉三畝地大鐃	1973 年，出土於湖南寧鄉縣黃材三畝地，屬窖藏。	商晚期	高至喜、熊傳薪：《中國音樂文物大系·湖南卷》，大象出版社，2006 年。
寧鄉北峰灘四虎大鐃	1978 年，出土於湖南省寧鄉縣老糧倉北峰灘。	商晚期	故宮博物院，杜迺松等：《記各省市自治區徵集文物彙報展覽》，《文物》1978 年第 6 期。
寧鄉北峰灘獸面紋大鐃	1978 年，出土於湖南省寧鄉縣老糧倉北峰灘。	商晚期	高至喜：《中國南方出土商周銅鐃概論》，《湖南考古輯刊》第 2 集，嶽麓書社，1984 年。
寧鄉師古寨大鐃（5件）	1959 年，出土於湖南寧鄉老糧倉杏村灣師古寨山頂一個小土坑中。	商晚期	高至喜：《中國南方出土商周銅鐃概論》，《湖南考古輯刊》第 2 集，嶽麓書社，1984 年。

寧鄉師古寨大鐃（2 件）	1993 年，出土於湖南寧鄉縣老糧倉師古寨山頂。	商晚期	寧鄉縣文物管理所，李喬生：《湖南寧鄉出土商代大銅鐃》，《文物》1997 年第 12 期。
寧鄉師古寨大鐃（10 件）	1993 年，出土寧鄉縣老糧倉鄉師古寨。	商晚期	長沙市博物館等：《湖南寧鄉老糧倉出土商代銅編鐃》，《文物》1997 年第 12 期。
岳陽費家鐃	1971 年，出土於湖南岳陽縣黃秀橋湖庭湖區費家河岸。	商晚期	熊傳薪：《湖南省新發現的青銅器》，《文物資料叢刊》第 5 集，文物出版社，1981 年。
株洲獸面紋鐃	徵集於湖南株洲。	商晚期	高至喜：《中國南方出土商周銅鏡概論》，《湖南考古輯刊》第 2 集，嶽麓書社，1984 年。
獸面紋大鐃	徵集品。	商晚期	高至喜、熊傳薪：《中國音樂文物大系·湖南卷》，大象出版社，2006 年。
小型虎紋鐃	徵集品。	商晚期	高至喜、熊傳薪：《中國音樂文物大系·湖南卷》，大象出版社，2006 年。
獸面紋大鐃	1964 年徵集。	商晚期	高至喜：《中國南方出土商周銅鏡的類型與年代》，《南方文物》1993 年第 2 期。
益陽三畝土大鐃	2000 年，出土於湖南益陽市赫山區千家洲鄉新民村三畝土。	商晚期	湖南益陽市文物管理處：《湖南益陽出土商代銅鐃》，第 66～70 頁，《文物》2001 年第 8 期。
獸面紋鐃（14095）	接管。	商晚期	馬承源：《中國音樂文物大系·上海卷》，第 13 頁，大象出版社，1996 年。
雙目式獸面紋鐃（25578）	收購。	商晚期	馬承源：《中國音樂文物大系·上海卷》，第 15 頁，大象出版社，1996 年。
雙目式獸面紋鐃（26780）	收購。	商晚期	馬承源：《中國音樂文物大系·上海卷》，第 16 頁，大象出版社，1996 年。
界欄式獸面紋大鐃（19976）	揀選。	商晚期	馬承源：《中國音樂文物大系·上海卷》，第 16 頁，大象出版社，1996 年。
大洋洲大鐃（3 件）	1989 年，出土於江西省新干縣大洋洲鄉程家村一商代墓葬。	商後期	江西省文物考古研究所等：《新干商代大墓》，文物出版社，1997 年。
株洲興隆鐃	1988 年，出土於湖南省株洲縣朱亭黃龍鄉興隆村。	商末	熊建華：《湖南省博物館新徵集的西周齒紋銅鐃》，《湖南省博物館文集》，嶽麓書社，1991 年。
株洲傘鋪鐃	湖南株州縣傘鋪出土。	商末	高至喜：《湖南省博物館藏西周青銅樂器》，《湖南考古輯刊》第 2 集，嶽麓書社，1984 年。

| 德安陳家墩大鐃 | 1993年，出土於江西德安縣陳家墩商周遺址。 | 商末 | 江西省文物考古研究所、德安縣博物館：《江西德安縣陳家墩遺址發掘簡報》，《南方文物》1995年第2期。 |
| 宜豐牛形山大鐃 | 1985年，出土於江西宜豐縣天寶鄉辛會村牛形山。 | 商晚期 | 胡紹仁：《宜豐出土商代銅鐃》，《江西歷史文物》1985年第1期。 |

附表6　商代與西周鎛（23件）一覽表

名　稱	來　源	時　代	出　處
新干大洋洲鎛	1989年，出土於江西新干縣大洋洲鄉程家村一商代墓葬。	商後期	江西省文物考古研究所等：《新干商代大墓》，第80頁，文物出版社，1997年；高至喜：《論新干大洋洲商墓出土的青銅樂器》，第56頁，《商周青銅器與楚文化研究》，嶽麓書社，1999年。
石首九佛崗鎛	1998年，出土於湖北省石首市桃花山鎮九佛崗村張家沖。	商末	戴修政：《湖北石首出土商代青銅器》，第57～59，《文物》2000年第11期；高至喜：《論商周銅鎛》，第38～43頁，《商周青銅器與楚文化研究》，嶽麓書社，1999年。
邵東民安鎛	1985年，出土於湖南邵東縣毛荷殿鄉民安村。	商末	熊建華：《湖南邵東出土一件西周四虎鎛》，《考古與文物》1991年第3期；高至喜：《論商周銅鎛》，第38～43頁，《商周青銅器與楚文化研究》，嶽麓書社，1999年。
虎飾鎛	湖南省博物館收集。	商末	高至喜：《湖南省博物館館藏西周青銅樂器》，《湖南考古輯刊》第2集，嶽麓書社，1984年；高至喜：《論商周銅鎛》，第38～43頁，《商周青銅器與楚文化研究》，嶽麓書社，1999年。
四虎鎛	上海博物館收購。	商末	馬承源：《中國音樂文物大系·上海卷》，第87頁，大象出版社，1996年；高至喜：《論商周銅鎛》，第38～43頁，《商周青銅器與楚文化研究》，嶽麓書社，1999年。
獸面紋鎛	上海復興島倉庫搶救文物。	商末	馬承源：《中國音樂文物大系·上海卷》，第95頁，大象出版社，1996年；高至喜：《論商周銅鎛》，第38～43頁，《商周青銅器與楚文化研究》，嶽麓書社，1999年。

四虎鎛	傳世品。1958 年故宮博物院收購。	商末	王海文：《樂鍾綜述》，《故宮博物院院刊》1980 年第 4 期；朱家溍：《國寶》圖 8，商務印書館香港分館，1983 年；袁荃猷：《中國音樂文物大系・北京卷》，第 45 頁，大象出版社，1996 年；高至喜：《論商周銅鎛》，第 38～43 頁，《商周青銅器與楚文化研究》，嶽麓書社，1999 年。
虎飾鎛	現藏美國紐約 sackler。	商代末期	高至喜：《論商周銅鎛》，第 38～43 頁，《商周青銅器與楚文化研究》，嶽麓書社，1999 年。
鳥飾鎛	現藏美國紐約 sackler。	商代末期	容庚：《商周彝器通考》（上冊），第 495 頁，哈佛燕京學社，1941 年；高至喜：《論商周銅鎛》，第 38～43 頁，《商周青銅器與楚文化研究》，嶽麓書社，1999 年。
虎鳥飾鎛	傳世品。1960 年故宮博物院收購。	殷墟晚期	石志廉：《西周虎鳥紋銅鍾》，《文物》1960 年第 10 期；王海文：《樂鍾綜述》，《故宮博物院院刊》1980 年第 4 期；袁荃猷：《中國音樂文物大系・北京卷》，第 44 頁，大象出版社，1996 年；高至喜：《論商周銅鎛》，第 38～43 頁，《商周青銅器與楚文化研究》，嶽麓書社，1999 年。
資興獸面紋鎛	湖南省資興出土。	西周早期	高至喜：《論商周銅鎛》，第 38～43 頁，《商周青銅器與楚文化研究》，嶽麓書社，1999 年；高至喜、熊傳薪：《中國音樂文物大系・湖南卷》，大象出版社，2006 年。
衡陽金蘭市鎛	1976 年從湖南省衡陽市廢品收購站徵集，後經調查，係衡陽縣金蘭市出土。	西周早期	馮玉輝：《衡陽博物館收藏三件周代銅器》，第 95 頁，《文物》1980 年第 11 期；高至喜：《論商周銅鎛》，第 38～43 頁，《商周青銅器與楚文化研究》，嶽麓書社，1999 年。
瀏陽黃荊村鎛	湖南省瀏陽縣淳口鄉黃荊村出土。	西周早中期	高至喜：《論湖南出土的西周銅器》，《江漢考古》1984 年第 3 期；高至喜、熊傳薪：《中國音樂文物大系・湖南卷》，大象出版社，2006 年。
鳥飾鎛	湖南省博物館收集品。	西周早中期	高至喜：《湖南省博物館館藏西周青銅樂器》，《湖南考古輯刊》第 2 集，嶽麓書社，1984 年；高至喜、熊傳薪：《中國音樂文物大系・湖南卷》，大象出版社，2006 年。

鳥飾鎛	現藏美國。	西周早中期	高至喜：《論商周銅鎛》，第 38～43 頁，《商周青銅器與楚文化研究》，嶽麓書社，1999 年。
勾形鳥飾鎛	現藏日本東京。	西周早中期	高至喜：《論商周銅鎛》，第 38～43 頁，《商周青銅器與楚文化研究》，嶽麓書社，1999 年。
波浪紋鳥飾鎛	從湖南省寧遠縣九嶷山供銷社徵集。	西周中晚期	高至喜：《論商周銅鎛》，第 38～43 頁，《商周青銅器與楚文化研究》，嶽麓書社，1999 年；高至喜、熊傳薪：《中國音樂文物大系·湖南卷》，大象出版社，2006 年。
廣西賀縣鎛	出土於廣西賀縣。	西周中晚期	覃光榮：《廣西賀縣發現青銅鎛》，第 62 頁，《考古與文物》1982 年第 4 期；高至喜：《論商周銅鎛》，第 38～43 頁，《商周青銅器與楚文化研究》，嶽麓書社，1999 年。
克鎛	1890 年，出土於陝西省扶風縣法門寺任村。	西周中期	《貞松堂集古遺文》（卷一）十一頁；郭沫若：《兩周金文辭大系圖錄考釋》（七），112 頁，科學出版社，1957 年；唐蘭：《西周銅器斷代中的「康宮」問題》，《考古學報》1962 年第 1 期；陳邦懷：《克鎛簡介》，第 14～16 頁，《文物》1972 年第 6 期；黃崇文：《中國音樂文物大系·天津卷》，第 205 頁，大象出版社，1996 年；高至喜：《論商周銅鎛》，第 38～43 頁，《商周青銅器與楚文化研究》，嶽麓書社，1999 年。
隨州毛家沖鎛	1995 年，出土於湖北省隨州市三里崗鎮毛家沖村一西周墓葬。	西周中期	隨州市博物館：《湖北隨州出土西周青銅鎛》，第 76～77 頁，《文物》1998 年第 10 期；王子初：《中國音樂文物大系·湖北卷》，第 41 頁，大象出版社，1996 年。
眉縣楊家村編鎛（3 件）	1985 年，出土於陝西眉縣馬家鎮楊家村西周青銅器窖藏。	西周晚期	劉懷君：《眉縣出土一批西周窖藏青銅樂器》，《文博》1987 年第 2 期；方建軍：《中國音樂文物大系·陝西卷》，第 101 頁，大象出版社，1996 年；劉懷君：《眉縣楊家村西周窖藏青銅器的初步認識》，第 35～38 頁，《考古與文物》2003 年第 3 期。

附表 7　西周甬鍾（346 件）一覽表

名　稱	來　源	時　代	出　處
強伯各墓編甬鍾（3 件）	1980 年，出土於陝西寶雞竹園溝西周強伯各墓。	西周早期	盧連成、胡智生：《寶雞強國墓地》，第 96 頁，文物出版社，1988 年；方建軍：《中國音樂文物大系・陝西卷》，第 29 頁，大象出版社，1996 年。
強伯묽墓編甬鍾（3 件）	1974 年，出土於陝西寶雞市茹家莊西周強伯묽墓，同出銅鐸 1 件。	西周早期	盧連成、胡智生：《寶雞強國墓地》，第 281 頁，文物出版社，1988 年；方建軍：《中國音樂文物大系・陝西卷》，第 31 頁，大象出版社，1996 年。
臨潼零口南羅甬鍾	1979 年，陝西臨潼縣零口南羅村村民在田間改土時發現。據調查，甬鍾出於一座西周墓葬。	西周早期	趙康民：《臨潼零口再次發現西周銅器》，《考古與文物》1983 年第 3 期；方建軍：《中國音樂文物大系・陝西卷》，第 32 頁，大象出版社，1996 年。
扶風黃堆M4 甬鍾	1980 年，出土於陝西扶風縣黃堆村 4 號西周墓，早年被盜。	西周早期	方建軍：《中國音樂文物大系・陝西卷》，第 33 頁，大象出版社，1996 年。
鳳翔東關甬鍾	1982 年，出土於陝西鳳翔縣城東關。	西周早期	高次若：《寶雞市博物館藏青銅器介紹》，《考古與文物》1991 年第 5 期；方建軍：《中國音樂文物大系・陝西卷》，第 34 頁，大象出版社，1996 年。
江陵江北農場編甬鍾（2 件）	1993 年，湖北江陵北農場公安局和第二磚瓦廠派出所移交。據調查，出自第二磚瓦廠三號取土坑。	西周早期	何駑：《湖北江陵江北農場出土商周青銅器》，第 86～90 頁，《文物》1994 年第 9 期。
寧鄉回龍鋪甬鍾	1994 年，湖南寧鄉縣回龍鋪村村民開溝發現。	西周早期	高至喜、熊傳薪：《中國音樂文物大系・湖南卷》，大象出版社，2006 年。
湘鄉馬龍甬鍾	1968 年，出土於湖南湘鄉市馬龍。	西周早期	高至喜：《湖南省博物館館藏西周青銅樂器》，《湖南考古輯刊》第 2 集，嶽麓書社，1984 年；高至喜、熊傳薪：《中國音樂文物大系・湖南卷》，大象出版社，2006 年。
大冶羅橋編甬鍾（2 件）	出土於湖北省大冶羅橋。	西周早期	梅正國、余爲民：《湖北大冶羅橋出土商周青銅器》，《文物資料叢刊》第五輯。
竊曲紋甬鍾	傳世品。	西周早期	馬承源：《中國音樂文物大系・上海卷》，第 59 頁，大象出版社，1996 年。
瀏陽澄潭甬鍾	1979 年，出土於湖南瀏陽縣澄潭。	西周早期後段	高至喜：《湖南省博物館館藏西周青銅樂器》，《湖南考古輯刊》第 2 集，嶽麓

			書社，1984 年；高至喜、熊傳薪：《中國音樂文物大系・湖南卷》，大象出版社，2006 年。
吉水甬鍾（3件）	70 年代，出土於江西吉水縣，後由文博部門徵集。	西周早期後段	李家和等：《吉安地區出土的幾件銅鍾》，《江西歷史文物》1990 年第 3 期。
晉侯蘇編甬鍾（16 件）	1992 年，出土於曲沃縣天馬——曲村遺址 8 號墓。其中 I 式（2件）、II 式（2 件）爲西周早期製品，III 式（12 件）爲西周中晚期的產物。	西周早期至厲王三十三年（前846 年）間	北京大學考古學系、山西省考古研究所：《天馬——曲村遺址北趙晉侯墓地第二次發掘》，第 4～28 頁，《文物》1994 年第 1 期；王恩田：《晉侯蘇鍾與周宣王東征伐魯——兼說周、晉紀年》，《中國文物報》1996 年 9 月 8 日；王占奎：《晉侯蘇編鍾年代初探》，《中國文物報》1996 年 12 月 22 日；馬承源：《晉侯蘇編鍾》，《上海博物館集刊》第七輯；李學勤：《晉侯蘇編鍾的時、地、人》，《中國文物報》1996 年 12 月 1 日；王子初：《晉侯蘇鍾的音樂學研究》，《文物》1998 年第 5 期。
晉侯 M9 編甬鍾（4 件）	1992～1993 年，出土於山西曲沃縣天馬——曲村遺址 9 號墓。	西周中期穆王	北京大學考古學系、山西省考古研究所：《天馬——曲村遺址北趙晉侯墓地第二次發掘》，第 4～28，《文物》1994 年第 1 期；北京大學考古系等：《天馬——曲村遺址晉侯墓地及相關問題》，《三晉考古》第一輯，山西人民出版社，1994 年；北京大學考古學系、山西省考古研究所：《天馬——曲村遺址北趙晉侯墓地第五次發掘》，第 37 頁，《文物》1995 年 7 期。
長由墓編甬鍾（3 件）	1954 年，出土於陝西長安普渡村長由墓。	西周中期早段	陝西省文物管理委員會：《長安普渡村西周墓的發掘》，第 75～86 頁，《考古學報》1957 年第 1 期。
平頂山魏莊編甬鍾（3件）	1986 年，河南平頂山北渡鄉魏莊農民挖紅薯窖時挖出，似爲窖藏。	西周中期早段	平頂山市文管會、孫清遠、廖佳行：《河南平頂山發現西周甬鍾》，第 466 頁，《考古》1988 年第 5 期；趙世綱：《中國音樂文物大系・河南卷》，第 79 頁，大象出版社，1996 年。
衡山甬鍾	1985 年，湖南衡山縣物資回收利用公司徵收。	西周早中期	高至喜、熊傳薪：《中國音樂文物大系・湖南卷》，大象出版社，2006 年。
湘潭甬鍾	徵集於湖南湘潭市。	西周中期偏早	高至喜、熊傳薪：《中國音樂文物大系・湖南卷》，大象出版社，2006 年。

雲雷紋甬鍾	撿選於湖南長沙廢銅倉庫。	西周中期偏早	高至喜、熊傳薪：《中國音樂文物大系·湖南卷》，大象出版社，2006 年。
楚公豪甬鍾（5 件）	原見於著錄共 4 件，1 件下落不明。今存日本的 3 件爲陳介祺舊藏。	西周中期	中國社會科學院考古研究所：《殷周金文集成》（第一冊）42～45，中華書局，1984 年；羅振玉：《三代吉金文存》，1·5·2、1·6·1～2、1·7·1，1937 年；〔日〕濱田耕作：《陳氏舊藏十鍾》，《泉屋清賞別集》5～7，1922 年；馬承源：《商周青銅器銘文選》（第 1 冊），文物出版社，1988 年；郭沫若：《兩周金文辭大系圖錄考釋》，第 177～178 頁，科學出版社，1957 年；張亞初：《論楚公豪鍾和楚公逆鎛的年代》，《江漢考古》1984 年第 4 期；羅西章：《陝西周原新出土的青銅器》，《考古》1999 年第 4 期。
張家坡 M163 編甬鍾（3 件）	1984 年，出土於陝西長安張家坡 163 號墓，同出編磬數件。	西周中期	中國社會科學院考古研究所：《張家坡西周墓地》，第 164～167 頁，中國大百科全書出版社，1999 年；中國社會科學院考古研究所灃西發掘隊：《長安張家坡西周井叔墓發掘簡報》，第 25～26 頁，《考古》1986 年第 1 期。
江夏陳月基編甬鍾（2 件）	1995 年，出土於湖北武漢江夏區湖泗鎮祝祠村陳月基商周古文化遺址，應爲窖藏。	西周中期	江夏區博物館：《江夏出土的周代青銅甬鍾》，第 26～29 頁，《江漢考古》1998 年第 4 期。
叔鍾（5 件）	傳世品。著錄 5 件，現存 3 件，另 2 件藏日本京都泉屋博古館。	西周中期	容庚：《商周彝器通考》附圖九五三，哈佛燕京學社，1941 年；中國社會科學院考古研究所：《殷周金文集成》（一）圖 89，中華書局，1984 年；曾毅公：《山東金文集存·先秦編》，北京市圖書業公會，1940 年。
長陽王家咀甬鍾	1996 年，出土於湖北長陽縣大橋鄉白泉村王家咀。	西周中期	湖北省崇陽縣博物館：《湖北崇陽縣出土一件西周銅甬鍾》，第 18～19 頁，《江漢考古》1997 年第 1 期。
單伯昊生鍾	上海博物館收購。	西周中期	馬承源：《中國音樂文物大系·上海卷》，第 23 頁，大象出版社，1996 年。
梁其鍾（現存 5 件）	1940 年，出土於陝西省扶風縣法門寺任村，後流散各地。目前所見共計 5 件。	西周中期	陳佩芬：《繁卣、鼎及梁其鍾銘文詮釋》，《上海博物館集刊》第 2 期；馬承源：《商周青銅器銘文選》397，文物出版社，1988 年；中國社會科學院考古研究所：《殷周

			金文集成》（二），中華書局，1984 年；馬承源：《中國音樂文物大系・上海卷》第 24～27 頁，大象出版社，1996 年；王子初：《中國音樂文物大系・江蘇卷》第 174 頁，大象出版社，1996 年。
雲紋甬鍾	上海博物館揀選。	西周中期	馬承源：《中國音樂文物大系・上海卷》，第 23 頁，大象出版社，1996 年。
應侯見工鍾（4 件）	1974 年，陝西藍田縣紅星村在搞農田建設時於村東斷崖土層內發現 1 件。另保利藝術博物館（2 件）、日本東京書道博物館均有收藏。	西周中期恭王	靭松、樊維岳：《記陝西藍田縣新出土的應候鍾》，第 68～69 頁，《文物》1975 年第 10 期；靭松：《〈記陝西藍田縣新出土的應侯鍾〉一文補正》，第 27 頁，《文物》1977 年第 8 期；方建軍：《中國音樂文物大系・陝西卷》，第 35～36 頁，大象出版社，1996 年；保利藝術博物館（2 件）是筆者隨王子初先生親自鑒定所見。
㝬鍾(21 件)（甬鍾）	1976 年，出土於陝西扶風莊白一號西周青銅器窖藏。	西周中期	陝西周原考古隊：《陝西扶風莊白一號西周青銅器窖藏發掘簡報》，第 1～18 頁，《文物》1978 年第 3 期；陝西省博物館等：《陝西出土商周青銅器》（二），文物出版社，1980 年；方建軍：《中國音樂文物大系・陝西卷》，第 37～50 頁，大象出版社，1996 年。
扶風北橋甬鍾（2 件）	1972 年，出土於陝西扶風縣北橋村西周窖藏。	西周中期	羅西章：《陝西扶風縣北橋出土一批西周青銅器》，第 86 頁，《文物》1974 年第 11 期。方建軍：《中國音樂文物大系・陝西卷》，第 71～72 頁，大象出版社，1996 年。
扶風蟬紋鍾（甬鍾）	1973 年，陝西扶風縣上攀村呂有蘭捐獻。據呂講，她是 1942 年從本縣任家村任登銀手中購買。	西周中期	羅西章：《扶風出土的商周青銅器》，《考古與文物》1980 年第 4 期；方建軍：《中國音樂文物大系・陝西卷》，第 73 頁，大象出版社，1996 年。
扶風東渠甬鍾	1978 年，出土於陝西省扶風縣東渠村灰坑。	西周中期	羅西章：《扶風出土的商周青銅器》，《考古與文物》1980 年第 4 期；方建軍：《中國音樂文物大系・陝西卷》，第 74 頁，大象出版社，1996 年。
扶風劉家村甬鍾	1972 年，出土於陝西省扶風縣劉家村窖藏。	西周中期	羅西章：《扶風出土的商周青銅器》，《考古與文物》1980 年第 4 期；方建軍：《中國音樂文物大系・陝西卷》，第 74 頁，大象出版社，1996 年。

岐山梁田鍾	1977 年，陝西岐山青化鄉梁田村農民取土時發現。	西周中期	龐文龍：《岐山縣博物館藏古代甬鍾、鎛》，《文博》1992 年第 2 期；方建軍：《中國音樂文物大系・陝西卷》，第 77 頁，大象出版社，1996 年。
扶風弖莊甬鍾（5 件）	1984 年，出土於陝西扶風縣弖莊村西周窖藏。	西周中期	高西省：《扶風發現一銅器窖藏》，《文博》1985 年第 1 期；方建軍：《中國音樂文物大系・陝西卷》，第 78〜79 頁，大象出版社，1996 年。
長安馬王村甬鍾（10 件）	1973 年，出土於陝西長安縣馬王村西周銅器窖藏。	西周中期	西安市文物管理處：《陝西長安新旺村、馬王村出土的西周銅器》，第 1〜5 頁，《考古》1974 年第 1 期；方建軍：《中國音樂文物大系・陝西卷》，第 80〜83 頁，大象出版社，1996 年。
扶風齊家村甬鍾乙	1966 年，出土於陝西扶風齊家村，共出甬鍾 2 件。	西周中期	羅西章：《扶風出土的商周青銅器》，《考古與文物》1980 年第 4 期；方建軍：《中國音樂文物大系・陝西卷》，第 76 頁，大象出版社，1996 年。
耀縣丁家溝甬鍾（4 件）	1984 年，陝西耀縣丁家溝村民劉育華在村後取土時發現。	西周中期偏晚	呼林貴、薛東星：《耀縣丁家溝出土西周窖藏青銅器》，第 5 頁，《考古與文物》1986 年第 4 期；方建軍：《中國音樂文物大系・陝西卷》，第 83〜85 頁，大象出版社，1996 年；陳雙新：《兩周青銅樂器銘辭研究》，第 28 頁，河北大學出版社，2002 年。
鮮鍾	1933 年，出土於陝西扶風上康村西周銅器窖藏。	西周中期	陝西省博物館等：《青銅器圖釋》，文物出版社，1960 年；方建軍：《中國音樂文物大系・陝西卷》，第 86 頁，大象出版社，1996 年。
武功李臺甬鍾	陝西武功縣博物館舊藏，據查出於現楊陵區李臺村。	西周中期	方建軍：《中國音樂文物大系・陝西卷》，第 86 頁，大象出版社，1996 年。
武功徐東灣甬鍾	1982 年，陝西武功縣博物館於楊陵區廢品收購站揀選。經查出土於楊陵區徐東灣村。	西周中期	方建軍：《中國音樂文物大系・陝西卷》，第 86 頁，大象出版社，1996 年。
蕭山小東山甬鍾	1981 年，浙江省蕭山縣所前公社杜家大隊開山時在小東山西坡地層中出土。	西周中期	浙江省博物館，張翔：《浙江蕭山杜家村出土西周甬鍾》，第 90 頁，《文物》1985 年第 4 期。
湘潭洪家峭甬鍾（2 件）	1965 年，出土於湖南湘潭縣花石洪家峭西周墓。	西周中期	高至喜、熊傳薪：《中國音樂文物大系・湖南卷》，大象出版社，2006 年。

湘潭小坨甬鍾	1976 年，出土於湖南湘潭縣青山橋小坨。	西周中期	湖南省博物館袁家榮：《湘潭青山橋出土窖藏商周青銅器》，《湖南考古輯刊》第 1 集，嶽麓書社，1982 年；高至喜、熊傳薪：《中國音樂文物大系·湖南卷》，大象出版社，2006 年。
湘鄉坪如甬鍾	1982 年，出土於湖南湘鄉金石鄉坪如。	西周中期	高至喜：《湖南省博物館館藏西周青銅樂器》，《湖南考古輯刊》第 2 集，嶽麓書社，1984 年；高至喜、熊傳薪：《中國音樂文物大系·湖南卷》，大象出版社，2006 年。
雲雷紋甬鍾	收集品。	西周中期	高至喜、熊傳薪：《中國音樂文物大系·湖南卷》，大象出版社，2006 年。
衡陽長安甬鍾	1977 年，出土於湖南衡陽縣長安鄉。	西周中期	衡陽縣文化局，周新民：《湖南衡陽出土兩件西周甬鍾》，第 83 頁，《文物》1985 年第 6 期；高至喜、熊傳薪：《中國音樂文物大系·湖南卷》，大象出版社，2006 年。
雲紋甬鍾	1960 年，從湖南長沙收集。	西周中期	高至喜：《湖南省博物館館藏西周青銅樂器》，《湖南考古輯刊》第 2 集，嶽麓書社，1984 年；高至喜、熊傳薪：《中國音樂文物大系·湖南卷》，大象出版社，2006 年。
雲紋甬鍾	收集品。	西周中期	高至喜、熊傳薪：《中國音樂文物大系·湖南卷》，大象出版社，2006 年。
雲雷紋甬鍾	收集品。	西周中期	高至喜、熊傳薪：《中國音樂文物大系·湖南卷》，大象出版社，2006 年。
青陽廟前編甬鍾（4 件）	出土於安徽省青陽廟前公社，爲窖藏。	西周中期偏晚	劉興：《東南地區青銅器分區》，第 92 頁，《考古與文物》1985 年第 5 期。
連珠紋甬鍾	傳世品。	西周中期	王子初：《中國音樂文物大系·湖北卷》，第 36 頁，大象出版社，1996 年。
崇陽大連山編甬鍾（2 件）	1997 年，湖北崇陽肖嶺鄉大連村大連山探石場民工在取土施工中發現。經查，甬鍾出自山頂的土層中。	西周中期	劉三寶：《崇陽縣大連山出土兩件西周銅甬鍾》，第 35～36 頁，《江漢考古》1998 年第 1 期。
黃山揚村甬鍾	1982 年，安徽黃山鳥石鄉揚村袁維年在住房旁山坡上取土時挖出。	西周中期	程先通：《黃山鳥石鄉出土一件西周甬鍾》，第 465 頁，《考古》1988 年第 5 期。
連珠紋甬鍾	河北省博物館舊藏。	西周中期	吳東風：《中國音樂文物大系·河北卷》（待刊）。

忻城大塘甬鍾	1976 年，廣西省忻城縣大塘出土。	西周中期	梁景津：《廣西出土的青銅器》，《文物》1978 年第 10 期；廣西壯族自治區文物管理委員會：《廣西出土文物》圖版 37，文物出版社，1978 年。
雲紋甬鍾	不清。	西周中晚期	王子初：《中國音樂文物大系‧湖北卷》，第 37 頁，大象出版社，1996 年。
萍鄉彭高甬鍾（2 件）	1962 年，江西萍鄉彭高村民從當地彭家橋河撈起。	西周中期	程應麟：《萍鄉市彭高公社發現周代銅甬鍾兩件》，《文物工作資料》1963 年 1 月 30 日（總第 31 期）。
鷹潭甬鍾	1975 年，揀選自江西南昌市李家莊廢舊品倉庫。據調查，來自鷹潭地區。	西周中期	李恒賢、彭適凡：《西周甬鍾》，《文物工作資料》1976 年 2 月 1 日（總第 61 期）。
南昌李家莊甬鍾	1978 年，揀選自江西南昌市李家莊廢舊品倉庫。	西周中期	彭適凡：《中國音樂文物大系‧江西卷》（待刊）。
雲紋甬鍾	不清。	西周中期	朝日新聞社，大田信男：《東洋美術》（第五卷‧銅器），第 80 頁，朝日新聞社，昭和四十三年。
克鍾（5 件）	1890 年，出土於陝西扶風縣法門寺任村，傳世共 5 件。上海博物館藏 2 件，餘 3 件分別為天津藝術博物館、奈良寧樂美術館和京都藤井有鄰館所藏。	西周晚期	《貞松堂集古遺文》卷一；《三代吉金文存》卷一；郭沫若：《兩周金文辭大系圖錄考釋》（七），112 頁，科學出版社，1957 年；馬承源：《商周青銅器銘文選》294，文物出版社，1988 年；馬承源：《中國音樂文物大系‧上海卷》，第 41～43 頁，大象出版社，1996 年；黃崇文：《中國音樂文物大系‧天津卷》，第 203 頁，大象出版社，1996 年。
扶風上務子編甬鍾（3 件）	山西省博物館徵集。據查為陝西扶風縣上務子村一西周墓葬出土。	西周中晚期	方建軍：《中國音樂文物大系‧陝西卷》，第 33 頁，大象出版社，1996 年。
保利藏甬鍾（3 件）	保利藝術博物館收購。	西周中晚期	筆者隨王子初先生親自鑒定所見。
岳陽西塘甬鍾	1982 年，從湖南岳陽西塘鄉徵集。	西周中晚期	高至喜、熊傳薪：《中國音樂文物大系‧湖南卷》，大象出版社，2006 年。
細線雲紋甬鍾	20 世紀 50 年代收集。	西周中晚期	高至喜、熊傳薪：《中國音樂文物大系‧湖南卷》，大象出版社，2006 年。
雲紋甬鍾（4543）	不清。	西周晚期	王子初：《中國音樂文物大系‧湖北卷》，第 38 頁，大象出版社，1996 年。
雲紋甬鍾（12：16）	不清。	西周晚期	王子初：《中國音樂文物大系‧湖北卷》，第 38 頁，大象出版社，1996 年。

洪洞永凝堡M11甬鍾	1980 年，出土於山西洪洞永凝堡 11 號西周墓。	西周晚期	山西省文物工作委員會、洪洞縣文化館：《山西洪洞永凝堡西周墓葬》，第 1～16 頁，《文物》1987 年 2 期；項陽、陶正剛：《中國音樂文物大系·山西卷》，第 49 頁，大象出版社，2000 年。
洪洞永凝堡M12甬鍾	1980 年，出土於山西洪洞永凝堡 12 號西周墓。	西周晚期	山西省文物工作委員會、洪洞縣文化館：《山西洪洞永凝堡西周墓葬》，第 1～16 頁，《文物》1987 年 2 期；項陽、陶正剛：《中國音樂文物大系·山西卷》，第 49 頁，大象出版社，2000 年。
平頂山滍陽M95編甬鍾（7件）	1986 年，出土於河南平頂山滍陽 95 號墓，同出編鈴 9、編磬 4 件。	西周晚期	河南省文物考古研究所等：《平頂山應國墓地九十五號墓的發掘》，《華夏考古》1992 年第 3 期；王龍正：《平頂山應國墓地九十五號墓年代、墓主及相關問題》，《華夏考古》1995 年第 4 期。
長枚甬鍾	不清。	西周晚期	王子初：《中國音樂文物大系·湖北卷》，第 38 頁，大象出版社，1996 年。
崇陽白泉村甬鍾（2件）	1996 年，出土於湖北崇陽縣天城鎮白泉村。	西周晚期	劉三寶：《崇陽縣大連山出土兩件西周銅甬鍾》，第 36 頁，《江漢考古》1998 年第 1 期。
江夏陳月基編甬鍾（3件）	1982 年，出土於湖北武漢江夏區湖泗鎮祝祠村陳月基商周古文化遺址，應爲窖藏。	西周晚期	江夏區博物館：《江夏出土的周代青銅甬鍾》，第 26～29 頁，《江漢考古》1998 年第 4 期。
曲沃曲村M7092甬鍾	1984 年，出土於山西曲沃縣天馬——曲村遺址 7092 號墓。	西周晚期	項陽、陶正剛：《中國音樂文物大系·山西卷》，第 45 頁，大象出版社，2000 年。
晉侯M64編甬鍾（8件）	1993 年，出土於山西曲沃縣天馬——曲村遺址 64 號墓，同出鉦 1 件、編磬 18 件。經專家鑒定，墓主爲穆侯（費王）（晉侯邦父）。	西周晚期	山西省考古研究所、北京大學考古系：《天馬——曲村遺址北趙晉侯墓地第四次發掘》，第 4～10 頁，《文物》1994 年第 8 期；李學勤：《試論楚公逆編鍾》，第 69～72 頁，《文物》1995 年第 2 期；黃錫全、于柄文：《山西晉侯墓地所出楚公逆鍾銘文初釋》，第 170～178 頁，《考古》1995 年第 2 期；項陽、陶正剛：《中國音樂文物大系·山西卷》，第 48 頁，大象出版社，2000 年；段渝：《楚公逆編鍾與周宣王伐楚》，《社會科學研究》2004 年第 2 期。

晉侯M91編甬鍾（7件）	1994 年，出土於山西曲沃縣天馬——曲村遺址 91 號墓，同出編磬近 20 件。	西周晚期	北京大學考古學系、山西省考古研究所：《天馬——曲村遺址北趙晉侯墓地第五次發掘》，第 37～38 頁，《文物》1995 年第 7 期。
芮城村西廟甬鍾	1979 年，山西芮城城關鄉柴村農民在廟後溝刨土時發現。	西周晚期	戴尊德、劉岱瑜：《山西芮城柴村出土的西周銅器》，第 906～909 頁，《考古》1989 年第 10 期。
魯邍鍾	上海博物館揀選。	西周晚期	馬承源：《中國音樂文物大系・上海卷》，第 46 頁，大象出版社，1996 年。
兮仲鍾（6件）	李蔭軒、邱輝捐贈。傳 1815 年出土於江蘇江寧城。	西周晚期	馬承源：《中國音樂文物大系・上海卷》，第 39 頁，大象出版社，1996 年。
兄仲鍾	上海博物館收購。	西周晚期	馬承源：《中國音樂文物大系・上海卷》，第 40 頁，大象出版社，1996 年。
蟠龍紋甬鍾	上海博物館收購。	西周晚期	馬承源：《中國音樂文物大系・上海卷》，第 47 頁，大象出版社，1996 年。
雲紋甬鍾	孫鼎捐贈。	西周晚期	馬承源：《中國音樂文物大系・上海卷》，第 48 頁，大象出版社，1996 年。
龍紋甬鍾	上海博物館揀選。	西周晚期	馬承源：《中國音樂文物大系・上海卷》，第 48 頁，大象出版社，1996 年。
蟠夔紋甬鍾	上海博物館收購。	西周晚期	馬承源：《中國音樂文物大系・上海卷》，第 59 頁，大象出版社，1996 年。
龍紋甬鍾	上海博物館收購。	西周晚期	馬承源：《中國音樂文物大系・上海卷》，第 60 頁，大象出版社，1996 年。
雷紋甬鍾	上海博物館接管。	西周晚期	馬承源：《中國音樂文物大系・上海卷》，第 60 頁，大象出版社，1996 年。
雷紋甬鍾	傳世品。	西周晚期	馬承源：《中國音樂文物大系・上海卷》，第 60 頁，大象出版社，1996 年。
獸面紋甬鍾	上海博物館收購。	西周晚期	馬承源：《中國音樂文物大系・上海卷》，第 61 頁，大象出版社，1996 年。
夔紋甬鍾	上海博物館收購。	西周晚期	馬承源：《中國音樂文物大系・上海卷》，第 61 頁，大象出版社，1996 年。
夔紋甬鍾	捐贈。	西周晚期	馬承源：《中國音樂文物大系・上海卷》，第 61 頁，大象出版社，1996 年。
夔紋甬鍾	揀選。	西周晚期	馬承源：《中國音樂文物大系・上海卷》，第 62 頁，大象出版社，1996 年。
夔紋甬鍾	傳世品。	西周晚期	馬承源：《中國音樂文物大系・上海卷》，第 62 頁，大象出版社，1996 年。

夔紋大甬鍾	上海博物館收購。	西周晚期	馬承源：《中國音樂文物大系・上海卷》，第 62 頁，大象出版社，1996 年。
饕餮雷紋甬鍾	上海博物館接管。	西周晚期	馬承源：《中國音樂文物大系・上海卷》，第 63 頁，大象出版社，1996 年。
雷紋甬鍾	上海博物館收購。	西周晚期	馬承源：《中國音樂文物大系・上海卷》，第 63 頁，大象出版社，1996 年。
奇字甬鍾	上海博物館收購。	西周晚期	馬承源：《中國音樂文物大系・上海卷》，第 63 頁，大象出版社，1996 年。
雷紋甬鍾	移交。	西周晚期	馬承源：《中國音樂文物大系・上海卷》，第 64 頁，大象出版社，1996 年。
進鍾	上海博物館收購。	西周晚期	馬承源：《中國音樂文物大系・上海卷》，第 64 頁，大象出版社，1996 年。
士父鍾（3件）	1 件係 1956 年湖北省文物管理委員會從株洲收集，現藏湖南省博物館；2 件爲清宮舊藏，現藏故宮博物院。	西周晚期屬王	中國社會科學院考古研究所：《殷周金文集成》（一）圖 147、148，中華書局，1984 年；郭沫若：《兩周金文辭大系圖錄考釋》（七）第 128 頁，（一）圖 17、圖 158，科學出版社，1957 年；陝西省考古研究所等：《陝西出土商周青銅器》（三）圖版二，圖一〇七，文物出版社，1984 年；高至喜：《西周士父鍾的再發現》，第 86～87 頁，《文物》1991 年第 5 期；袁荃猷：《中國音樂文物大系・北京卷》，第 41 頁，大象出版社，1996 年；高至喜、熊傳薪：《中國音樂文物大系・湖南卷》，大象出版社，2006 年。
井(邢)人安鍾（2件）	傳陝西省扶風縣齊家村出土。	西周晚期	郭沫若：《兩周金文辭大系圖錄考釋》（七），第 108 頁，科學出版社，1957 年；馬承源：《商周青銅器銘文選》396，文物出版社，1988 年；馬承源：《中國音樂文物大系・上海卷》，第 44 頁，大象出版社，1996 年；方建軍：《中國音樂文物大系・陝西卷》，第 68 頁，大象出版社，1996 年。
虢叔旅鍾(現存5件)	傳出土於陝西長安河壖。著錄 7 件，分別藏故宮博物院、上海博物館、山東省博物館、日本京都泉屋博古館和日本東京書道博物館。	西周晚期	容庚：《商周彝器通考》附圖九四七，哈佛燕京學社，1941 年；中國社會科學院考古研究所：《殷周金文集成》（一）圖 238，中華書局，1984 年；馬承源：《商周青銅器銘文選》427，文物出版社，1988 年；山東省博物館：《山東博物館藏品選》，山東友誼書

			社，1991 年；馬承源：《中國音樂文物大系・上海卷》，第 45 頁，大象出版社，1996 年；袁荃猷：《中國音樂文物大系・北京卷》，第 39～40 頁，大象出版社，1996 年；周昌福、溫增源：《中國音樂文物大系・山東卷》，第 62 頁，大象出版社，2001 年。
叔旅魚父鍾	徵集品。1965 年由天津市文化局撥交。	西周晚期	天津市文化局文物組：《天津新收集的商周青銅器》，第 35 頁，《文物》1964 年第 9 期；黃崇文：《中國音樂文物大系・天津卷》，第 200 頁，大象出版社，1996 年。
逆鍾（4 件）	陝西咸陽永壽縣西南店頭公社好畤河出土，1990 年撥於天津市歷史博物館。	西周晚期	曹發展、陳國英：《咸陽地區出土青銅器》，《考古與文物》1981 年第 1 期；王世民：《西周暨戰國時代編鍾銘文的排列形式》，《中國考古學研究》（夏鼐先生考古五十年紀念論文集），1986 年；黃崇文：《中國音樂文物大系・天津卷》，第 201 頁，大象出版社，1996 年。
眉縣楊家村編甬鍾（15 件）	1985 年，出土於陝西眉縣馬家鎮楊家村西周青銅器窖藏，同出編鎛 3 件。	西周晚期	劉懷君：《眉縣出土一批西周窖藏青銅樂器》，《文博》1987 年第 2 期；方建軍：《中國音樂文物大系・陝西卷》，第 60～67 頁，大象出版社，1996 年；劉懷君：《眉縣楊家村西周窖藏青銅器的初步認識》，第 35～38 頁，《考古與文物》2003 年第 3 期。
扶風齊家村編甬鍾（16 件）	1960 年，出土於陝西扶風齊家村西周銅器窖藏。	西周晚期	陝西省博物館等：《扶風齊家村青銅器群》，文物出版社，1963 年；陝西省考古研究所等：《陝西出土商周青銅器》（二），文物出版社，1980 年；方建軍：《中國音樂文物大系・陝西卷》，第 52～57 頁，大象出版社，1996 年。
師㝬鍾	1974 年，出土於陝西扶風強家村西周銅器窖藏。	西周晚期	吳鎮烽、雒忠如：《陝西省扶風縣強家村出土的西周銅器》，第 57～62 頁，《文物》1975 年第 8 期；方建軍：《中國音樂文物大系・陝西卷》，第 58 頁，大象出版社，1996 年。
五祀㝬鍾	1981 年，陝西扶風縣白家村農民挖土時發現。	西周晚期屬王	穆海亭、朱捷元：《新發現的西周王室重器五祀㝬鍾》，《人文雜誌》1983 年第 2 期；方建軍：《中國音樂文物大系・陝西卷》，第 59 頁，大象出版社，1996 年。

用享鍾	1966 年，出土於陝西扶風縣上康村。	西周晚期	陝西省考古研究所等：《陝西出土商周青銅器》（三），文物出版社，1984 年；方建軍：《中國音樂文物大系·陝西卷》，第 69 頁，大象出版社，1996 年。
南宮乎鍾	1979 年，出土於陝西扶風縣五嶺村豹子溝。	西周晚期	方建軍：《中國音樂文物大系·陝西卷》，第 70 頁，大象出版社，1996 年。
扶風齊家村甬鍾甲	1966 年，出土於陝西扶風縣齊家村，共計 2 件。	西周晚期	羅西章：《扶風出土的商周青銅器》，《考古與文物》1980 年第 4 期；方建軍：《中國音樂文物大系·陝西卷》，第 75 頁，大象出版社，1996 年。
臨潼零口甬鍾（13 件）	1973 年，陝西臨潼零口西段村村民平整土地發現。	西周晚期	臨潼縣文化館：《陝西臨潼發現武王征商簋》，第 1～7 頁，《文物》1977 年第 8 期；方建軍：《中國音樂文物大系·陝西卷》，第 89～91 頁，大象出版社，1996 年。
臨武甬鍾	1962 年，出土於湖南臨武縣。	西周晚期	高至喜：《湖南省博物館館藏西周青銅樂器》，《湖南考古輯刊》第 2 集，嶽麓書社，1984 年；高至喜、熊傳薪：《中國音樂文物大系·湖南卷》，大象出版社，2006 年。
雙峰大街甬鍾	1982 年，湖南雙峰縣鎮石公社紅旗生產隊王義有上交。	西周晚期	高至喜、熊傳薪：《中國音樂文物大系·湖南卷》，大象出版社，2006 年。
雲雷紋甬鍾	收集品。	西周晚期	高至喜：《湖南省博物館館藏西周青銅樂器》，《湖南考古輯刊》第 2 集，嶽麓書社，1984 年；高至喜、熊傳薪：《中國音樂文物大系·湖南卷》，大象出版社，2006 年。
雲紋甬鍾	收集品。	西周晚期	高至喜、熊傳薪：《中國音樂文物大系·湖南卷》，大象出版社，2006 年。
雲紋甬鍾	收集品。	西周晚期	高至喜：《湖南省博物館館藏西周青銅樂器》，《湖南考古輯刊》第 2 集，嶽麓書社，1984 年；高至喜、熊傳薪：《中國音樂文物大系·湖南卷》，大象出版社，2006 年。
雲雷紋甬鍾	收集品。	西周晚期	高至喜、熊傳薪：《中國音樂文物大系·湖南卷》，大象出版社，2006 年。
素麵甬鍾	收集品。	西周晚期	高至喜、熊傳薪：《中國音樂文物大系·湖南卷》，大象出版社，2006 年。

扶風海家村編甬鍾（3件）	1992 年，陝西扶風巨良海家村村民取土時發現。	西周晚期	高西省：《扶風巨良海家出土大型爬龍等青銅器》，第 92～96 頁，《文物》1994 年第 2 期。
臨沂花園村編鍾（9件）	1966 年，出土於山東臨沂市蘭山棗溝頭花園村南一西周墓葬。	西周晚期	周昌福、溫增源：《中國音樂文物大系·山東卷》，第 60 頁，大象出版社，2001 年。
雲雷紋鍾	山東省膠東文物管理委員會徵集。	西周晚期	周昌福、溫增源：《中國音樂文物大系·山東卷》，第 63 頁，大象出版社，2001 年。
龍口歸城編鍾（2件）	1972 年，出土於山東黃縣（今龍口市）和平村。	西周晚期	周昌福、溫增源：《中國音樂文物大系·山東卷》，第 61 頁，大象出版社，2001 年。
益公鍾	山東青島市公安局 1966 年收繳。	西周晚期	周昌福、溫增源：《中國音樂文物大系·山東卷》，第 62 頁，大象出版社，2001 年。
鄒城郭莊甬鍾	1970 年，山東鄒城市城關鎮郭莊村民挖井時發現。	西周晚期	程明：《山東鄒城市出土銅甬鍾》，第 52 頁，《考古》1996 年第 11 期。
雙龍回紋甬鍾（2件）	傳世品。	西周晚期	袁荃猷：《中國音樂文物大系·北京卷》，第 42 頁，大象出版社，1996 年。
洛陽西工編甬鍾（4件）	1986 年，出土於河南洛陽西工航空工業部 612 研究所一座周墓。	西周晚期	趙世綱：《中國音樂文物大系·河南卷》，第 80 頁，大象出版社，1996 年。
鍾祥花山編甬鍾（5件）	1958 年，出土於湖北鍾祥縣城北洋梓區花山水庫。	西周晚期	荊州專署文教局：《鍾祥縣發現古代銅鍾》，《文物參考資料》1959 年第 6 期；王子初：《中國音樂文物大系·湖北卷》，第 19 頁，大象出版社，1996 年。
通山南城畈大甬鍾	1973 年，出土於湖北通山縣楠林鎮南城畈一都河改道工程中。	西周晚期	王子初：《中國音樂文物大系·湖北卷》，第 20 頁，大象出版社，1996 年。
通山下泉甬鍾	1976 年，湖北通山縣下泉一農民平整土地時發現。	西周晚期	王子初：《中國音樂文物大系·湖北卷》，第 20 頁，大象出版社，1996 年。
大悟雷家山編甬鍾（7件）	1979 年，湖北大悟縣豐店鄉龍潭村農民在雷家山南坡開挖渠道時發現，為窖藏。	西周晚期	熊卜發、劉志升：《大悟發現編鍾等銅器》，《江漢考古》1980 年第 2 期；王子初：《中國音樂文物大系·湖北卷》，第 21 頁，大象出版社，1996 年。
雲雷紋甬鍾	不清。	西周晚期	王子初：《中國音樂文物大系·湖北卷》，第 22 頁，大象出版社，1996 年。

楚公逆鍾	原稱「楚公逆鎛」，宋代政和年間（1113 年）出土於「鄂州嘉魚縣」。根據其形制特徵，應稱爲甬鍾，而不是鎛。	西周晚期	郭沫若：《兩周金文辭大系圖錄考釋》，第 177 頁，科學出版社，1957 年；王國維：《夜雨楚公鍾跋》，《觀堂集林》（卷十八），中華書局，1959 年；中國社會科學院考古研究所：《殷周金文集成》（一），第 106 頁，中華書局，1984 年；張亞初：《論楚公豪鍾和楚公逆鎛的年代》，《江漢考古》1984 年第 4 期；〔宋〕王厚之：《鍾鼎款識》，中華書局，1985 年；高至喜：《論商周銅鎛》，第 42 頁，《商周青銅器與楚文化研究》，嶽麓書社，1999 年。
夔龍紋甬鍾	50 年代上海金屬回收管理局南京交接站撥交收藏。	西周晚期	王子初：《中國音樂文物大系·江蘇卷》，第 168 頁，大象出版社，1996 年。
宗周鍾	藏於臺北故宮博物院。	西周晚期	唐蘭：《懷念毛公鼎、散氏盤和宗周鍾——兼論西周社會性質》，《光明日報》，1961 年 2 月 2 日；《唐蘭先生金文論集》，紫禁城出版社，1995 年。
夔紋甬鍾	現藏臺灣歷史博物館。	西周末期	高玉珍：《國立歷史博物館典藏目錄文物篇》（一）圖 427，國立歷史博物館，1998 年。
武昌木頭嶺編鍾（3 件）	1981 年，出土於湖北武昌縣湖泗鄉木頭嶺磚瓦廠。	西周末期	楊錦新：《武昌縣發現西周甬鍾》，《江漢考古》1982 年第 2 期；王子初：《中國音樂文物大系·湖北卷》，第 16～18 頁，大象出版社，1996 年。
通城十字紋甬鍾	1980 年，發現於湖北省通城物資局收購的廢銅中。	西周	王子初：《中國音樂文物大系·湖北卷》，第 22 頁，大象出版社，1996 年。
寧鄉甬鍾	出土於湖南寧鄉。	西周	李喬生：《寧鄉出土西周編鍾》，《中國文物報》1994 年 11 月 13 日。
扶風黃堆 M3 甬鍾	1980 年，出土於陝西扶風黃堆 3 號墓。	西周	方建軍：《中國音樂文物大系·陝西卷》，第 184 頁，大象出版社，1996 年。
扶風黃甫五郡甬鍾	1973 年，出土於陝西扶風黃甫五郡。	西周	方建軍：《中國音樂文物大系·陝西卷》，第 184 頁，大象出版社，1996 年。
乾縣周家河甬鍾	1978 年，出土於陝西乾縣石牛周家河。	西周	方建軍：《中國音樂文物大系·陝西卷》，第 184 頁，大象出版社，1996 年。

附表 8　西周銅鐃（66件）一覽表

名　稱	來　源	時　代	出　處
寶雞竹園溝 M13 鐃	1980 年，出土於陝西寶雞市竹園溝 13 號墓。	西周早期	盧連成、胡智生：《寶雞強國墓地》，第 49～50 頁，文物出版社，1988 年；方建軍：《中國音樂文物大系·陝西卷》，第 25 頁，大象出版社，1996 年。
洛陽林校編鐃（3件）	1993 年，出土於河南洛陽林校校園內一車馬坑。	西周早期	洛陽市文物工作隊：《河南林校西周車馬坑》，第 6 頁，《文物》1999 年第 3 期。
宣州正興鐃	1981 年，出土於安徽宣州市孫埠鎮正興村。	西周後期	劉國梁：《皖南出土的青銅器》，《文物研究》1988 年第 4 期；徐之田：《安徽宣州市孫埠出土周代青銅器》，《文物》1991 年第 8 期；李純一：《中國上古出土樂器綜論》，第 112 頁，文物出版社，1996 年。
羅田人面紋大鐃	出土於湖北省羅田縣境內。	西周早期	王子初：《中國音樂文物大系·湖北卷》，第 15 頁，大象出版社，1996 年。
江陵雲紋大鐃	二十世紀 60 年代徵集於湖北江陵縣。	西周早期	王子初：《中國音樂文物大系·湖北卷》，第 15 頁，大象出版社，1996 年。
磐安深澤大鐃	1986 年，浙江省磐安縣深澤鄉農民發現。	西周早期	趙一新：《浙江磐安深澤出土一件雲紋鐃》，第 727 頁，《考古》1987 年第 8 期。
長興草樓大鐃	1959 年，浙江嘉興專區公安局築路大隊在長興縣草樓村附近的地裏發現。	西周早期	浙江省文物管理委員會：《浙江長興縣出土的兩件銅器》，第 48 頁，《文物》1960 年第 7 期；長興縣文化館：《浙江長興縣的兩件青銅器》，第 62 頁，《文物》1973 年第 1 期。
長興中學大鐃	1969 年，出土於浙江知城長興中學。	西周早期	長興縣文化館：《浙江長興縣的兩件青銅器》，第 62 頁，《文物》1973 年第 1 期。
吉安高禹大鐃	2004 年，出土於浙江吉安高禹鎮中學基建工地。	西周早期	周意群：《吉安發現一件西周時期銅鐃》，第 85 頁，《文物》2005 年第 1 期。
長沙板橋大鐃	1979 年，出土於湖南長沙縣望新鄉板橋。	西周早期	湖南省博物館，熊傳薪：《湖南新發現的青銅器》，《文物資料叢刊》第 5 集，文物出版社，1981 年。
株洲黃竹大鐃	1981 年，出土於湖南株洲昭陵鄉黃竹。	西周早期	高至喜：《湖南省博物館藏西周青銅樂器》，《湖南考古輯刊》第 2 集，嶽麓書社，1984 年。

株洲頭壩大鐃	1972 年，出土於湖南株洲縣太湖鄉頭壩的一個山坡上。	西周早期	湖南省博物館熊傳薪：《湖南新發現的青銅器》，《文物資料叢刊》第 5 集，文物出版社，1981 年。
醴陵大鐃	湖南醴陵縣境內出土。	西周早期	高至喜：《湖南省博物館藏西周青銅樂器》，《湖南考古輯刊》第 2 集，嶽麓書社，1984 年。
湘鄉黃馬塞大鐃	1975 年，出土於湖南湘鄉縣金石鄉黃馬塞。	西周早期	高至喜：《中國南方出土商周銅鐃概論》，《湖南考古輯刊》第 2 集，嶽麓書社，1984 年。
資興蘭布大鐃	1980 年，出土於湖南資興蘭布山坡。	西周早期	湖南省博物館等：《新邵、瀏陽、株洲、資興出土商周青銅器》，《湖南考古輯刊》第 3 集，嶽麓書社，1986 年。
資興天鵝山大鐃	1983 年，出土於湖南資興市天鵝山林場。	西周早期	湖南省博物館等：《新邵、瀏陽、株洲、資興出土商周青銅器》，《湖南考古輯刊》第 3 集，嶽麓書社，1986 年。
安仁荷樹大鐃	1991 年，出土於湖南安仁縣豪山鄉荷樹後山。	西周早期	陳國安、傅聚良：《湖南安仁縣豪山發現西周銅鐃》，第 471 頁，《考古》1995 年第 5 期。
雲紋大鐃（25060）	湖南省博物館收集。	西周早期	高至喜、熊傳薪：《中國音樂文物大系·湖南卷》，大象出版社，2006 年。
龍紋大鐃（25052）	湖南省博物館收集。	西周早期	高至喜、熊傳薪：《中國音樂文物大系·湖南卷》，大象出版社，2006 年。
雲紋大鐃（22234）	湖南省博物館收集。	西周早期	高至喜：《湖南省博物館藏西周青銅樂器》，《湖南考古輯刊》第 2 集，嶽麓書社，1984 年。
龍紋大鐃（25059）	湖南省博物館收集。	西周早期	高至喜：《湖南省博物館藏西周青銅樂器》，《湖南考古輯刊》第 2 集，嶽麓書社，1984 年。
雲雷紋大鐃（22233）	湖南省博物館收集。	西周早期	高至喜：《中國南方出土商周銅鐃概論》，《湖南考古輯刊》第 2 集，嶽麓書社，1984 年。
雲雷紋大鐃（21917）	湖南省博物館收集。	西周早期	高至喜：《中國南方出土商周銅鐃概論》，《湖南考古輯刊》第 2 集，嶽麓書社，1984 年。
雲雷紋大鐃（25048）	湖南省博物館收集。	西周早期	高至喜：《中國南方出土商周銅鐃概論》，《湖南考古輯刊》第 2 集，嶽麓書社，1984 年。
異形大鐃（25066）	湖南省博物館收集。	西周早期	高至喜：《中國南方出土商周銅鐃概論》，《湖南考古輯刊》第 2 集，嶽麓書社，1984 年。

岳陽鄒家山大鐃	1990 年，出土於湖南岳陽荊州鄉鄒家山一窖藏。	西周早期	高至喜、熊傳薪:《中國音樂文物大系・湖南卷》，大象出版社，2006 年。
株洲江家大鐃	1985 年，湖南株洲漂沙井鄉油圳村村民建房取土時挖出。	西周早期	高至喜:《中國南方出土商周銅鐃概論》，《湖南考古輯刊》第 2 集，嶽麓書社，1984 年；饒澤民:《株洲發現西周青銅器》，《湖南考古輯刊》第 4 集，嶽麓書社，1987 年。
衡陽岳屏大鐃	1978 年，出土於湖南衡陽岳屏鄉北塘大隊。	西周早期	馮玉輝:《衡陽博物館收藏三件周代銅器》，第 95 頁，《文物》1980 年第 11 期。
衡陽雲雷紋大鐃	湖南衡陽市博物館徵集。	西周早期	高至喜、熊傳薪:《中國音樂文物大系・湖南卷》，大象出版社，2006 年。
衡南梨頭大鐃	1989 年，湖南衡南縣江口鎮梨頭村燒磚取土時發現。	西周早期	高至喜、熊傳薪:《中國音樂文物大系・湖南卷》，大象出版社，2006 年。
衡陽泉口大鐃	1979 年，湖南衡陽縣欄龍鄉泉口村社員平整菜地時發現。	西周早期	衡陽縣文化局，周新民:《湖南衡陽出土兩件西周甬鍾》，第 83 頁，《文物》1985 年第 6 期。
衡陽賀家牌大鐃	1989 年，湖南衡陽長安鄉村民挖泥塘發現。	西周早期	高至喜、熊傳薪:《中國音樂文物大系・湖南卷》，大象出版社，2006 年。
耒陽夏家山大鐃	1980 年，出土於湖南耒陽市東湖鄉夏家山。	西周早期	高至喜:《中國南方出土商周銅鐃概論》，《湖南考古輯刊》第 2 集，嶽麓書社，1984 年。
雲雷紋大鐃（1：3054）	徵集於湖南衡陽當地。	西周早期	高至喜、熊傳薪:《中國音樂文物大系・湖南卷》，大象出版社，2006 年。
桃江石牛大鐃	1995 年，出土於湖南桃江縣石牛鄉彩色水泥廠工地。	西周早期	高至喜、熊傳薪:《中國音樂文物大系・湖南卷》，大象出版社，2006 年。
雲雷紋大鐃（25049）	湖南省博物館收集。	西周早期	高至喜:《中國南方出土商周銅鐃概論》，《湖南考古輯刊》第 2 集，嶽麓書社，1984 年。
雲雷紋大鐃（22235）	湖南省博物館收集。	西周早期	高至喜:《中國南方出土商周銅鐃概論》，《湖南考古輯刊》第 2 集，嶽麓書社，1984 年。
雲雷紋大鐃（25051）	湖南省博物館收集。	西周早期	高至喜:《中國南方出土商周銅鐃概論》，《湖南考古輯刊》第 2 集，嶽麓書社，1984 年。
雲雷紋大鐃（30892）	湖南省博物館收集。	西周早期	高至喜:《中國南方出土商周銅鐃概論》，《湖南考古輯刊》第 2 集，嶽麓書社，1984 年。

雲雷紋大鐃（25056）	湖南省博物館收集。	西周早期	高至喜：《中國南方出土商周銅鐃概論》，《湖南考古輯刊》第2集，嶽麓書社，1984年。
鍾枚式大鐃（10525）	上海博物館接管。	西周早期	馬承源：《中國音樂文物大系·上海卷》，第13頁，大象出版社，1996年。
鍾枚式大鐃（55660）	上海博物館收購。	西周早期	馬承源：《中國音樂文物大系·上海卷》，第14頁，大象出版社，1996年。
鍾枚式大鐃（7038）	上海博物館收購。原斷代爲春秋時期。	西周早期	馬承源：《中國音樂文物大系·上海卷》，第18頁，大象出版社，1996年。
雷紋大鐃（37851）	上海博物館徵集。原斷代爲西周中期。	西周早期	馬承源：《中國音樂文物大系·上海卷》，第20頁，大象出版社，1996年。
雷紋大鐃（13965）	上海博物館徵集。原斷代爲西周中期。	西周早期	馬承源：《中國音樂文物大系·上海卷》，第20頁，大象出版社，1996年。
雷紋大鐃（10527）	上海博物館徵集。原斷代爲西周中期。	西周早期	馬承源：《中國音樂文物大系·上海卷》，第20頁，大象出版社，1996年。
連珠紋大鐃（38175）	上海博物館徵集。原斷代爲西周中期。	西周早期	馬承源：《中國音樂文物大系·上海卷》，第21頁，大象出版社，1996年。
雲紋大鐃（37850）	上海博物館收購。原斷代爲西周中期。	西周早期偏晚	馬承源：《中國音樂文物大系·上海卷》，第21頁，大象出版社，1996年。
灌陽鍾山大鐃	廣西灌陽仁江鍾山出土。	西周早期	高至喜：《論中國南方商周時期銅鐃的型式、演變與時代》，第29頁，《商周青銅器與楚文化研究》，嶽麓書社，1999年。
芝加哥美術館藏大鐃	現藏於藏美國芝加哥美術館。	西周早期	高至喜：《論中國南方商周時期銅鐃的型式、演變與時代》，第29頁，《商周青銅器與楚文化研究》，嶽麓書社，1999年。
吉安印下江大鐃	二十世紀70年代出土於江西吉安市吉水印下江。	西周早期	李家和等：《吉安地區出土的幾件銅鍾》，《江西歷史文物》1990年第3期。
南昌李家莊大鐃	1976年，揀選自江西南昌市李家莊廢舊品倉庫。	西周早期	彭適凡：《中國音樂文物大系·江西卷》（待刊）。
新餘羅坊大鐃	1980年，出土於江西新餘市羅坊鄉陳家墩。	西周早期	余家棟：《介紹幾件近年出土的青銅器》，《江西歷史文物》1980年第3期。
新餘水西大鐃	1981年，出土於江西新餘市水西。	西周早期	余家棟：《新餘發現西周甬鍾》、《江西歷史文物》1981年第2期。
新餘界水大鐃	1962年，出土於江西新餘市界水主龍山。	西周早期	陳柏泉：《新餘界水調查銅鍾記》、《文物工作資料》1962年2月10日（總第28期）。

安源十里埠大鐃（2 件）	1989 年，江西萍鄉市安源鎮十里埠村民在山上挖土發現。	西周早期	彭適凡：《中國音樂文物大系·江西卷》（待刊）。
萍鄉鄧家田大鐃	1984 年，江西萍鄉市蘆溪區銀河鄉鄧家田村民墾荒發現。	西周早期	敖有勝、蕭一亭：《萍鄉市又出土西周甬鍾》，《江西歷史文物》1985 年第 2 期。
宜春蜈公塘大鐃	1997 年，出土於江西宜春慈化鎮蜈公塘山坡。	西周早期	彭適凡：《中國音樂文物大系·江西卷》（待刊）。
宜春金橋大鐃	1984 年，江西宜春市下浦鄉金橋村出土。	西周早期	彭適凡：《中國音樂文物大系·江西卷》（待刊）。
萬載株潭大鐃	1965 年，江西萬載縣株潭鎮村民挖茶山時發現。	西周早期	劉建、黃英豪、王煉：《萬載縣出土西周甬鍾》，《江西歷史文物》1984 年第 1 期。
靖安梨樹窩大鐃	1983 年，江西靖安林科所職工在山上挖地發現。	西周早期	何標瑞：《靖安縣出土西周甬鍾》、《江西歷史文物》1993 年第 2 期。
樟樹雙慶橋大鐃	1979 年，江西樟樹市收購。據查出土於山前鄉雙慶橋下游沖積層中。	西周早期	黃多梅：《清江縣山前發現西周甬鍾》，《江西歷史文物》1981 年第 3 期。
永新橫石大鐃	1995 年，江西永新縣高溪鄉橫石村村民在烏龜嶺挖土時發現。	西周早期	彭適凡：《中國音樂文物大系·江西卷》（待刊）。

附表 9　西周石磬（約 114 件）一覽表

名　稱	來　　源	時　代	出　　處
膠縣張家莊特磬	1965 年，出土於山東膠縣張家莊鄉水土站西周遺址。	西周早期	周昌福、溫增源：《中國音樂文物大系·山東卷》，第 142 頁，大象出版社，2001 年。
淅川下王崗特磬（2 件）	1971～1972 年，出土於河南淅川下王崗遺址。	西周早期	河南省文物考古研究所等：《淅川下王崗》，第 331 頁，文物出版社，1989 年；趙世綱：《中國音樂文物大系·河南卷》，第 68 頁，大象出版社，1996 年。
扶風齊鎮特磬	1987 年，陝西周原博物館於扶風齊鎮村徵集。	西周早期	方建軍：《中國音樂文物大系·陝西卷》，第 16 頁，大象出版社，1996 年。

扶風雲塘特磬	1999～2000 年，出土於陝西扶風縣雲塘西周建築基址。	西周早期	周原考古隊：《陝西扶風縣雲塘、西周建築基址 1999～2000 年度發掘簡報》，第 22 頁，《考古》2002 年第 9 期。
張家坡M163 編磬	1984 年，出土於陝西長安張家坡 163 號墓，同出編甬鍾 3 件。	西周中期	中國社會科學院考古研究所灃西發掘隊：《長安張家坡西周井叔墓發掘簡報》，第 25～26 頁，《考古》1986 年第 1 期。
張家坡M157 編磬（至少5件）	1984 年，出土於陝西長安張家坡 157 號墓。	西周中期	中國社會科學院考古研究所灃西發掘隊：《長安張家坡西周井叔墓發掘簡報》，第 25～26 頁，《考古》1986 年第 1 期。
隨州毛家沖特磬	1995 年，湖北省隨州市三里崗鎮毛家沖村農民犁田時發現，後確認出自墓葬，同出石磬一件。	西周中期	王子初：《中國音樂文物大系·湖北卷》，第 75 頁，大象出版社，1996 年；隨州市博物館：《湖北隨州出土西周青銅鎛》，第 76～77 頁，《文物》1998 年第 10 期。
周原召陳乙區遺址編磬（15 件以上）	1980 年，出土於陝西扶風縣周原召陳乙區西周建築基址。	西周中晚期	羅西章：《周原出土的西周石磬》，《考古與文物》1987 年第 6 期。
周公廟編磬（2 件）	2004 年，出土於陝西岐山縣周公廟遺址 18 號墓。	西周晚期	呼延思：《周公廟考古獲得階段性成果》，《西安晚報》2005 年 1 月 11 日；其時代爲北京大學考古文博學院劉緒教授告知。
陝西扶風雲塘石磬	1982 年，陝西扶風縣雲塘村農民平整土地發現。	西周晚期	羅西章：《周原出土的西周石磬》，《考古與文物》1987 年第 6 期。
晉侯蘇墓編磬（18 件）	1992 年，出土於山西曲沃縣晉侯 8 號墓，同出編甬鍾 16 件。	西周晚期	北京大學考古學系、山西省考古研究所：《天馬——曲村遺址北趙晉侯墓地第二次發掘》，第 4～28 頁，《文物》1994 年第 1 期；項陽、陶正剛：《中國音樂文物大系·山西卷》，第 22、42、44 頁，大象出版社，2000 年。
晉侯邦父墓編磬（18件）	1993 年，出土於山西曲沃縣北趙村晉侯 64 號墓，同出編甬鍾 8 件。	西周晚期	山西省考古研究所、北京大學考古系：《天馬——曲村遺址北趙晉侯墓地第四次發掘》，第 4～10 頁，《文物 1994 年第 8 期；項陽、陶正剛：《中國音樂文物大系·山西卷》，第 48 頁，大象出版社，2000 年。

晉侯 M91 編磬(近20件)	1994 年，出土於山西曲沃縣晉侯 91 號墓，同出編甬鍾 7 件。	西周晚期	北京大學考古學系、山西省考古研究所：《天馬——曲村遺址北趙晉侯墓地第五次發掘》，第 37～38 頁，《文物》1995 年第 7 期。
晉侯 M33 編磬(10 餘件)	1994 年，出土於山西曲沃縣晉侯 33 號墓，被盜掘。	西周晚期	北京大學考古學系、山西省考古研究所：《天馬——曲村遺址北趙晉侯墓地第五次發掘》，第 10～11 頁，《文物》1995 年第 7 期；王世民、蔣定穗：《最近十多年來編鍾的發現與研究》，第 4 頁，《黃鍾》1999 年第 3 期。
晉侯 M1 編磬（2 件）	1994 年，出土於山西曲沃縣晉侯 1 號墓，被盜掘。	西周晚期	北京大學考古系、山西省考古研究所：《1992 年春天馬——曲村遺址墓葬發掘報告》，第 11～30 頁，《文物》1993 年第 3 期；王世民、蔣定穗：《最近十多年來編鍾的發現與研究》，第 4 頁，《黃鍾》1999 年第 3 期。
平頂山滍陽 M95 編磬(4 件）	1986 年，出土於河南平頂山滍陽 95 號墓中，同出編鈴 9、編磬 4 件。	西周晚期	河南省文物考古研究所等：《平頂山應國墓地九十五號墓的發掘》，《華夏考古》1992 年第 3 期；王龍正：《平頂山應國墓地九十五號墓年代、墓主及相關問題》，《華夏考古》1995 年第 4 期。
寶雞上官村編磬（全套 10 餘件）	1969 年，陝西寶雞縣賈村公社上官村村民取土時發現。	西周晚期	盧連成、尹盛平：《古矢國遺址、墓地調查記》，第 48～57 頁，《文物》1982 年第 2 期。方建軍：《中國音樂文物大系·陝西卷》，第 18 頁，大象出版社，1996 年。
岐山賀家村編磬	出土於陝西岐山賀家村。	西周	方建軍：《中國音樂文物大系·陝西卷》，第 184 頁，大象出版社，1996 年。
長安灃西編磬	1984～1985 年，出土於陝西長安灃西。	西周	方建軍：《中國音樂文物大系·陝西卷》，第 184 頁，大象出版社，1996 年。

參考文獻

按作者姓名拼音音序及文獻出版時間排序

【A】

1. 安徽省六安縣文物管理所：《安徽六安縣城西窯廠 2 號楚墓》,《考古》
   1995 年第 2 期。

2. 安徽省文物工作隊、繁昌縣文化館：《安徽繁昌出土一批春秋青銅器》,
   《文物》1982 年第 12 期。

3. 安徽省文物工作隊、阜陽地區博物館、阜陽縣文化局：《阜陽雙古堆西漢
   汝陰侯墓發掘簡報》,《文物》1978 年第 8 期。

4. 安徽省文物工作隊：《安徽舒城九里墩春秋墓》,《考古學報》1982 年第 2
   期。

5. 安徽省文物管理委員會、安徽省博物館：《壽縣蔡侯墓出土遺物》,科學
   出版社,1956 年。

6. 安陽市文物工作隊：《安陽市戚家莊東 269 號墓》,《考古學報》1991 年
   第 3 期。

7. 安作璋：《山東通史·先秦卷》,山東人民出版社,1993 年。

【B】

1. 寶雞市博物館：《寶雞縣西高泉村春秋秦墓發掘記》,《文物》1980 年第 9
   期。

2. 北京大學考古系、山西省考古研究所：《1992 年春天馬──曲村遺址墓
   葬發掘報告》,《文物》1993 年第 3 期；《天馬──曲村遺址北趙村晉侯
   墓地第二次發掘》,《文物》1994 年第 1 期；《天馬──曲村遺址北趙村
   晉侯墓地第三次發掘》,《文物》1994 年第 8 期；《天馬──曲村遺址北
   趙村晉侯墓地第四次發掘》,《文物》1994 年第 8 期；《天馬──曲村遺

址北趙村晉侯墓地第五次發掘》，《文物》1995 年第 7 期。

【C】

1. 蔡全法、馬俊才：《新鄭鄭韓故城金城路考古取得重大成果》，《中國文物報》1994 年 1 月 2 日。

2. 蔡運章、梁曉景、張長森：《洛陽西工 131 號戰國墓》，《文物》1994 年第 7 期。

3. 曹發展、陳國英：《咸陽地區出土青銅器》，《考古與文物》1981 年第 1 期。

4. 曹定云：《「亞其」考》，《文物集刊》第 2 輯，1980 年；《殷代的「竹」與「孤竹」》，《華夏考古》1988 年第 3 期。

5. 曹淑琴、殷瑋璋：《早期甬鍾的區、系、型研究》，《考古學文化論集》，文物出版社，1989 年。

6. 長沙市博物館、寧鄉縣文管所：《湖南寧鄉老糧倉出土商代銅編鐃》，《文物》1997 年第 12 期。

7. 長興縣文化館：《浙江長興縣的兩件青銅器》，《文物》1973 年第 1 期。

8. 常文徵：《洛陽出土一組銅編鍾》，《河南日報》1989 年 5 月 27 日。

9. 陳邦懷：《克鎛簡介》，《文物》1972 年第 6 期；

10. 陳漢平：《西周冊命制度研究》，學林出版社，1986 年。

11. 陳夢家：《西周銅器斷代》（五），《考古學報》1956 年第 3 期；《西周銅器斷代》（三），《考古學報》1956 年第 1 期。

12. 陳佩芬：《繁卣、鼎及梁其鍾銘文詮釋》，《上海博物館集刊》第 2 期；《記上海博物館所藏越族銅器》，《上海博物館集刊》第 4 期。

13. 陳橋驛：《吳越文化論叢》，中華書局，1999 年。

14. 陳荃有：《從出土樂器探索商代音樂文化的交流、演變與發展》，《中國音樂學》1999 年第 4 期；《懸鍾的發生及雙音鍾的鏊定》，《交響》2000 年第 4 期；《繁盛期青銅樂鍾的編列研究》（上），《音樂藝術》2001 年第 2 期；《西周樂鍾的編列探討》，《中國音樂學》2001 年第 3 期。

15. 陳戍國：《先秦禮制研究》，湖南教育出版社，1991 年。

16. 陳雙新：《青銅樂器自名之修飾語探論》，《音樂研究》1999 年第 4 期；《青銅鍾鎛起源研究》，《中國音樂學》2002 年第 2 期；《兩周青銅樂器銘辭研究》，河北大學出版社，2002 年。

17. 陳衍麟：《安徽繁昌徽集的青銅器》，《東南文化》1988 年第 6 期。

18. 陳暘：《樂書》，光緒丙子（1876）刊本。

19. 陳應時：《中國樂律學探微》（音樂文集），上海音樂學院出版社，2004

年。

20. 陳振裕：《中國先秦青銅鍾的分區探索》,《曾侯乙編鍾研究》,湖北人民出版社,1992 年。

21. 程武：《一篇重要的法律史文獻——讀曶匜銘文札記》,《文物》1976 年第 5 期。

22. 崇文：《湖北崇陽出土一件銅鼓》,《文物》1978 年第 4 期：

23. 崔大庸等：《洛莊漢墓又出精美樂器》,《中國文物報》2000 年 10 月 11 日。

24. 崔憲：《曾侯乙編鍾鍾銘校釋及其律學研究》,人民音樂出版社,1997 年。

【D】

1. 代尊德：《山西靈石縣旌介村商代墓和青銅器》,《文物資料叢刊》第 3 期,文物出版社,1980 年。

2. 戴念祖：《中國聲學史》,河北教育出版社,1994 年。

3. 鄧建強、盛定國、吾宇平：《益陽出土商代銅鐃》,《中國文物報》2000 年 9 月 24 日。

4. 杜廼松：《中國青銅器發展史》,紫禁城出版社,1995 年。

【F】

1. 樊維岳等：《陝西藍田縣出土商代青銅器》,《文物資料叢刊》第 3 集。

2. 范文瀾：《中國通史簡編》（修訂本第一編）,人民出版社,1965 年。

3. 〔南朝宋〕范曄：《後漢書·禮儀下》（志第六）,中華書局,1965 年。

4. 方建軍：《侯家莊——1217 號大墓的磬和鼓》,《交響》1988 年第 2 期；《陝西出土西周和春秋時期甬鍾的初步考察》,《交響》1989 年第 3 期；《河南出土殷商編鐃初論》,《中國音樂學》1990 年第 3 期；《西周早期甬鍾及甬鍾起源探討》,《考古與文物,1992 年第 1 期；《中國音樂文物大系·陝西卷》,大象出版社,1996 年。

5. 費玲伢：《淮河流域史前陶鼓的研究》,《江漢考古》2005 年第 2 期。

6. 馮光生：《曾侯乙編鍾若干問題淺論》,《曾侯乙編鍾研究》,湖北人民出版社,1992 年；《周代編鍾的雙音技術及應用》,《中國音樂學》2002 年第 1 期。

7. 馮漢驥：《四山彭縣出土的銅器》,《文物》1980 年第 12 期。

8. 馮玉輝：《衡陽博物館收藏三件周代文物》,《文物》1980 年第 11 期。

9. 福建省博物館：《福建閩侯黃土侖遺址發掘簡報》,《文物》1984 年第 4 期。

【G】

1. 高崇文、安田喜憲：《長江流域青銅文化研究》，科學出版社，2002 年。

2. 高次若：《寶雞市博物館藏青銅器介紹》，《考古與文物》1991 年第 5 期。

3. 高廣仁、欒豐實：《大汶口文化》，文物出版社，2004 年。

4. 高煒：《龍山時代的禮制》，《慶祝蘇秉琦考古五十五年論文集》，文物出版社，1989 年。

5. 高西省：《扶風發現一銅器窖藏》，《文博》1985 年第 1 期；《西周早期甬鐘比較研究》，《文博》1995 年第 1 期。

6. 高至喜、熊傳薪：《中國音樂文物大系·湖南卷》，大象出版社，2006 年。

7. 高至喜：《論湖南出土的西周銅器》，《江漢考古》1984 年第 3 期；《湖南省博物館藏西周青銅樂器》，《湖南考古輯刊》第 2 集，嶽麓書社，1984 年；《商周銅鎛概說》，《中國文物報》1989 年 11 月 10 日；《甬鐘探源》，《中國文物報》1991 年 3 月 24 日；《中國南方出土商周銅鐃的類型與年代》，《南方文物》1993 年第 2 期；《論商周銅鎛》、《論新干大洋洲商墓出土的青銅樂器》、《中國南方出土商周銅鐃概論》，《商周青銅器與楚文化研究》，嶽麓書社，1999 年。

8. 固始侯古堆一號墓發掘組：《河南固始侯古堆一號墓發掘簡報》，《文物》1981 年第 1 期。

9. 故宮博物院，杜迺松等：《記各省市自治區徵集文物彙報展覽》，《文物》1978 年第 6 期。

10. 顧頡剛：《周公製禮的傳說和〈周官〉一書的出現》，《文史》第六輯。

11. 郭寶鈞：《一九五〇年春殷墟發掘報告》，《考古學報》第五冊，1951 年；《山彪鎮與琉璃閣》，科學出版社，1959 年；《商周銅器群綜合研究》，文物出版社，1981 年。

12. 郭大順：《紅山文化》，文物出版社，2005 年。

13. 郭沫若：《甲骨文研究》，人民出版社，1952 年；《金文叢考·周官質疑》，人民出版社，1954 年；《由壽縣蔡器論到蔡墓的年代》，《考古學報》1956 年第 1 期；《兩周金文辭大系圖錄考釋》，科學出版社，1957 年；《甲骨文合集》，中華書局，1979 年。

14. 郭若愚：《從有關蔡侯的若干資料論壽縣蔡墓蔡器的年代》，《上海博物館集刊——建館三十週年特輯》，上海古籍出版社，1983 年。

【H】

1. 韓寶強：《音樂家的音準感——與律學有關的聽覺心理研究》，《中國音樂學》1992 年第 3 期；《音的歷程——現代音樂聲學導論》，中國文聯出版社，2003 年。

2. 何德亮：《大汶口文化的打擊樂器——陶鼓淺析》，《東南文化》2003 年第 7 期。

3. 何光岳：《周源流史》，江西教育出版社，1997 年。

4. 何駑：《湖北江陵江北農場出土商周青銅器》，《文物》1994 年第 9 期。

5. 河北省博物館、文物管理處：《河北藁城臺西村的商代遺址》，《考古》1973 年第 5 期。

6. 河北省文化局文物工作隊：《河北易縣燕下都第十六號墓發掘簡報》，《考古學報》1965 年第 2 期。

7. 河北省文物研究所：《燕下都》，文物出版社，1996 年。

8. 河南博物院、臺北國立歷史博物館：《新鄭鄭公大墓青銅器》，大象出版社，2001 年。

9. 河南省文物考古研究所、三門峽市文物工作隊：《三門峽虢國墓》（第一卷），文物出版社，1999 年。

10. 河南省文物考古研究所、周口市文化局：《鹿邑太清宮長子口墓》，中州古籍出版社，2000 年。

11. 河南省文物考古研究所、長江流域規劃辦公室考古隊河南分隊：《淅川下王崗》，文物出版社，1989 年。

12. 河南省文物考古研究所、河南省丹江庫區考古發掘隊、淅川縣博物館：《淅川下寺春秋楚墓》，文物出版社，1991 年。

13. 河南省文物考古研究所：《信陽楚墓》，文物出版社，1986 年；《鄭州小雙橋遺址的調查與試掘》，《鄭州商城考古新發現與研究》，中州古籍出版社，1993 年；《河南新鄭市鄭韓故城鄭國祭祀遺址發掘簡報》，《考古》2000 年第 2 期；《河南新鄭鄭韓故城東周祭祀遺址》，《文物》2005 年第 10 期。

14. 河南省文物考古研究所等：《河南淮陽馬鞍冢楚墓發掘簡報》，《文物》1984 年第 10 期；《河南省葉縣舊縣村 1 號墓的清理》，《華夏考古》1988 年第 3 期；《淅川下王崗》，文物出版社，1989 年；《平頂山應國墓地九十五號墓》，《華夏考古》1992 年第 3 期；《三門峽上村嶺虢國墓地 M2001 發掘簡報》，《華夏考古》1992 年第 3 期；《平頂山應國墓地九十五號墓的發掘》，《華夏考古》1992 年第 3 期；《淅川和尚嶺春秋楚墓的發掘》，《華夏考古》1992 年第 3 期。

15. 衡陽縣文化局，周新民：《湖南衡陽出土兩件西周甬鍾》，《文物》1985 年 6 期。

16. 呼林貴等：《耀縣丁家溝出土西周窖藏青銅器》，《考古與文物》1986 年第 4 期。

17. 湖北荊州博物館：《江陵天星觀 1 號楚墓》，《考古學報》1982 年第 1 期。

18. 湖北省博物館、隨州市博物館：《湖北隨州擂鼓墩 2 號墓發掘簡報》，《文物》1985 年第 1 期。

19. 湖北省博物館：《湖北江陵發現的楚國彩繪石編磬及其相關問題》，《考古》1972 年第 3 期。

20. 湖南省博物館，熊傳薪：《湖南省新發現的青銅器》，《文物資料叢刊》第 5 集，文物出版社，1981 年。

21. 湖南省博物館，袁家榮：《湘潭青山橋出土窖藏商周青銅器》，《湖南考古輯刊》第 1 集，嶽麓書社，1982 年。

22. 湖南省博物館：《湖南省博物館新發現的幾件銅器》，《文物》1966 年第 4 期。

23. 湖南省博物館等：《新邵、瀏陽、株洲、資興出土商周青銅器》，《湖南考古輯刊》第 3 集，嶽麓書社，1986 年。

24. 華覺明、賈雲福：《先秦編鍾設計製作的探討》，《自然科學史研究》第 2 卷第 1 期。

25. 華覺明、王玉柱：《曾侯乙編鍾冶鑄技術與聲學特性研究》，《曾侯乙編鍾研究》，湖北人民出版社，1992 年。

26. 黃崇文：《中國音樂文物大系·天津卷》，大象出版社，1996 年。

27. 黃綱正等：《瀏陽雙峰出土商周青銅器》，《湖南文物》1986 年第 1 期。

28. 黃河水庫考古工作隊：《1957 年河南陝縣發掘簡報》，《考古通訊》1958 年第 11 期。

29. 黃厚明：《中國史前音樂文化區及相關問題初論》，《華夏考古》2005 年第 2 期。

30. 黃錫全、于柄文：《山西晉侯墓地所出楚公逆鍾銘文初釋》，《考古》1995 年第 2 期。

31. 黃翔鵬：《傳統是一條河流》，人民音樂出版社，1990 年；《溯流探源——中國傳統音樂研究》，人民音樂出版社，1993 年；《中國人的音樂與音樂學》，山東文藝出版社，1997 年；《樂問》，中央音樂學院學報社，2000 年。

32. 惠民地區文物普查隊、陽信縣文化館：《山東陽信城關鎮西北村戰國墓器物陪葬坑清理簡報》，《考古》1990 年第 3 期。

【J】

1. 濟南市考古研究所等：《山東章丘市洛莊漢墓陪葬坑的清理》，《考古》2004 年第 8 期。

2. 江藩：《樂縣考》，《粵雅堂叢書》，咸豐甲寅（1854）刻本。

3. 江山市博物館，柴福有：《浙江江山出土青銅編鍾》，《文物》1996 年第 6 期。

4. 江蘇省丹徒考古隊:《江蘇丹徒北山頂春秋墓發掘報告》,《東南文化》1988年第 3、4 期合刊。

5. 江蘇省文物管理委員會、南京博物院:《江蘇六合程橋東周墓》,《考古》1965 年第 3 期。

6. 江西省博物館、江西省文物考古研究所、新干縣博物館:《新干商代大墓》,文物出版社,1997 年。

7. 姜濤:《虢國墓地的再發掘與認識》,《中國文物報》1991 年 12 月 8 日;《虢國墓地發掘又獲重大發現》,《中國文物報》1992 年 2 月 2 日。

8. 蔣定穗:《試論陝西出土的西周鍾》,《考古與文物》1984 年第 5 期。

9. 蔣廷瑜:《羊角紐銅鍾初論》,《文物》1984 年第 5 期。

10. 金文達:《中國古代音樂史》,人民音樂出版社,1994 年。

11. 荊州地區博物館:《湖北枝江出土一件編鍾》,《文物》1974 年第 6 期。

12. 荊州專署文教局:《鍾祥縣發現古代銅鍾》,《文物參考資料》1959 年第 6 期。

【K】

1. 匡瑜、姜濤:《禹縣閻砦龍山遺址》,《中國考古年鑒·考古新發現》,文物出版社,1984 年。

2. 孔義龍:《兩周編鍾音列研究》,中國藝術研究院 2005 屆音樂學博士學位論文。

【L】

1. 李伯謙:《中國青銅文化結構體系研究》,科學出版社,1998 年。

2. 李朝遠:《從新出青銅鍾再論「堵」與「肆」》,《中國文物報》1996 年 4 月 14 日。

3. 李純一:《關於歌鍾、行鍾及蔡侯編鍾》,《文物》1973 年第 7 期;《曾侯乙墓編鍾的編次和樂懸》,《音樂研究》1985 年第 2 期;《先秦音樂史》,人民音樂出版社,1994 年;《先秦音樂史研究的兩種基本史料》,《音樂研究》1994 年第 3 期;《中國上古出土樂器綜論》,文物出版社,1996 年。

4. 李格非:《漢語大字典》(簡編本),四川辭書出版社、湖北辭書出版社,1996 年。

5. 李國梁:《皖南出土的青銅器》,《文物研究》1988 年第 4 期。

6. 李金橋:《江底淘沙喜獲古鍾》,《江漢考古》1984 年第 3 期。

7. 李瑾:《關於〈競鍾〉年代的鑒定》,《江漢考古》1980 年第 2 期。

8. 李零:《宋代出土的楚王章鍾》,《江漢考古》1984 年第 1 期。

9. 李明珠:《瑰寶重現輝縣琉璃閣甲乙墓器物圖集》,臺北國立歷史博物館,

2003 年。

10. 李學勤：《東周與秦代文明》，文物出版社，1984 年；《新出青銅器研究》，文物出版社，1990 年；《試論楚公逆編鐘》，《文物》1995 年第 2 期；《補論子范編鐘》，《中國文物報》1995 年 5 月 28 日；《晉侯蘇編鐘的時、地、人》，《中國文物報》1996 年 12 月 1 日；《走出疑古時代》，遼寧大學出版社，1997 年。

11. 李元慶：《三晉古文化源流》，山西古籍出版社，1997 年。

12. 李日訓：《章丘女郎山考古獲重大成果》，《中國文物報》1991 年第 20 期。

13. 梁思永、高去尋：《侯家莊》第六本《1217 號大墓》，臺北歷史語言研究所，1968 年。

14. 梁柱：《湖北廣濟發現一批周代甬鐘》，《江漢考古》1984 年第 4 期。

15. 廖平：《經話》甲編卷一，《廖平學術論著選集》（一），巴蜀書社，1989 年。

16. 林濟莊：《齊魯音樂文化源流》，齊魯書社，1995 年。

17. 臨潼縣文化館：《陝西臨潼發現武王征商簋》，《文物》1977 年第 8 期。

18. 劉彬徽：《隨州擂鼓墩二號墓青銅器初論》，《文物》1985 年第 1 期。

19. 劉東升、袁荃猷：《中國音樂史圖鑒》，中國藝術研究院音樂研究所、人民音樂出版社，1988 年。

20. 劉懷君：《眉縣出土一批西周窖藏青銅樂器》，《文博》1987 年第 2 期；劉懷君：《眉縣楊家村西周窖藏青銅器的初步認識》，《考古與文物》2003 年第 3 期。

21. 劉新紅：《殷墟出土編鐃的考察與研究》，中央音樂學院 2004 屆音樂學碩士學位論文。

22. 劉緒：《天馬——曲村遺址晉侯墓地及相關問題》，《三晉考古》第一輯，山西人民出版社，1994 年；《晉侯邦父墓與楚公逆編鐘》，《長江流域青銅文化研究》，科學出版社，2002 年。

23. 劉一俊、馮沂：《山東郯城縣二中戰國墓的清理》，《考古》1996 年第 3 期。

24. 劉一曼：《安陽殷墓青銅禮器組合的幾個問題》，《考古學報》1995 年第 4 期。

25. 劉雨：《西周金文中的祭祖禮》，《考古學報》1989 年第 4 期。

26. 劉再生：《中國音樂的歷史形態》（音樂文集），上海音樂出版社，2003 年；《中國古代音樂史簡述》（修訂版），人民音樂出版社，2006 年。

27. 劉振東、譚青枝：《客死他鄉的國王——南越王陵揭秘》，四川教育出版社，1996 年。

28. 盧連成、胡智生：《寶雞強國墓地》，文物出版社，1988 年。

29. 盧連成等：《陝西寶雞縣太公廟村發現秦公鐘、秦公鎛》，《文物》1978 年第 11 期：《古矢國遺址、墓地調查記》，《文物》1982 年第 2 期。

30. 羅泰：《論江西新干大洋洲出土的青銅樂器》，《江西文物》1991 第 3 期。

31. 羅西章：《陝西扶風縣北橋出土一批西周青銅器》，《文物》1974 年第 11 期；《扶風出土的商周青銅器》，《考古與文物》1980 年第 4 期；《周原出土的西周石磬》，《考古與文物》1987 年第 6 期。

32. 羅勳章：《劉家店子春秋墓瑣考》，《文物》1984 年第 9 期。

33. 羅振玉：《殷墟書契前編》，1912 年；《鐵雲藏龜之餘》，1915 年；《殷墟書契後編》，1916 年；《貞松堂集古遺文》；《三代吉金文存》，1937 年（影印本）；

34. 洛陽市文物工作隊：《洛陽西工 131 號戰國墓》，《文物》1994 年第 7 期；《洛陽林校西周車馬坑》，《文物》1999 年第 3 期。

【M】

1. 馬承源：《上海博物館藏青銅器》，上海人民出版社，1964 年：《商周青銅雙音鐘》，《考古學報》1981 年第 1 期；《商周青銅器銘文選》，文物出版社，1988 年；《晉侯穌編鐘》，《上海博物館集刊》第七期，上海書畫出版社，1996 年：《中國音樂文物大系·上海卷》，大象出版社，1996 年；《中國青銅器》，上海古籍出版社，1997 年。

2. 馬得志：《一九五三年安陽大司空村發掘報告》，《考古學報》第 9 冊，1955 年。

3. 馬良民、林仙庭：《海陽縣嘴子前春秋墓試析》，《考古》1996 年第 9 期。

4. 梅正國、余爲民：《湖北大冶羅橋出土商周青銅器》，《文物資料叢刊》第五輯。

5. 繆天瑞：《律學》（第三次修訂版），人民音樂出版社，1996 年。

6. 穆海亭、朱捷元：《新發現的西周王室重器五祀㝬鐘》，《人文雜誌》1983 年第 2 期。

【N】

1. 南京博物院、東海縣圖書館：《江蘇東海廟墩遺址和墓葬》，《考古》1986 年第 12 期。

2. 南京博物院：《江蘇六合程橋 2 號東周墓》，《考古》1974 年第 2 期。

3. 寧立新、張礦生：《交口縣東周墓葬清理簡報》，《山西省考古學會第二屆年會論文》，1986 年。

4. 寧鄉縣文管所，李喬生：《湖南寧鄉出土商代大銅鐃》，《文物》1997 年

第 12 期。

【P】

1. 龐文龍：《岐山縣博物館藏古代甬鍾、鎛鍾》，《文博》1992 年第 2 期。

2. 彭適凡：《贛江流域出土商周銅鏡和甬鍾概述》，《南方文物》1998 年第 1 期。

3. 平頂山市文管會、孫清遠、廖佳行：《河南平頂山發現西周甬鍾》，《考古》1988 年第 5 期。

【Q】

1. 仇士華、張長壽：《晉侯墓地 M8 的碳十四年代測定和晉侯蘇鍾》，《考古》1999 年第 5 期。

2. 齊文濤：《概述近年來山東出土的商周青銅器》，《文物》1972 年第 5 期。

3. 秦嘉謨（輯）：《世本八種》，商務印書館，1957 年。

4. 秦孝儀：《海外遺珍》（銅器續），臺北國立故宮博物院，1988 年。

5. 秦序：《先秦編鍾「雙音」規律的發現與研究》，《中國音樂學》1990 年第 3 期。

6. 青海省文物管理處考古隊等：《青海柳灣》，文物出版社，1984 年。

7. 青海省文物考古隊：《青海民和陽山墓地發掘簡報》，《考古》1984 年第 5 期。

8. 裘錫圭：《也讀子范編鍾》，臺灣《故宮文物月刊》總 149 期，1995 年；《關於子范編鍾的排次及其它問題》，《中國文物報》1995 年 10 月 8 日。

9. 曲沃縣博物館：《天馬—曲村遺址青銅器介紹》，《文物季刊》1996 年第 3 期。

【R】

1. 任相宏：《山東長清縣仙人臺周代墓地及相關問題初探》，《考古》1998 年第 9 期。

2. 靳松：《「記陝西藍田縣新出土的應侯鍾」一文補正》，《文物》1977 年第 8 期。

3. 靳松等：《記陝西藍田縣新出土的應侯鍾》，《文物》1975 年第 10 期。

4. 容庚：《商周彝器通考》，哈佛燕京學社，1941 年；《宋代吉金述評》（續），《學術研究》1964 年第 1 期。

5. 阮元（校刻）：《尚書正義》、《毛詩正義》、《周禮注疏》、《儀禮注疏》、《禮記正義》、《春秋左傳正義》、《論語注疏》，中華書局，1980 年。

【S】

1. 山東大學考古系：《山東長清縣僊人臺周代墓地》，《考古》1998 年第 9 期。

2. 山東大學歷史文化學院考古系：《長清僊人臺五號墓發掘簡報》，《文物》1998 年第 9 期。

3. 山東大學歷史系考古教研室：《泗水尹家城》，文物出版社，1990 年。

4. 山東省博物館、臨沂地區文物組、莒南縣文化館：《莒南大店春秋時期莒國殉人墓》，《考古學報》1978 年第 3 期。

5. 山東省博物館、山東省考古研究所：《鄒縣野店》，文物出版社，1985 年。

6. 山東省博物館：《山東博物館藏品選》，山東友誼書社，1991 年。

7. 山東省文物管理處、濟南市博物館：《大汶口》，文物出版社，1974 年。

8. 山東省文物考古研究所、青州市博物館：《青州市蘇埠屯商代墓地發掘報告》，《海岱考古》第一輯。

9. 山東省文物考古研究所、沂水縣文物管理站：《山東沂水劉家店子春秋墓發掘簡報》，《文物》1984 年第 9 期。

10. 山東省文物考古研究所：《大汶口續集——大汶口遺址第二、三次發掘報告》，科學出版社，1997 年。

11. 山東省文物考古研究所：《山東淄博市臨淄區淄河店二號戰國墓》，《考古》2000 年第 10 期。

12. 山東省兗石鐵路文物考古工作隊：《臨沂鳳凰嶺東周墓》，齊魯書社，1987 年。

13. 山東諸城縣博物館：《山東臧家莊與葛布口村戰國墓》，《文物》1987 年第 12 期。

14. 山西省考古所：《萬榮廟前東周墓葬發掘收穫》，《三晉考古》第一輯，山西人民出版社，1994 年。

15. 山西省考古研究所、山西省晉東南地區文化局：《山西潞城縣潞河戰國墓》，《文物》1986 年 6 期。

16. 山西省考古研究所、太原市文物管理委員會：《太原金勝村 251 號春秋大墓及車馬坑發掘簡報》，《文物》1989 年第 9 期。

17. 山西省考古研究所：《侯馬鑄銅遺址》，文物出版社，1993 年；《上馬墓地》，文物出版社，1994 年；《侯馬陶範藝術》，美國普林斯敦大學出版社，1996 年。

18. 山西省考古研究所等：《山西靈石旌介村商墓》，《文物》1986 年第 11 期；《太原晉國趙卿墓》，文物出版社，1996 年。

19. 山西省文物工作委員會、洪洞文化館：《山西洪洞永凝堡西周墓葬》，《文物》1987 年 2 期。

20. 山西省文物工作委員會晉東南工作組、長治市博物館：《長治分水嶺 269、270 號東周墓》，《考古學報》1974 年 2 期。

21. 山西省文物管理委員會、山西省考古研究所：《山西長治分水嶺戰國墓第二次發掘》，《考古》1964 年 3 期。

22. 山西省文物管理委員會侯馬工作站：《山西侯馬上馬村東周墓葬》，《考古》1963 年第 5 期。

23. 陝西省博物館、陝西省文物管理委員會：《陝西省博物館、陝西省文物管理委員會藏青銅器圖釋》（唐蘭《敍言》），文物出版社，1960 年。

24. 陝西省博物館等：《扶風齊家村青銅器群》，文物出版社，1963 年。

25. 陝西省考古研究所等：《陝西出土商周青銅器》（二），文物出版社，1980 年；《陝西出土商周青銅器》（三），文物出版社，1984 年。

26. 陝西省文物管理委員會：《長安普渡村西周墓的發掘》，《考古學報》1957 年第 1 期。

27. 陝西周原考古隊：《陝西扶風莊白一號西周青銅器窖藏發掘簡報》，《文物》1978 年第 3 期。

28. 商承祚：《殷契佚存》，金陵大學中國文化研究所叢刊甲種，1933 年。

29. 沈文倬：《宗周禮樂文明考論》，浙江大學出版社，1999 年。

30. 盛張：《岐山新出㒨匜若干問題探索》，《文物》1976 年第 6 期。

31. 施勁松：《長江流域青銅器研究》，文物出版社，2003 年。

32. 石志廉：《西周虎鳥紋銅鍾》，《文物》1960 年第 10 期。

33. 〔西漢〕司馬遷：《史記·五帝本紀》（卷一）、《史記·齊太公世家》（卷三十二）、《史記·孔子世家》（卷四十七），中華書局，1959 年。

34. 隨縣博物館：《湖北隨縣城郊發現春秋墓葬和銅器》，《文物》1980 年第 1 期。

35. 孫華：《關於晉侯䣅組墓的幾個問題》，《文物》1995 年第 9 期；《晉侯櫆／斷組墓的幾個問題》，《文物》1997 年第 8 期。

36. 孫清遠、廖佳行：《河南平頂山發現西周甬鍾》，《考古》1988 年第 5 期。

37. 孫詒讓：《周禮正義》，中華書局，1987 年。

【T】

1. 唐蘭：《古樂器小記》，《燕京學報》第 14 期；《西周銅器斷代中的「康宮」問題》，《考古學報》1962 年第 1 期；《陝西省岐山縣董家村新出西周重要銅器銘辭的譯文和注釋》，《文物》1976 年第 5 期；《中國青銅器的起源與發展》，《故宮博物院院刊》1979 年第 1 期；《論大汶口文化中的陶溫器》，《故宮博物院院刊》1979 年第 2 期；《唐蘭先生金文論集》，紫禁城出版社，1995 年。

2. 臺灣國立歷史博物館:《中國古代銅器》,臺灣國立歷史博物館,1987 年。

3. 陶富海:《山西襄汾大崮堆山發現新石器時代石磬坯》,《考古》1988 年 12 期;《山西襄汾大崮堆山石器製造場的新材料及其再研究》,《考古》1991 年 1 期。

4. 天津市文化局文物組:《天津新收集的商周青銅器》,《文物》1964 年第 9 期。

【W】

1. 王濱、賈志強:《五臺縣陽白遺址龍山特磬及相關問題》,《中國音樂學》1991 年第 4 期。

2. 王彩梅:《燕國簡史》,紫禁城出版社,2001 年。

3. 王恩田:《晉侯穌鍾與周宣王東征伐魯——兼說周、晉紀年》,《中國文物報》1996 年 9 月 8 日;《鹿邑太清宮西周大墓與微子封啓》,《中原文物》2002 年第 4 期。

4. 王光祈(馮文慈、俞玉滋選注):《王光祈音樂論著選集》(上、中、下),人民音樂出版社,1993 年。

5. 王國維:《釋樂次》、《漢南呂編磬跋》、《古磬跋》,《觀堂集林》(卷二、別集卷二),中華書局,1959 年。

6. 王海文:《樂鍾綜述》,《故宮博物院院刊》1980 年第 4 期。

7. 王龍正:《平頂山應國墓地九十五號墓年代、墓主及相關問題》,《華夏考古》1995 年第 4 期。

8. 〔宋〕王厚之:《鍾鼎款識》,中華書局,1985 年。

9. 王清雷:《章丘洛莊漢墓樂器鑒定工作紀實》,《音樂研究》2001 年第 1 期;《從山東音樂考古發現看西周樂懸制度的演變》,《中國音樂學》2004 年第 2 期;《章丘洛莊編鍾芻議》,《文物》2005 年第 1 期;《山東地區兩周編鍾的初步研究》,《文物》2006 年第 12 期。

10. 王士倫:《記浙江發現的銅鐃、釉陶鍾和越王石矛》,《考古》1965 年第 5 期。

11. 王世民、蔣定穗:《最近十多年來編鍾的發現與研究》,《黃鍾》1999 年第 3 期。

12. 王世民、李學勤、陳久金、張聞玉、張培瑜、高至喜、裘錫圭:《晉侯穌鍾筆談》,《文物》1997 年第 3 期。

13. 王世民:《陝縣後川 2040 號墓的年代問題》,《考古》1959 年第 5 期;《西周暨戰國時代編鍾銘文的排列形式》,《中國考古學研究》(夏鼐先生考古五十年紀念論文集),1986 年;《關於西周春秋高級貴族禮器制度的一些看法》,《文物與考古論集》,文物出版社,1986 年;《春秋戰國葬制中樂

器和禮器的組合狀況》，《曾侯乙編鍾研究》，湖北人民出版社，1992 年。

14. 王獻本、高西省：《初論江西新干大墓出土的三件鏞》，《華夏考古》1998 年第 3 期。

15. 王學理、梁云：《秦文化》，文物出版社，2003 年。

16. 王宇信、張永山、楊升南：《試論殷墟五號墓的「婦好」》，《考古學報》1977 年第 2 期。

17. 王占奎：《周宣王紀年與晉獻侯墓考辨》，《中國文物報》1996 年 7 月 7 日；《晉侯穌編鍾年代初探》，《中國文物報》1996 年 12 月 22 日。

18. 王震中：《中國文明起源的比較研究》，陝西人民出版社，1998 年。

19. 王子初：《中國音樂文物大系‧湖北卷》，大象出版社，1996 年；《中國音樂文物大系‧江蘇卷》，大象出版社，1996 年；《音樂考古學的研究對象和相關學科》，《中國音樂學》2001 年第 1 期；《中國音樂考古學》，福建教育出版社，2003 年；《殘鍾錄》（音樂文集），上海音樂學院出版社，2004 年。

20. 衛斯：《平陸縣前莊商代遺址出土文物》，《文物季刊》1992 年 1 期。

21. 魏建震（中國社會科學院研究生院）：《商代墓道初探》（2004 會議論文），www.xianqin.org（2005-06-16）。

22. 吳鎮烽等：《陝西省扶風縣強家村出土的西周銅器》，《文物》1975 年第 8 期。

23. 武漢市博物館、湖北省文物考古研究所、黃陂縣文物管理所：《1997～1998 年盤龍城發掘簡報》，《江漢考古》1998 年第 3 期。

24. 武漢音樂學院編鍾古樂器研究陳列室、隨州市博物館：《擂鼓墩二號墓編鍾及其音律測試》，《黃鍾》1988 年第 4 期。

【X】

1. 西安市文物管理處：《陝西長安新旺村、馬王村出土的西周銅器》，《考古》1974 年第 1 期。

2. 夏商周斷代工程專家組：《夏商周斷代工程 1996～2000 年階段成果報告‧簡本》，世界圖書出版公司，2000 年。

3. 咸博：《湖北省陽新縣出土兩件青銅鐃》，《文物》1981 年第 1 期。

4. 項陽、陶正剛：《中國音樂文物大系‧山西卷》，大象出版社，2000 年。

5. 蕭亢達：《南越王墓出土的樂器》，《西漢南越王墓文物特展圖錄》，臺北國立歷史博物館，1998 年。

6. 蕭友梅：《17 世紀以前中國管絃樂隊的歷史的研究》，《音樂藝術》1989 年第 2～4 期。

7. 熊卜發、劉志升：《大悟發現編鍾等銅器》，《江漢考古》1980 年第 2 期。

8. 熊建華:《湖南省博物館新徵集的西周齒紋銅鏡》,《湖南省博物館文集》,嶽麓書社,1991 年。

9. 修海林:《周代雅樂審美觀》,《音樂研究》1991 年第 1 期。

10. 徐良高:《文化因素定性分析與「青銅禮器文化圈」研究》,《中國商文化國際學術討論會論文集》,中國大百科全書出版社,1998 年;《中國民族文化源新探》,社會科學文獻出版社,1999 年。

11. 徐藝、孟華平:《中國禮樂文明之源——以史前樂舞遺存爲例》,《東南文化》2003 年第 7 期。

12. 徐元誥(王樹民、沈長雲點校):《國語集解》,中華書局,2002 年。

13. 徐中舒:《四山彭縣瀅陽鎮出土的殷代二觶》,《文物》1982 年第 6 期。

14. 徐州市博物館、南京大學歷史系考古專業:《徐州北洞山西漢墓發掘簡報》,《文物》1988 年第 2 期。

15. 許敬參:《編鍾編磬說》,《河南省博物館館刊》第九集,民國二十六年。

16. 許倬云:《西周史》,三聯書店,1994 年。

【Y】

1. 煙臺市文物管理委員會、海陽市博物館:《山東海陽縣嘴子前春秋墓的發掘》,《考古》1996 年第 9 期。

2. 煙臺市文物管理委員會:《山東蓬萊縣柳格莊墓群發掘簡報》,《考古》1990 年第 9 期。

3. 嚴文明:《我與考古學》,《走向 21 世紀的考古學》,三秦出版社,1997 年。

4. 楊寶成、劉森森:《商周方鼎初論》,《考古》1991 年第 6 期。

5. 楊寶順:《溫縣出土的商代銅器》,《文物》1975 年第 2 期。

6. 楊伯峻:《論語譯注》,中華書局,1980 年;《春秋左傳注》,中華書局,1990 年。

7. 楊華:《先秦禮樂文化》,湖北教育出版社,1997 年。

8. 楊錦新:《武昌縣發現西周甬鍾》,《江漢考古》1982 年第 2 期。

9. 楊寬:《西周史》,上海人民出版社,1999 年。

10. 楊匡民:《曾侯乙編鍾音列及其他》,《曾侯乙編鍾研究》,湖北人民出版社,1992 年。

11. 楊權喜:《楚文化》,文物出版社,2000 年。

12. 楊錫璋:《商代的墓地制度》,《考古》1983 年第 10 期。

13. 楊向奎:《周禮在齊論》,《管子學刊》1988 年第 3 期;《宗周社會與禮樂文明》,人民出版社,1997 年。

14. 楊曉魯:《中國音樂與傳統禮儀文化》,吉林教育出版社,1994 年。

15. 楊蔭瀏：《中國音樂史綱》，萬葉書店，1952 年；《信陽出土春秋編鍾的音律》，《文物參考資料》1958 年第 1 輯；《中國古代音樂史稿》，人民音樂出版社，1981 年。

16. 楊志玖：《中國古代官制講座》，中華書局，1992 年。

17. 姚孝遂：《小屯南地甲骨》，中華書局，1980 年。

18. 益陽地區博物館，盛定國等：《寧鄉月山鋪發現商代的銅鐃》，《文物》1986 年第 2 期。

19. 殷瑋璋、曹淑琴：《長江流域早期甬鍾的形態學分析》，《文物與考古論集》，文物出版社，1986 年。

20. 殷之彝：《山東益都蘇埠屯墓地和「亞丑」銅器》，《考古學報》1977 年第 2 期。

21. 印群：《黃河中下游地區的東周墓葬制度》，社會科學文獻出版社，2001 年。

22. 于省吾：《雙劍誃古器物圖錄》，1940 年（影印本）。

23. 于弢：《中國古鍾史話》，中國旅遊出版社，1999 年。

24. 俞靜安：《大克鼎銘文之研究》，《山西師範學院學報》1957 年第 1 期。

25. 俞偉超、高明：《周代用鼎制度研究》（上），《北京大學學報》1978 年第 1 期；《周代用鼎制度研究》（中），《北京大學學報》1978 年第 2 期；《周代用鼎制度研究》（下），《北京大學學報》1979 年第 1 期。

26. 袁珂（校譯）：《山海經·海內經》，上海古籍出版社，1985 年。

27. 袁荃猷：《中國音樂文物大系·北京卷》，大象出版社，1996 年。

【Z】

1. 《中國考古文物之美·嶺南西漢文物寶庫·廣州南越王墓》，文物出版社、臺灣光復出版社，1994 年。

2. 朝日新聞社，大田信男：《東洋美術》（第五卷·銅器），朝日新聞社，昭和四十三年。

3. 曾永義：《儀禮樂器考》，中國東亞學術研究計劃委員會年報第六期抽印本，1967 年（臺北）。

4. 張長壽：《論井叔銅器——1983～1986 年灃西發掘資料之二》，《文物》1990 年第 7 期。

5. 張典維：《湖北長陽出土一批青銅器》，《考古》1980 年第 4 期。

6. 張光遠：《故宮新藏春秋晉文稱霸「子范和鍾」初釋》，《故宮文物月刊》（臺灣）總 145 期（1995 年 4 月）；《春秋晉國子范和鍾的排次》，《中國文物報》1995 年 8 月 6 日；《子范編鍾的排次及補釋》，《故宮文物月刊》（臺灣）總 150 期（1995 年 9 月）。

7. 張光直：《中國青銅時代》，三聯書店，1990 年。

8. 張國茂：《安徽銅陵地區先秦青銅文化簡論》，《東南文化》1991 年第 2 期。

9. 張立東、任飛：《手鏟釋天書——與夏文化探索者的對話》，大象出版社，2001 年。

10. 張辛：《玉器禮義論要》，《中國歷史文物》2003 年第 6 期。

11. 張新民：《湖北省秭歸縣發現周代甬鐘》，《江漢考古》1988 年第 4 期。

12. 張亞初、劉雨：《西周金文官制研究》，中華書局，1986 年。

13. 張亞初：《論楚公蒙鐘和楚公逆鎛的年代》，《江漢考古》1984 年第 4 期。

14. 張振濤：《笙管音位的樂律學研究》，山東文藝出版社，2002 年。

15. 趙叢蒼：《介紹一組青銅鐘、鈴》，《文博》1988 年第 3 期。

16. 趙康民：《臨潼零口再次發現西周銅器》，《考古與文物》1983 年第 3 期。

17. 趙青雲、趙世綱：《1958 年春河南安陽大司空村殷代墓葬發掘簡報》，《考古通訊》1958 年第 10 期。

18. 趙世綱：《中國音樂文物大系·河南卷》，大象出版社，1996 年。

19. 趙一新：《浙江磐安深澤出土一件雲紋鏡》，《考古》1987 年第 8 期。

20. 浙江省博物館，張翔：《浙江蕭山杜家村出土西周甬鐘》，《文物》1985 年第 4 期。

21. 浙江省文物管理委員會：《浙江長興縣出土的兩件銅器》，《文物》1960 年第 7 期。

22. 浙江省文物考古研究所：《浙江考古精華》，文物出版社，1999 年。

23. 鄭同修、隋裕仁：《山東威海市發現周代墓葬》，《考古》1995 年第 1 期。

24. 鄭州市博物館：《鄭州大河村遺址發掘報告》，《考古學報》1979 年第 3 期。

25. 中共安徽休寧縣屯光區委會，胡文：《安徽屯溪弈棋又出土大批西周珍貴文物》，《文物》1965 年第 6 期。

26. 中國科學院考古研究所：《上村嶺虢國墓地》，科學出版社，1959 年。

27. 中國科學院考古研究所安陽發掘隊：《殷墟出土的陶水管和石磬》，《考古》1976 年第 1 期。

28. 中國社會科學院考古研究所，中國歷史博物館，山西省考古研究所：《夏縣東下馮》，文物出版社，1988 年。

29. 中國社會科學院考古研究所：《殷墟婦好墓》，文物出版社，1980 年；《殷周金文集成》（一），中華書局，1984 年；《殷周金文集成》（二），中華書局，1988 年；《武功發掘報告》，文物出版社，1988 年；《張家坡西周墓地》，中國大百科全書出版社，1999 年。

30. 中國社會科學院考古研究所安陽工作隊：《安陽殷墟五號墓的發掘》，《考古學報》1977 年第 2 期；《1969～1977 年殷墟西區墓葬發掘報告》，《考古學報》1979 年第 1 期；《安陽大司空村東南的一座墓》，《考古》1988 年第 10 期；《安陽郭家莊 160 號墓》，《考古》1990 年第 5 期；《1980 年河南安陽大司空村 M539 發掘簡報》，《考古》1992 年第 6 期。

31. 中國社會科學院考古研究所二里頭工作隊：《偃師二里頭遺址新發現的銅器和玉器》，《考古》1976 年第 4 期。

32. 中國社會科學院考古研究所澧西發掘隊：《長安張家坡西周井叔墓發掘簡報》，《考古》1986 年第 1 期。

33. 中國社會科學院考古研究所山東工作隊：《山東臨朐朱封龍山文化墓葬》，《考古》1990 年第 7 期；《滕州前掌大商代墓葬》，《考古學報》1992 年第 3 期。

34. 中國社會科學院考古研究所山西工作隊、臨汾地區文化局：《山西襄汾縣陶寺遺址發掘簡報》，《考古》1980 年第 1 期；《1978～1980 年山西襄汾陶寺墓地發掘簡報》，《考古》1983 年 1 期。

35. 中國藝術研究院音樂研究所、《中國音樂詞典》編輯部：《中國音樂詞典》，人民音樂出版社，1985 年。

36. 中央音樂學院民族音樂研究所調查組：《信陽戰國墓出土樂器初步調查記》，《文物參考資料》1958 年第 1 輯。

37. 中央音樂學院中國音樂研究所等：《中國古代樂論選輯》，中央音樂學院中國音樂研究所，1961 年。

38. 周昌富、溫增源：《中國音樂文物大系·山東卷》，大象出版社，2001 年。

39. 周到、劉東亞：《1957 年秋安陽高樓莊殷代遺址發掘》，《考古》1963 年第 4 期。

40. 周文：《新出土的幾件西周青銅器》，《文物》1972 年第 7 期。

41. 周原考古隊：《陝西縣雲塘、西周建築基址 1999～2000 年度發掘簡報》，《考古》2002 年第 9 期。

42. 朱鳳瀚：《古代中國青銅器》，南開大學出版社，1995 年。

43. 朱家溍：《國寶》，商務印書館香港分館，1983 年。

44. 朱啓新：《關於子范編鍾的討論》，《中國文物報》1995 年 12 月 31 日。

45. 朱文瑋、呂琪昌：《先秦樂鍾之研究》，臺灣南天書局，1994 年。

46. 淄博市博物館、齊故城博物館：《臨淄商王墓地》，齊魯書社，1997 年。

47. 鄒安：《周金文存》（卷一），1916 年。

48. 鄒昌林：《中國禮文化》，社會科學文獻出版社，2000 年。

後　記

　　拙作是在我的中國藝術研究院博士學位論文基礎上，稍作修改而成。

　　書稿即將付梓，心裏感慨頗多。不知不覺間，我赴北京求學、工作已近九年。

　　1998 年的夏天，因為前一年的一次車禍，身體還沒有康復，暫時不能上班。為了讓有限的光陰不再虛度，我從濟南來到北京求學，參加了中國藝術研究院研究生部的研究生課程班。在這裏，我第一次接觸到了一個全新的領域；第一次認識了許多全國的知名專家。他們淵博的知識，特別是平易近人、虛懷若谷的精神深深打動了我。翌年，我有幸被研究生部錄取為 1999 級碩士研究生。更為幸運的是，得以追隨授業恩師王子初先生，開始了一個全新的學科——音樂考古學的研究。三年之後，我留院工作，成為音樂研究所的一名研究人員。2003 年我再次踏進研究生院的大門，攻讀博士學位。記得剛上碩士的時候，音樂考古學，對於我這樣一個原來主修鋼琴的學生來說，完全是一窮二白。「實踐出真知」。在攻讀碩士學位期間，我跟隨業師參與了國家重點科研項目《中國音樂文物大系》的編撰工作，曾親自考察過數百件編鍾，並參與了章丘洛莊編鍾的鑒定工作。在博士的學習過程中，作為《中國音樂文物大系·內蒙古卷》的副主編，參與了內蒙古卷的全部編撰工作。從這些考察實踐中，使我對書本上的一些知識有了更為深刻、更為透徹的理解，並學到了很多書本上沒有的知識，使我在學術水平上迅速提升。每當我有不懂的問題向業師請教，他從來不直接告訴我答案，只是指點迷津，然後由我自己去尋求問題的結果。當時我心裏還有些不高興，認為為什麼不能直接告訴我呢？自己去查找多浪費時間？但是隨著時間的推移，我漸漸明白了業師的

一片苦心，他是在刻意培養我獨立學習與科研的能力，是「授之以漁」，而不是「授之以魚」。當時愚鈍的我竟然沒有領會，真是慚愧。回顧這八年來的學習歷程，正是業師的這種做法，才促使我在音樂考古學研究方面漸入佳境。在外出的考察工作中，業師考慮到我的腿傷，總是扛最重的行李。在平時的學習中，業師也總是提醒我注意保護好自己的身體，這讓我一直感動不已。由於我的家境貧寒，業師一直在生活上無微不至的關心著我。至於博士論文，從選題到動筆，從修改到定稿，無不凝聚著業師的拳拳苦心和滴滴血汗。可以說，沒有恩師對我的諄諄教誨和無私資助，就沒有今天的我。此外，業師在百忙之中又為本書拔冗賜序。在此，我首先向我的授業恩師王子初先生致以崇高的敬意和誠摯的感謝！

音樂考古學是音樂學與考古學的交叉學科。在碩士和博士學習期間，我曾到北京大學考古文博學院跟隨李伯謙教授和劉緒教授主修一些考古學的課程，使我的知識結構得到進一步完善。尤其是我的博士副導師劉緒教授，從我的選題、論文提綱，一直到論文的最終完成，劉先生始終給予悉心的指導。在初稿完成後，劉先生通讀全文，逐句審閱，提出了許多寶貴的建設性意見，為本文的完成提供了重要保證。同時，秦序研究員、張振濤研究員、項陽研究員、李岩副研究員、苗建華教授、修海林教授等諸位先生從不同角度，均對本文提出過許多富有啟發性的意見，開拓了我的思路，使論文的結構和內容逐步完善。在此，我向以上幾位老師均表示深深的謝意！

在北京求學的日子裏，喬建中研究員、伍國棟研究員、欒桂娟研究員、薛藝兵研究員、張振濤研究員、項陽研究員、崔憲研究員、蕭梅研究員、國欣副所長、繆也先生、王芸女士、顧伯寶先生以及山東師範大學的劉再生教授等諸位師長曾給予我精神上的鼓勵和師長般的關愛，使我在舉目無親的北京常能感受到親人般的溫暖。在此，我向他們致以衷心的感謝！

在我的學習過程中，研究生院的張曉淩院長、姜維康書記、吳非女士均給予了很多的關心和照顧，在此深表謝意！圖書館的李久玲女士、史婕女士、畢建玲女士、張蕾女士、徐麗榮女士在我查閱資料方面提供了積極熱誠的幫助；各位同窗好友，如班麗霞、馮長春、程敏、裴培、張天彤、孔義龍、武愛文等等，也給予我許多的鼓勵和關心，在此一併致謝！

在來北京求學之前，有許多老師多年來曾給予我精神的鼓勵、心靈的安慰和無私的資助。在我人生的道路上，他們中的一些人曾給予我至為重要的

影響。如德州師範學院音樂系的丁鍵教授、張國慶教授，德州二中的秦鳳嵐老師，山東大學音樂學院的侯康爲教授，山東師範大學音樂學院的陳一鳴教授、宋莉莉教授，曲阜師範大學音樂學院的王福生教授等等。一直到現在，他們仍然一如既往的關心著我。這些貴人對我的無私關懷和眷顧，我將永生銘刻在心！

　　我還要感謝我的父親、母親、岳父、岳母以及妻子。他們給予我生活上的關愛和精神上的鼓勵是我學習、工作的源泉和動力。

　　最後，再次向所有曾經給予我熱情幫助的領導、老師、朋友和家人，表示誠摯的謝意，並致以深深的祝福！同時，作者誠望學界師長、同仁不吝珠玉，對拙作多提寶貴意見！

王清雷

2006 年 2 月初稿

2007 年 1 月修改

2013 年 5 月修訂

北京天通苑